JN414515

문화간 중재 원칙으로서의
번역윤리

On Translator Ethics

존 벤자민스 통번역 총서 16
한 국 통 역 번 역 학 회

John
Benjamins
Series
–
16

문화간 중재 원칙으로서의

번역윤리

On Translator Ethics

앤서니 핌 지음 | 박혜경·최효은 옮김

HU:iNE

Copyright 2012 © Anthony Pym
First published in English by John Benjamins Publishing Co Publishers Limited under the title『On Translator Ethics』by Anthony Pym. This edition has been translated and published under Licence from John Benjamins Publishing Co. The author has asserted his right to be identified as the author of this Work.

Korean language edition ⓒ 2016 by HANKUK UNIVERSITY OF FOREIGN STUDIES KNOWLEDGE PRESS

이 책의 한국어판 저작권은 존 벤자민과 독점 계약으로 한국외국어대학교 지식출판원이 소유합니다. 저작권법에 의하여 한국 내에서 보호를 받는 저작물이므로 무단전재와 무단복제를 금합니다.

발간사

1960년대 캣포드(J. C. Catford)와 니다(E. Nida) 이후 통역학을 포괄하는 번역학은 현대적 본격 학문 분야로 부상하기 시작하였다. 캣포드의 '언어학적 접근'과 니다의 성서 번역을 위한 '소통 효과 중심'의 접근에 이어 '문화 전환'(cultural turn)과 '맥락 전환'(contextual turn)의 패러다임 전환을 거치면서 번역학은 학제적 성격(interdisciplinarity)을 더욱더 공고히 하게 되었다.

번역학이 대표적인 학제적 학문분야인 것은 연구대상인 문제와 현상의 설명을 위해 가져오는 이론 틀(frameworks)과 연구방법론(research methodology)의 다양성 때문이라 할 수 있다. 번역학은 번역 과정과 번역 결과물을 모두 연구 대상으로 삼는다. 번역사의 '블랙박스' 안에서 번역 행위를 둘러싸고 연속적으로 이루어지는 무수한 의사결정 과정과 그 과정에 작용하는 다양한 변수들을 설명하는 한편 이들 작용의 가시적 구현체로서의 번역결과물을 모두 다룬다. 이렇다 보니 번역사의 머릿속에서 이루어지는 과정을 들여다보기 위해 사고발화법(Think-Aloud Protocol), fMRI(functional Magnetic Resonance Imaging, 기능적 자기 공명 영상 기법), 통계처리를 포함하는 코퍼스 분석, 담화분석 및 기능문법 등 다양한 인접학문분야의 연구성과와 분석도구를 차용하기도 한다.

그러나 번역학이 언제까지나 학제성에 만족하고 있을 수만은 없다. 번역학의 학제성은 그동안 어쩌면 번역학의 일방적 '짝사랑'이었을 수도 있다는 문제의식이 필요한 시점에 와있다. 프랑스 번역학자 질(D. Gile)의 이야기는 이런 면에서 시사하는 바가 크다.

> [번역학이] 타 학문 분야와 맺은 파트너십은 균형을 이루지 못한 경우가 대부분 이어서, [우월한] 지위, 파워, 재정능력 및 실제 리서치 능력은 일반적으로 파트너 관계에 있는 학문분야에 있다. 뿐만 아니라 학제성이 패러다임의 확산을 도와 결과적으로 자율적인 학문분야로서의 통번역 연구의 지위를 약화시키고 있다.
>
> (질 2004: 29)

질의 이야기는 학제성을 장점으로 부각시켜온 번역학의 입장에서 다시 한 번 곱씹어볼 만하다. 핌(A. Pym) 역시 대표적 번역학 학술지의 하나인『Target』의 역할을 돌아보면서, 번역학이 인접 학문분야의 연구 성과를 도입해오고 있는 반면, 정작 번역학의 연구 성과가 인접 학문분야로 전파되는 경우는 상대적으로 드물다는 점을 지적하고 있다. 그만큼 쌍방향의 균형 잡힌 호혜적 지적(知的) 파트너십은 아니었다는 이야기일 것이다.

이런 시점에서 번역학을 연구하는 우리가 해야 할 일은 번역학 자체의 고유 연구영역을 더 분명히 규정하는 한편, 학문적 엄격성(academic rigor)을 갖춘 연구방법론을 확립하는 일일 것이다. 이런 맥락에서 그동안 전 세계적으로 번역학의 다양한 연구 성과와 새롭게 개척되는 연구방법론을 선도적으로 꾸준히 소개해온 존 벤자민스(John

Benjamins) 출판사의 통번역 총서의 기여를 인정해야 할 것이다. 번역학 연구자라면 누구나 이 총서 가운데 최소한 한두 권 이상은 읽어보았을 정도로 번역학의 학문적 성과를 집대성하여 소개하였기 때문이다. 『존 벤자민스 통번역 총서』 번역 작업에 누구보다도 바쁘신 교수연구자들이 다수 자원하신 것은 바로 이 총서에 대한 지적 향수(知的 鄕愁) 같은 것이 작용한 때문은 아닐지.

국내 최초의 전문통번역학 연구단체인 한국통역번역학회(KSCI)가 이번에 『존 벤자민스 통번역 총서』 가운데 대표적인 업적들을 선별하여 번역 출간하게 된 것은 특별히 의미가 크다. 1998년 학회 창립 이래 국내 최초의 한국연구재단 등재지 『통역과 번역』, 국제전문학술지 『FORUM: International Journal of Interpretation and Translation』을 발행해오면서 국내외 통번역학의 발전과 소통에 이바지해온 본 학회의 통번역총서 번역 발간이 우리말로 쓰인 번역학 자료에 목말라해 온 연구자들에게 도움이 될 수 있기를 희망한다.

경기침체로 출판계 전망이 장밋빛이지만은 않은 상황에서, "뜻있는 기획출판일수록 대학 출판부에서 맡아야 한다."며 선뜻 『존 벤자민스 통번역 총서』 출판 추진에 합의해주신 한국외국어대학교, 특히 장지호 지식출판원장님과 신선호 팀장님께 고개 숙여 감사를 드린다. 학회를 대표하여 출간을 총괄해주신 김대진 서울과학기술대학교 교수님과 실무조정을 도와준 학회 교수님들께도 감사의 마음을 전한다.

2016년 3월 16일

한국외국어대학교 영어통번역학부 교수

존 벤자민스 통번역 총서 기획위원장

정호정

역자 서문

번역자의 정체성은 번역이 하나의 전문분야로, 번역자가 하나의 전문직종으로 인정받는 유럽에서조차도 어느 정도 모호한 채로 남아 있다. 번역과 번역자에 대한 사회적 인식이 여전히 낮은 우리 사회의 경우 번역자의 역할에 대한 존중과 그 정체성에 대한 성찰은 더더욱 미흡한 실정이다.

그럼에도 최근 들어 전문적으로 훈련을 받은 번역자들이 점차 그 활동 범위를 넓혀가면서 번역에 대한 시각이 조금씩 변화하고 있음을 보게 된다. 그런 면에서 본서는 번역을 직업으로 선택한 번역자들에게나 번역 행위에 이론적으로든 실무적으로든 관심을 가지는 이들 모두에게 가치 있는 논제가 될 수 있는, 번역자 윤리(Translator Ethics, 제목인 '번역윤리'와 용어 번역을 달리하고 있는 이유는 '역자 일러두기' 참고)를 다루고 있다는 데 의의가 있다.

특히 번역자의 실무적 상황을 고려하는 가운데 번역자 윤리를 다루는 서적이 희소한 것을 감안할 때, 본서는 번역자들을 교육하고 양성하는 기관과 그 훈련자들에게 번역자의 정체성과 본질적 사명을 보다 깊이 있게 고민하고 성찰하도록 하는 플랫폼이 되어주리라 기대한다.

또한 본서는 그 내용과 관점에 대한 동의 여부를 떠나 유익한 독서 경험을 제공할 수 있을 것으로 보인다. 번역자의 윤리에 대한 저자 핌(A.Pym)의 견해는 비교적 간단하다. 그것이 무엇인지는 본서의 서론과 결론 부분에서 어렵지 않게 확인할 수 있다. 거기에 동의할지 여부는 독자 저마다의 관점과 상황 속에서 검토되어야 할 것이다. 하지만 본서는 저자의 제안에 대한 동의 여부를 떠나, 다음의 세 가지 점에서 유익한 사고 도구(thinking-tool)가 될 것이다.

첫째, 번역과 윤리라는 이슈에 대한 '번역학자' 입장에서의 견해를 확인할 수 있다. 이 점은 윤리라는 철학적 화두를 다루는 데 있어 대단히 중요한 구분점이 된다. 번역의 윤리를 철학자나 문학자의 입장에서 보느냐 혹은 그 외 다른 관련자, 이를 테면, 번역실무자나 타 전공 학자로서의 번역실천자의 입장에서 바라보느냐와는 전혀 다른 존재론적 출발점을 형성하기 때문이다. 따라서 독자들은 저마다의 상이한 입장을 분명히 자각하는 가운데 저자의 견해를 비교 · 평가 · 응용해 볼 수 있다.

둘째, 한 학자의 치밀한 논리전개를 확인할 수 있다. 앞서 언급한 것처럼 서론과 결론에서 확인할 수 있는 핌의 견해는 대단히 명쾌하다. 하지만 그 간명한 입장을 도출하기까지 본론은 때로는 치졸하리만치 촘촘한 논리전개로 구성되어 있다. 그 과정을 따라가는 것은 학문의 세계에 입문하여 자신의 이론적 정체를 발견해가는 과정에 있는 이들에게 특히 유익한 탐색의 과정이 될 것이다.

셋째, 본서에는 번역이론이 번역되어 있다. 번역학 연구는 최근 양적인 측면에서는 폭발적인 증가추세에 있다고 한다. 하지만 실증적, 사례적 연구에 비해 본격 이론적 논쟁은 여전히 미약하다. 여기에서 핌은 자신의 견해를 드러내기를 주저하지 않고 그간 이루어진 주요 번역학 이론들을 과감하게 비평하고 비판한다. 그 과정에서 본서는 번역학 이론이 해당 이론을 제안한 학자 개인이나 번역학 내에만 머물지 않고 이론적 성숙을 꾀하는데 없어서는 안 될 흥미진진한 커뮤니케이션을 제공한다.

요약하자면 이 책은 저자 자신의 정체와 방법론을 분명히 드러낸 대범함 때문에, 그의 입장과 논리에 공감하고 그것을 공유하는 독자에게나 그렇지 않은 독자에게나 유익한 독서경험이 될 수 있다.

마지막으로 독자들은 이 책을 읽는 동안, 번역자들의 사명과 분투를 생생한 예시들과 함께 이야기하는 저자 핌에게 다음과 같은 질문으로 도전을 받게 될 것이다.

당신은 왜 번역하는가? 번역하는 당신은 누구인가?

2016년 1월

역자 박혜경, 최효은

역자 일러두기

핵심 용어의 번역에 관하여:
'번역자 윤리'와 '번역윤리'의 사이에서

본서는 핌(A.Pym)의 *Pour une éthique du traducteur*를 워커(H. Walker)가 영어로 번역한 *On Translator Ethics*를 원문으로 한 역서이다. 두 가지 외국어 제목 모두 '번역자 윤리'로 번역할 수 있다. 그런데 본 역서의 제목은 '번역윤리'이다. 제목이 원문에 좀 더 근접한 번역인 '번역자 윤리'가 아닌, '번역윤리'로 결정된 것은 몇 가지 까다로운 고민이 있었기 때문이다.

그 고민은 용어 번역의 어려움으로 요약될 수 있다. 영어 'translator'에 대한 한국어의 사전적 번역은, 일단 그 번역의 층위가 단어이기 때문이기도 하지만, 지극히 자명하다. 사전을 찾아보면 '번역가' 혹은 '통역사'라고 나온다.

그런데 본서는 (1) 구어뿐 아니라 문어의 번역도 포괄하므로 '통역사'라고만 할 수는 없다. 그렇다면 (2) '번역가'로의 번역은 괜찮으냐, 그렇지가 않다. '번역가'라는 용어의 개념은 Pym이 'translator'라는 용어를 사용함으로써 지칭하는 개념과 차이가 있다. '번역가'의 개념은 우리나라 '번역문학사'(史)에서 시대구분적 의의가 있는 것으로 평가되는 본격적인 문예주간지인 『태서문예신보』(泰西文藝新報)에서 그 구체적인 개념 형성의 과정을 확인할 수 있다. 1918년 8월 26일에 창간된 이 주간지는 그 권두언에서 창간 목적을 다음과 같이 밝히고 있다.

> (1) 태서의 유명한 소설·시조·산문·가곡·음악·미술·각본 등 일반문예를
> (2) 문학대가의 붓으로
> (3) 직접 본문(本文)으로부터 충실하게 번역한다.
>
> (김병철 1975/1988: 373)

권두언의 (2)항에서 보는 바와 같이 『태서문예신보』에서 번역하는 사람은 곧 '문학대가'이다. 그리고 '문학대가(家)로서 번역하는 사람'이라는 이 개념은 주로 '번역가'(家)라는 용어로 지칭되어 왔다. 우리나라에서는 이 같은 개념 이해와 용어 사용이 사전에도 반영될 만큼 일반화된 접근이자, 학문적으로는 '문학적'인 접근이다.

앞서 『태서문예신보』를 '문학번역사'(史)가 아니라 '번역문학사'(史)의 시대구분적 의의가 있는 것으로 소개했음을 주목해주기 바란다. 전자가 학문적으로 '번역학적' 관점의 '문학번역'에 관한 맥락이라고 한다면, 후자는 '문학적' 관점의 '번역문학'에 관한 맥락이라고 구분할 수 있겠다. 즉, '번역가'라는 용어는 학문 영역으로서의 '문학'에서 형성된 개념으로 '번역학'이 일반적으로 상정하는 'translator'의 개념과 차이가 있다는 것이다. 스스로 '번역학자'(translation theorist)임을 자처할 뿐 아니라 유럽번역학회의 회장을 역임 중인 핌이 'translator'라는 용어를 사용하면서 '문학대가로서 번역하는 사람'만을 의미한다고 볼 수 없다. 또 실제로 본서의 본문 중에서도 그렇게 사용되지 않았다.

'translator'를 '번역학적'으로 번역할 수 있는 방법이 무엇인가 할 때, 본 '존 벤자민스 통번역 총서'를 기획하고 진행한 '한국통역번역학회'의 제안이자 권고는 (3) '번역사'(師)였다. 그렇다면 핌의 'translator'를 '번역

사'로 번역할 수 있을까 하면, 안타깝게도 그렇지가 않다. '번역사'의 개념을 한국에서 번역학이 수립되고 발전되어온 과정에 비추어 생각하면, 다음과 같이 정의해 볼 수 있다.

> 번역사(師): 전문교육기관의 훈련을 거쳐 번역 실무에 종사하는 번역 전문가, 직업인

이 개념의 초점은 '번역가'에서와 같이 문학적 대가이냐 아니냐가 아니다. 여기에서의 초점은 직업인으로서의 전문가이냐 여부이다. 그렇다면 이 개념으로 핌이 의미한 'translator'를 잘 번역할 수 있느냐, 또 그렇지가 않다.

핌이 의미하는 'translator'는 앞서 (1) 통역사, (2) 번역가, (3) 번역사 모두를 포함한다. 그런데 이 개념들이 전부가 아니라 여기에 더해 포함되는 의미가 또 있다.

> 데이터 기반의 무료 온라인 번역기들이 거의 모든 사람들로 하여금 일종의 번역물을 생산할 수 있도록 하고 있는 것이다. 또한 인터넷 기반 소셜 네트워킹(social networking)을 통해 일군의 사람들이 공동번역 프로젝트에 자원할 수 있게 되었다. '협업적 번역'(collaborative translation), '공동체 번역'(community translation), '크라우드소싱'(crowd sourcing) 등을 말하는 것이다. 나는 한때 학술활동으로서만이 아닌 직업활동으로서의 번역을 설득해야 했지만, 이제는 훨씬 더 넓은 범위의 번역 행위(translation activity)를 논의에 포함하지 않으면 안 되게 되었다.
>
> (본 역서 pp. 21-22 혹은 원서인 Pym 2012: 3-4)

즉, 핌은 번역 행위(translation activity)를 하는 모든 사람을 'translator'로 지칭하고 있는 것이다. 이 '훨씬 더 넓은 범위'의 개념을 내포하는 핌의 'translator'는 앞서 (1), (2), (3)의 용어로는 적절히 번역될 수 없다.

그렇다면 가능한 대안이 무엇인가 할 때, 본 역자들의 결론은 (4) '번역자'(者)였다. '번역자'는 앞서 (1), (2), (3), 그리고 훨씬 더 넓은 범위의 번역 행위자들 모두를 가리킬 수 있다고 본다. 이 '번역자'는 문학대가로서의 번역가일 수도 있다. 또 '번역자'는 전문 교육기관에서 훈련을 받은 직업인일 수도 있다. 그런데 이 '번역자'는 '미드'(미국 드라마)를 너무 사랑하여 아무런 경제적 대가도 바라지 않고 동호회 사람들과 신나서 자막 번역을 한 뒤 그것을 관심 있는 누구라도 볼 수 있는 형태로 인터넷상에 공개한 '팬 번역자'(fan-translator)일 수도 있다. 혹은 (공학이든 의학이든, 문학은 아닌) 자신의 학문분야에 대한 대단한 전문성을 가지고 원서를 자발적으로 번역하여 수업자료로 활용하거나 혹은 출판까지도 하게 된 (문학자가 아닌) 학자로서의 '번역자'일 수도 있다.

이런 부류의 번역자들은 '통역사'라는 용어로도, '번역가'로도, '번역사'로도 지칭되기 어렵다. 그래서 본 번역서에서는 사실상 모든 종류의 '번역 실천자'를 포괄하기 위해 'translator'를 '번역자'로 번역하게 된 것이다.

이렇게 해서 고민이 마무리 되기를 바랐으나 현실적인 문제가 남았다. 바로 본 총서 가이드라인과의 충돌이다. 앞서 언급하였다시피 본 총서를 주관하는 한국통역번역학회의 'translator'라는 용어의 번역 권고안은 '번역사'이다. 이 권고에 따라 총서의 다른 번역서를 번역한 번역자들께서는 '번역사'를 택하셨을 것이다. 그런데 본 번역서는 앞서 언급한 개념상의 문제로 인해 '번역사'라는 용어를 번역어로 채택할 수가 없었다. 이 같은 딜레마를 학회 편집인들과 의논하였을 때, 다행히 편집인들께서는 '번역사'를 쓸 수 없는 이유를 수긍해주었다. 하지만 그렇다고 해서 다른 총서 번역서들과 달리 '번역자'를 제목에 내세울 수는 없었기 때문에, '번역사 윤리'도 '번역자 윤리'도 아닌 '번역윤리'면 어떻겠느냐고 제안해주셨다.

본 번역자들은 학회의 이 제안이 대단히 현명한 제안이라고 판단하였다. 왜냐하면 앞서 이 책의 본문 일부(pp. 21-22)를 인용한 데서도 알 수 있듯이 저자 핌이 이야기하고자 하는 윤리는 "훨씬 더 넓은 범위의 번역 행위"(translation activity)에 관한 것이기 때문이다. 그래서 본 번역서의 제목이, 영어 번역본의 제목인 "On Translator Ethics"를 좀 더 가깝게 번역하는 '번역자 윤리'가 아니라 '번역윤리'가 되는 것은, 언어적으로 보면 원문의 표층과 다소 멀어지는 것 같지만, 오히려 저자가 의도하는 바를 더 효과적으로 가리키는 번역이 된다.

그렇다면 이제 모든 문제가 해결되었느냐, 아직도 그렇지가 않다. 이번에는 텍스트적인 문제가 남았다. 이 책의 제목은 그 총체적이고 궁극적인 의도를 따라 '번역윤리'가 충분히 될 수 있었다. 그런데 본문 내에서의 'translator'는 '번역자'를 고수할 수밖에 없었다. 본문에서의 'translator'를 제목에서처럼 '번역'이라는 번역어를 쓰는 것은 그야말로 'translator'를 'translation'으로 바꾸어 번역하는 것과 같은 명백한 오류에 해당했다. 그것은 원문을 변형하는 것과 같다. 원문을 변형하는 번역전략이 번역의 목적에 따라 얼마든지 있을 수 있지만, 본 번역의 경우는 거기에 해당되지 않는다. 또 번역이 완료된 번역문이 있다는 측면에서도 '번역자'로 번역된 것을 '번역'으로 바꾼다는 것은 미시적인 문법구조적으로나 텍스트의 거시구조적으로 당연히 대대적인 변화를 요구한다. 그 변화가 용인 가능하다면 감수해야 하겠으나, 이 문제는 텍스트적 문제로 끝나지 않는다는 점이 더 큰 문제이다.

저자 핌이 본문에서 ‘translator’를 빈번히, 사실상 본문 전반에 걸쳐 내내 쓰는 이유는 단지 ‘번역하는 사람’을 가리키기 위해서가 아니다. 핌에게 있어 ‘번역자’는 이 책의 주제인 ‘번역윤리’(혹은 ‘번역자 윤리’)에 접근하는 일종의 ‘방법론’이다. 이것은 베르만(Antonie Berman)으로 대표되는 기존 학자들이 ‘번역윤리’에 접근하는 방법론과 선명하게 구별된다(본 번역서의 ‘들어가는 말’ 참고). 베르만은 결과물 혹은 추상적 개념으로서의 번역을 가리키는 ‘translation’을 번역윤리를 논의하는 출발점으로 삼는다. 그런 의미에서 베르만의 접근은 ‘번역물의 윤리’라고 다소 협의적으로 표현할 수도 있다. (물론 베르만의 윤리도 ‘번역윤리’이다. 다만 핌과 구분을 짓자면 그러하다는 것이다. 본 번역서 p. 43 참고). 핌은 그 결과물 혹은 그것의 생산과정의 ‘주체’이자 그 추상적 효과의 직접적 ‘당사자’인 ‘translator’를 번역윤리의 출발점으로 삼는다. 그렇기 때문에 본문에서 ‘translator’는 ‘translation’과 의도적으로라도 구별되어야 할 개념인 것이고, 그렇게 하기 위해서는 본문에서는 ‘번역자’라는 용어를 그대로 사용할 수밖에 없었다.

이와 같이 ‘translator’에 대한 저자 핌의 개념적 이해와 번역윤리에 대한 그의 접근 방법, 그리고 본 번역서가 번역되는 과정에 개입된 현실적이고 사회적인 관계, 그리고 텍스트적 문제 등으로 인해, 원문의 제목인 “On Translator Ethics”는 ‘번역윤리’로, 본문 내에서의 ‘translator ethics’ 혹은 ‘translator’는 각각 ‘번역자 윤리’와 ‘번역자’로 번역되었다. 즉, 동일한 ‘translator’라는 영어 단어를 제목에서는 ‘번역’으로 본문에서는 ‘번역자’로 번역하고 있는 것이다. 이 점을 독자들이 이해해주기를 바란다.

이 책의 번역과정에 관하여:
영어 번역본과 한국어 번역본의 사이에서

여기에서 본 번역서의 핵심 용어인 'translator'의 번역과정을 비교적 상세하게 기술한 것은 독자들이 이 번역서를 이해하는 데 조금이나마 도움이 되기를 바라기 때문이다. 하지만 번역자로서 좀 더 바라는 것은 이 글이 번역서 자체보다는 원서를 가리키는 역할을 하는 것이다. 이 글이 원서와 저자에 대한 관심을 좀 더 유발하고, 또 이 번역서 자체도 그 같은 관심에 따라 유용하게 디디고 갈 수 있는 하나의 디딤돌이 되기를 희망한다.

앞서 배치된 '역자 서문'과 이 '역자 일러두기'는 목차상으로는 바로 연결되어 있지만, 시간상으로 상당한 격차가 있었고, 또 이 글을 쓰는 번역자의 관점에도 많은 변화가 있었다. 서문은 번역 직후, 즉, 원서를 읽고 쓴 글이고, 일러두기는 번역문의 교정지를 읽고, 즉, 번역서를 읽고 쓴 글이다. 따라서 서문의 주요 초점이었던 이 책의 유익은 엄밀하게는 원서에 대한 것이라고 봐야 한다. 원서의 유익을 누리는 데 있어서 본 번역서가 할 수 있는 역할에 대해서는 독자들이 판단하고 활용해주기를 바란다.

지금까지 기술한 바와 같이, 그리고 그 이상으로, 이 책이 영어 번역본에서 한국어 번역본으로 나오기까지 참으로 많은 고민이 번역자들에게 있었고, 또 총서 편집인들과 출판 관계자들의 헌신적이고 성실한 도움이 있었다. 그 모든 분들께 감사 드린다. 특히 총서의 가이드라인에 부합하지 않지만 본 역서의 용어 사용을 너그럽게 이해하고 적절한 대안을 제시해주신 정호정 기획위원장님께 감사 드린다. 기획위원장님의 넉넉한 학자로서의 이 같은 이해와 수용은 이 책의 저자인 핌이 지향하는 바, 즉, '번역'이라는 개념을 지속적으로 확장하는 데 힘을 보태게 된다(본 번역서 '후기' 참고). 그런데 또 한 가지 언급하지 않을 수 없는 점이 있다.

이 책은 본 번역자들이 본격적으로 원서와 씨름하며 번역하기 이 전에, 예비번역자들에게 공개되었다. 이 난해한 텍스트를 한동대 통역번역대학원 13기 일곱 명의 학생들이 2학년 2학기 졸업시험을 앞두고 '번역 프로젝트'라는 과목을 통해 본 번역자들과 함께 일부 번역한 것이다. 학생들은 이 책을 이해하기 위한 사전작업으로서 관련 소논문을 읽고 토론하는 학기 초 몇 주까지만 해도 그 과정을 신기해하기도 하고 즐거워하기도 했다. 이런 프로젝트를 우리 기수가 한번 해보자는 의기투합 역시 만만치 않았다. 그런데 정작 텍스트를 번역하기 시작하자, 사실상 학생 전원이 충격에 빠졌다. 핌의 텍스트가 말도 안 되게 어려운 텍스트이자, 곧 졸업시험을 앞둔 수험생 입장에서 도전해보기에는 너무나도 벅차고, 졸업 직후 실무 번역자들로서 사회에 곧 해볼 법한 텍스트라고 하기에는 너무 거리가 먼 것임을 실감한 것이다. 그런데 학생들은 결국 그 졸업학기 내내 이 텍스트를 포기하지 않았다. 저마다의 의미 부여와 강의자로서의 본 번역자들에 대한 신뢰 가운데 그 과목의 과제로서 끝까지 이 텍스트를 통한 훈련을 놓지 않은 것이다. 그 점을 본 번역자들은 깊이 감사한다.

학생들의 번역이 이 번역서의 번역문을 이루지 않았다. 이 책의 번역문은 본 번역자들의 번역이다. 그러나 그들의 끈기와 성실은 이 책이 영어 번역본에서 한국어 번역본으로 나오기까지 사실상 가장 결정적인 역할을 했다. 왜냐하면 본 역자들이 이 책을 번역하기 시작했을 때, 이번에는 번역자 자신들이 충격에 빠졌기 때문이다. 강의자로서 학생들을 지도하고 피드백을 주기 위해 원서를 읽었을 때와 번역자로서 번역하기 위해 이 책을 읽었을 때, 그 난해함의 강도는 너무나도 달랐다. 하지만 본 번역자들은 그 일곱 명의 학생들, 권려원, 임우석, 정지혜, 조윤주, 이청, 김예담, 이예린이 한 학기 동안 감내했을 번역자로서의 고통과 수고를 기억하며 이 책의 번역을 포기할 수 없었다.

하나의 책이 다른 도착문화의 요소로 바꾸어지기까지, 즉, 번역의 과정에서 참으로 많은 일들이 벌어진다. 이 책의 경우도 예외가 아니었다. 이제 이것이 수용되는 과정에서는 또 어떤 이야기들이 이어질지 모르겠다. 이제부터는 다양한 이유로 이 책을 선택할 독자들의 몫이다. 다만 번역자들로서 번역자와 번역, 그리고 그들의 행위에 대한 윤리와 문화간 커뮤니케이션의 가치 등 이 책이 다루는 주요 주제들에 대해 더 많은 학술적, 사회적 관심과 논의가 이루어지기를 겸손히 바라고 응원할 뿐이다.

2016년 3월

역자 박혜경, 최효은

차례

제 2 장 메신저들

제 3 장 전문가라고?

제 4 장 중재자

제 5 장 선교사들

제 6 장 협력의 요인들

제 7 장 번역자 윤리의 원칙

후 기 세대의 경과와 번역 개념의 확대

감사의 말

먼저 번역자 워커(H. Walker)씨에게 감사의 말을 전합니다. 본래 불어로 저술했던 본 저서를 (캐나다) 영어로 훌륭하게 번역해주었고, 만족스러운 원고가 될 때까지 수차례의 퇴고작업을 거듭해주었습니다.

이 책이 나오기까지 수년간에 걸쳐 도움을 주신 많은 분들께 감사드립니다. 특히 본 저서의 바탕이 된 파리에서의 세미나에 저를 초대하고 격려해주신 라드미랄(Jean-Rene Ladmiral) 교수님, 슐라이어마허(Schleiermacher)를 이해하는 데 맥을 잡아준 프랭크(Armin Paul Frank) 교수님께 감사의 마음을 전합니다. 그리고 터툴리안(Nicholas Tertulian) 교수님에게도 깊은 존경의 마음을 표합니다. 내가 1980년대 파리에서 박사후과정을 하고 있을 때 독일에서 열린 한 철학 세미나에서 참석한 것을 계기로 교수님을 뵙게 되었는데 그 때의 인상적인 기억을 지울 수 없습니다. 터툴리안 교수님은 스퍼디아와 블리스(Sperthias and Bulis)[1]의 이야기가 독일어권의 맥락에서는 어떻게 이해되는지를 알려 주셨으며, 루카스(Lukács)[2]를 소개해주셨습니다. 또한 퀘벡의 소식을 전해준 폴라론(Debbie Folaron)씨, 헤로도투스(Herodotus)를 조사하는데 큰 도움을 준 구로우니(Kyriaki Kourouni)씨 등, 이 책이 나오기까지 음으로 양으로 도움을 주신 모든 분들에게 감사의 마음을 전합니다.

홈볼트 재단(Humboldt Foundation)의 1992-94년 연구비 지원과 독

1) [역주] 본서 2장 참조

2) [역주] 본서 2, 4장 참조

일 괴팅겐대학(Gottingen University) 문학번역연구소(Special Research Center on Literary Translation)의 지원이 없었다면 이 책의 기초연구는 불가능했을 것입니다. 또한 불어로 된 초판의 영문번역은 니다 성서연구재단(Nida Institute for Biblical Scholarship)의 지원을 받아 이루어졌습니다. 그 과정에서 타우너(Phil Towner), 하우저(Charles Houser), 맥시(James Maxey), 요스트(Eric Yost)씨 등에게서 큰 도움을 받았습니다. 니다 재단의 지원에 감사를 표하는 의미에서 성서학자이자 번역이론가인 니다(Eugene Nida)의 이론에 관한 장(章)을 추가하게 된 점을 기쁘게 생각합니다. 하지만 이것은 니다 재단의 요청에 의한 것이거나 어떤 식으로든 재단의 영향을 받아서 된 것이 아님을 분명히 말씀 드리고자 합니다. '들어가는 말'에서 다시 언급하겠지만, 나는 니다 재단의 연구자들과 강비에(Yves Gambier), 그리고 본 저작의 초안이라고 할 수 있는 불어판을 읽은 독자들에게 매우 예리하고도 귀한 비평을 들었습니다. 끝내 동의할 수 없는 부분들이 있을지라도, 그 모든 비평을 충분히 숙고하였음을 겸손히 말씀 드리고자 합니다. 활발한 비평과 적극적인 재검토, 기탄 없는 수용은 지적 논쟁의 본질이기 때문입니다.

또한 이 책이 나올 수 있도록 여러 방면의 허가를 해주신, 아래 열거하는 분들과 기관들에도 감사의 마음을 전합니다.

- 본서의 번역권(translation rights)을 내게 넘겨준 아르투아 프레스 대학교(Artois Presses Université).
- 필자의 논문인 "슬라이어마허와 혼혈의 문제"(Schleiermacher and the Problem of Blendlinge)의 일부를 수정하여 본서 1장에 포함할 수 있도록 허가해 준 『번역과 문학』(*Translation and Literature*), 그리고 그 과정에서 특히 도움을 준 길레스피(Stuart Gillespie).
- 필자의 논문인 "비(非)작가로서의 번역자, 나는 이 점을 사과한다"(The Translator as non-author, and I am sorry about that, Pym(핌) 2010b)의

일부를 본서 3장 도입 부분에 사용할 수 있도록 허가해준 국립시에나외국어 대학교(Universita per Stranieri di Siena)와 LIT벌라크(LIT Verlag) 출판사.

- 카슨-번센 외(Carson-Berndsen et al. 2010: 60)의 "보조번역자들을 포함한 로컬라이제이션 작업흐름"(Possible localization workflow integrating paraprofessional translators)을 재구성하여 〈도식1〉로서 사용할 수 있도록 허가해준 『로컬리제이션 포커스』(*Localisation Focus*)와 차세대로컬라이제이션센터(Centre for Next Generation Localisation, CNGL).
- 5장의 바탕이 된 필자의 논문, "여러 사람에게 여러 모양으로: 니다와 참여에 관하여"(All things to all people. On Nida and involvement, Pym 2009a)의 일부를 출판할 수 있도록 허가해준 브뤼셀, 『에디션스 두 해저드』(*Editions du Hazard*)의 발뤼(Christian Balliu)와 메르쉔(Jean-Marie Van Der Meerschen).
- "중동평화 로드맵"(Roadmap for Peace)의 번역에 대한 분석의 일부를 출판하도록 허가해준 아야드(Ahmad Ayyad, Ayyad and Pym 2012).
- 필자의 저서(2004b)에 수록되었던 〈도식2〉 "거래비용 초과로 본 번역과 언어 학습 비교"(Comparison of translation and language learning as transaction costs over time)를 재판할 수 있도록 허가해 준 존 벤자민스 출판사(John Benjamins Publishing).

본서를 통해 표현된 견해는 필자 개인의 의견이며, 위에 언급된 인사나 기관들의 견해를 반영하는 것은 아님을 밝히는 바입니다.

들어가는 말

이 책은 1994년 3월 파리 철학대학(Collége International de Philosophie)에서 했던 세미나를 재구성한 것이다. 그 세미나는 베르만(Antonie Berman)이 '번역과 문자'(Translation and the Letter)라는 제목으로 했던 기념비적 강연이 있은 지 십 년 만에 이루어진 것이었다. 당시 나는 독일 괴팅엔(Gottingen)대학에서 이제 막 박사후과정을 마친 젊은 학자였다. 유명세를 가진 학자도 아니었고, 아무리 잠재적 혹은 암시적이라 할지라도, 베르만(1991년 작고)이라고 하는 대학자와 비교가 될만한 사람이 결코 아니었다. 그런 내게 강연의 기회를 준 파리 철학대학과 데리다(Jacques Derrida) 학장님께 깊은 감사를 드린다. 당시의 철학계는 번역이라고 하는 내 전공분야에 관심이 고조되어 있던 상황이었다. 내 개인의 자격이나 학문적 깊이가 대단해서 그런 소중한 기회를 얻게 되었던 것은 아니었다.

그런데 2012년 현재, 사정은 조금 달라졌을 수 있다. 은사님들이라고 할 수 있는 분들이 이제 우리 곁을 떠났고(2004년 데리다 별세), 당시 세미나에서 그러했던 것처럼, 마치 내가 홀로 번역적 사고를 대표하는 것 같은 부담을 느낄 필요도 없다. 또 더 이상 사회적 통념이라고 일컬어지는 전통적인 사고를 반박하는 일이 그렇게 급박하고 절박한 일로 여겨지지도 않는다. 나이가 들어가는 것이다.

이 책의 불어판은 1997년에 발간되었다. 그런대로 잘 팔렸지만 학계에 별다른 영향력을 미치지는 않았다. 누스(Alexis Nouss), 시므오니

(Daniel Simeoni), 바하디르(Şebnem Bahadır), 메쇼닉(Henri Meschonnic) 등이 진지한 비평을 해주었음에도 말이다. 직업적 주체(professional subject)로서의 번역자, 직업 윤리로서의 번역자의 윤리를 탐구하는 과정은 기존의 철학적 사고와 충돌이 불가피했다. 나의 시도는 프랑스 철학의 너무 많은 요소를 건드릴 뿐 아니라 특히 프랑스 언어와의 충돌이 심각했다. 직업윤리는 전통적으로 의무론(déontologie)에 해당하는 사안으로 대략 '윤리 강령'(codes of ethics)이라고 일컬어지는 것들로 이해된다. 이것은 철학적 함의가 짙은 윤리(éthique)와는 전혀 다른 차원에서 작용하는 개념이다. 지식인들은 윤리에 대하여 감상적이기까지 한 태도를 취한다. 연대성, 인간성, 다양성, 개방성, 정의 등에 관한 숭고하고도 추상적인 원칙의 관점에서 그것을 본다. 그런데 의무론에서는 중개상이 얼마를 받아야 하는지 따위의 상업과 물량을 이야기한다. 윤리에서는 그러한 것들을 논할 수 없다. 윤리는 마치 순수하게 질적인 세계에만 속한 것처럼 말이다. 이 책에서 나는 이 같은 이분법을 의식적으로 거부하려 한다. 그 결과 어떤 독자들의 입장에서 보면, 본서가 두 가지 전혀 다른 사항을 다루고 있다고 생각할 수 있다. 전반부에서는 철학과 윤리(éthique)를 다루고, 후반부에서는 직업정신과 직업윤리(déontologie)를 다룬다고 말이다. 그런 오해가 있을 수 있지만, 내 의도는 간단히 말해, 번역자의 직업 정신(translator's professionalism)을 철학적 용어로 이야기해보고자 하는 것이다.

이 책에서 반복적으로 사용한 방법론은 극단적 사례(extreme case)를 통한 사례연구이다. 어떤 사례는 실제 사례이기도 하고, 어떤 것은 허구이기도 하다. 하지만 철학 논증에서는 그 차이가 크게 문제가 되지 않는다. 극단적 사례를 통한 사례연구는 철학이 윤리탐구 과정에서 전통적으로 사용해온 방법이다. 대단히 부정적인 사례나 전형화 된 역설(paradox)들이 철학적 탐구를 위한 관념적 기초를 마련해주기 때문이다. 예를 들어, 히틀러가 뭔가를 했다면 그 일은 비윤리적일 수 있고, 넬슨 만델라가 한 말이라면 '윤리적'인 것이라는 평가를 손쉽게 받을 수 있다. 메쇼닉(Meschonnic)은 이러한 방법론을 폄하했다. 그는 "… 미국에 대한 부정적 견해를 담은 텍스트를 번역한 '나치 번역자'(Nazi translator)라는 이유만으로 고소당했다 …"(2007/2011: 40)고 언급한 바 있다. 그런데 이러한 냉소적인 태도로 극단적 사례들을 보게 되면, 매일 매일의 삶과 같은 현실로부터는 멀어지는 분석을 하게 된다. 마치 극단적 사례연구는 대다수 번역자들이 경험하는 따분한 일상과는 아무런 관련이 없는 것처럼 말이다. 극단적 사례를 분석하여 그것의 함의를 도출하려는 시도를 반대하는 것은 위험한 발상일 수 있다. ① 집단을 양화(quantify)하여 경중을 가리거나, 그래서 결국 윤리를 기술사회학(descriptive sociology)으로 환원하거나 혹은 ② (마치 우리가 번역자 모두를 아는 것처럼) '번역자'에 대한 저마다의 개인적 전제를 일반화하거나 혹은 ③ 메쇼닉의 경우처럼 (마치 운율이면 다 되는 것처럼) 모든 것을 '시학'(poetics)으로 수렴하게 된다. 특히 두 번째 경우는 필요한 근거의 축적 없이 편견만을 재생산하는 위험을 내포한다. 이 책에서 나는 사회학적 경험주의와 편견의 재생산이라는 딜레마를 극복하기 위해 노력했고, 그 방법론으로써 극단적 사례연구를 선택한 것이다. 극단적 사례가 내포하고 있는 복잡성을 파고들어 감으로써 그 속에서 인간이 봉착한 철학적 난관을 분석해내고자 했다. 그렇게 함으로써 "만델라가 한 일이면 좋은 일이고, 히틀러가 한 것이면 나쁘다"하는 식의 환원주의를 탈피할 수 있을 것으로 기대한다. 이 같은 방법론으로 인해 사례연구 부분이 두툼해졌다. 특히 수많은 문헌들을 비교하고 그것들을 다양한 인식론적 관점에 적용하여 인간성의 복잡성을 규명해내느라 그러했다. 만일 매일의 일상에 적용될 수 있는 기만적이리만큼 단순한 원칙이 있다면, 거기에는 분명 투쟁적인 지적 탐구의 과정에서 얻은 수많은 상처가 동반되어 있을 것이다.

이러한 방법을 채택함으로써 베르만이 철학적 윤리와 직업 실무

(professional practice) 사이에 만들어 놓은 극단적 구분을 극복할 수 있으리라고 본다. 베르만은 자신의 세미나가 그 자신이 '고집스런 오해'라고 비판하는 것과 동일한 반응을 불러일으킬 수 있다고 보았다. 이 반응은 특히 소위 '전문' 번역자(professional translators)들이 보이는 것(1984: 35)이었다. 여기에서 그는 '전문'이라는 말에 꼭 강조표시를 했다. 실용적인 텍스트를 다루는 실무 번역자들에 대한 베르만의 어조가 그런 식이었다는 것은 그다지 놀랄 일이 아니다. 그가 제안하는 원칙들은 전문 번역자들의 실무에 기반을 둔 것이 아니다. 베르만은 철학적 담론을 사용하여 상업영역의 고유한 원칙들을 뛰어 넘고자 했다. 그는 전문 번역자들은 전혀 의문시 하지 않을만한 질문을 제기하고자 하였던 것이다. 다음과 같은 짧은 대화를 상상해 볼 수 있다.

A. 외래적 표현의 완전성과 정확성을 추구합니까?

B. 아니요, 우리는 그렇지 않습니다. 우리는 좀 더 유려하게 읽힐 수 있도록 텍스트를 개선합니다. 그것이 우리의 고객들이 원하는 것이니까요.

A. 우리는 낯선 것을 낯선 것으로 받아들이고, 우리의 문화를 타자에게 개방해야 합니다.

B. 우리의 목소리를 전 세계에 강요하지 말아야 합니다.

A. 우리는 우리의 고객과 독자들이 요구하는 높은 수준의 전문성을 보여줘야 합니다.

B. 우리는 번역자이지 프랑스의 국경 수비대이거나 문화 형성자가 아닙니다. 당신이 만약 '전문 번역자'라고 한다면, (실무 번역자들도 언제나 이렇게 말한다. 그들은 이론가들은 전문적으로 번역하지 않는다고 생각한다) 당신이 '현실 세계'에 (이것도 번역자들이 좋아하는 표현이다) 있다면, 우리가 무슨 말을 하는지 알 것입니다.

기타 등등.

그런데 이런 오해들이 실은 학계나 베르만의 윤리론이 가진 추상성, 혹은 지적 윤리론 일반이 가진 특성으로부터 기인하는 것이라면 어떻게 할 것인가. 베르만은 위대한 고전이나 철학적 작품들에 대한 이국화 번역을 옹호한 것이다. 그러나 사실 그런 영역에서 일하거나 혹은 관심이라도 있는 번역자가 상대적으로 소수라고 한다면? 윤리를 위한 탐구에 좀 더 넓은 의미에서의 번역자들을 포함시키고자 하는 관점에서 본다면, 베르만식의 학문적 담론은 역설적으로 대단히 협소한 차원, 즉 학자들만의 윤리를 이야기하는 위험성을 지니게 된다. 그런 담론은 번역이라는 전문 직종 전체를 인용 부호로 취급하거나, 번역활동을 사회적으로 저급하고 비본질적인 영역의 것으로 격하시킨다. 베르만의 윤리는 직업윤리가 아니다. 직업윤리를 겨냥하려 했던 것도 아니다. 그는 전문 번역자들의 활동 대부분을 구성하는 상업적 고려에 대해서는 할 이야기가 거의 없다. 번역자 윤리에 대한 그의 견해는 번역 외의 다른 생계 수단을 가진 일부 번역자들을 위한 것이었다. 그런 맥락에서 내 세미나가 가졌던 주요 목표는 상업성 역시 윤리적 사고의 일부를 구성한다는 점을 보이는 것이었다. 그렇지 않다면 철학이 직업인들과 어떻게 대화할 수 있겠는가? 뿐만 아니라 나는 베르만 자신이 기댔던 철학적 전통과 동일한 데로부터 그가 옹호한 독일적 사고의 권위를 부정하는 논리를 끄집어 낼 준비도 되어 있었다. 그러나 그런 시도는 확실히 실패했다. 이 책으로 구체화된 내 시도는 학자들의 관점에서 볼 때 지나치게 상업적이었고, 반면 직업인들에게는 지나치게 현학적이었다. 그러나 그럼에도 어쨌든 한 권의 책으로 결실을 보게 되었다.

이 책에 담긴 논의가 처음으로 이루어진 때로부터 오랜 시간이 지난 지금, 또 다른 언어와 새로운 커뮤니케이션 상황 속에서 나는 정반대 방향의 의문을 제기해야 한다. 한때 학술적 규범을 거부할 만큼 자신만만했던 전문 번역자들이 이제 새로운 위협에 직면해 있는 것이다. 이번에는 기술(technology)로부터의 위협이다. 데이터 기반의 무료 온라인 번역기들이 거의 모든 사람들로 하여금 일종의 번역물을 생산할 수 있도록 하고 있는 것이다. 또한 인터넷 기반 소셜 네트워크(social network)를 통해 일군의 사람들이 공동번역 프로젝트에 자원할 수 있게 되었다. '협업적 번역'(collaborative translation), '공동체 번역'(community translation), '크라우드소싱'(crowdsourcing) 등을 말하는 것이다. 나는 한 때 학술활동으로서만이 아닌 직업활동으로서의 번역을 설득해야 했지만, 이제는 훨씬 더 넓은 범위의 번역 행위(translation activity)를 논의에 포함하지 않으면 안 되게 되었다. 번역자가 '직업적인 번역자', 즉 전문 번역자가 아닐 수 있음을 인식해야만 한다. 이러한 상황은 윤리적 탐구에 전혀 새로운 지평을 여는 셈이다. 상업성에 대한 논의는 여전히 필요하다. 그러나 우리는 이제 번역에 들이는 노력이라는 가치가 경제적 보상으로만 교환되는 것이 아님을 인식해야 한다. 번역자들은 사회적(social), 상징적(symbolic), 문화적(cultural) 가치들을 위해서도 번역할 수 있는 것이다. (이 같은 가치 구분은 부르디외(Bourdieu, 1972/1977)에게서 가져온 것이다.) 따라서 '전문'(professional)이라는 용어의 의미를 재고할 필요가 있다. 그간 이 용어는 해당 과업에 풀타임으로 전념하고(fulltime dedication) 일종의 배타적 역량(exclusive competence)을 가진 것으로 이해되어 왔다. 그래서 나는 이 책의 제목을 '*ethics of the translator*'(번역가의 윤리)에서 '*translator ethics*'(번역자 윤리)로 변경하였다.[1] 전자는 본서의 불어판 제목인 *Pour une ethique du traducteur*을 번역했던 것이다. 그러나 후자로 제목을 변경한 것은 "번역자의 역할을 하는"(acting as translator)이라는 개념을 함의하기 위해서이다. 이런 구문상의 변화만이 능사는 아니겠지만, 본 저자가 주목하는 번역이라고 하는 복잡한 사안에 대한 중대한 환경적 변화를 반영하는 것임은 분명하다. 이제 나는 철학자들뿐만 아니라 많은 전문 직업인들까지도 당혹스럽게 하고 있을

1) [역주] 본 역서의 '역자 일러두기' 참고

지도 모르겠다.

여기에서 제안하는 번역자 윤리(translator ethics)는 옳고 그름에 대한 보편적 원칙을 주장하고지 않는다. 번역가의 윤리(ethics of the translator)에서는 그런 시도를 했을지 모르겠다. 특정 원칙을 특정 사회집단에 적용함으로써 말이다. 그러나 번역자 윤리에서는 어떤 원칙이든지 간에 원칙은 번역이라는 행위 자체에 관련되어야 하고, 어떤 식으로든 그것에 관한 담론들로부터 도출되어야 한다. 이러한 방식으로 국지적[regional, 혹은 비보편적(non-universal)] 윤리, 즉, 특정한 사회적 행위에 대해서만 관계되는 윤리의 밑그림 정도를 시도하고자 한다. 인간사의 광범위한 영역에 대한 대대적인 선언은 불가한 일이다. 따라서 필자는 번역자가 (여기에서 말하는 '번역자'라는 용어에는 구어적 중개자도 포함한다) 무엇을 하든지 간에 번역자가 하는 일을 아이디어의 기초로 삼아 출발하고자 한다. 또한 번역자의 일은 언제나 특정한 상황에 기초해 있다. 행위는 그 상황 속에서 모종의 교환을 함으로써만 의미를 가진다. 여기에 전혀 새롭다 할만한 것은 없다. 그러나 이것은 시작부터 무엇이 '(보편적 의미의) 번역자'인가, 그들은 무엇을 하는가 따위를 논의를 할 수 없음을 의미한다. 스타이너(George Steiner 1975)는 예를 들어, 번역자는 '보상'을 추구한다고 했다. 이것이 그의 논의 가운데 가장 윤리적인 요소를 포함한다고 볼 수 있는 '해석적 운동'(hermeneutic motion)이다. 나는 그런 번역자가 누구인지를 알고 싶다. 그들이 누구를 위하여 일하는지, 그들의 구체적인 목적이 무엇인지도 말이다. 여기에 대해 리쾨르(Paul Ricoeur 2004)는 좀 더 도발적인 주장을 펼쳤는데, 번역자는 어떤 의미에서는 정신분열증적이고 외국인에 대한 두려움 내지 심지어 혐오로부터 벗어나기 위해 작업한다고 하였다. 과연 이 같은 이해가 모든 시간대, 모든 문화권에서, 모든 번역자들에게 적용될 수 있을지 의문이다. 따라서 나는 대단히 다양한 상황 속에서 다양한 양상을 보이는 모든 번역자들을 손쉽게 하나로 묶어 버리는 하나의 전제로부터 시작하기보다는 번역자들이 일하는 각종 상황들로부터 논의를 시작하고자 한다.

그런 차원에 이르는 것은 그다지 어려운 일이 아니다. 어떤 번역자이건 번역을 하다 보면 어느 한 순간에는 스스로에게 묻지 않을 수 없게 되는 질문이 있다. 베르만이 바로 그 질문을 제기함으로써 그러한 차원에 이르는 방법을 보여주었다. "어떻게 번역할까?" 하는 질문이 그것이다. 이 근본적이고도 불가피한 질문은 전통적으로 두 가지 종류의 답을 얻었다. 하나는 출발언어, 출발문화, 원문, 원저자를 중시하는 것이고, 다른 하나는 도착언어, 도착문화, 번역문, 번역자를 중시하는 것이다. 이거 아니면 저거다. 이 질문과 거기에 대한 두 가지의 대답은 많은 번역 이론들의 핵심을 이루었다. 베르만의 이론도 마찬가지이다. 이러한 이분법에 기초해 형성된 윤리는 묘하게도 직업군에 의한 구분에서 비롯된 것이라 볼 수 있는 학자 대 전문 번역자들의 윤리에서 벗어나지 못하게 된다. 두 부류의 번역자들은 번역을 대하는 태도가 다르다. 학자들은 지식을 전달한다는 데 대한 특권을 누린다. 따라서 원문에 마음이 기울어져 있다고 할 수 있다. 반면 전문 번역자들은 얼마나 효과적인 번역문을 생산해내느냐에 값을 지불하는 상업활동의 결과로 지위를 획득한다. 따라서 이들은 번역문에 더 마음이 쏠리는 부류라고 할 수 있다. 그런데 이 질문은 타당하지만, 거기에 대답은 부적절하다. 이분법적이기 때문이다. 이분법적 사고는 결국 철학과 상업활동을 손쉽고도 허구적으로 분리해버리기 때문이다. 더 심각한 문제는 그러한 윤리론은 번역 자체에 대한 선험적인 정의로부터 출발한다는 점이다. 예를 들어 만일 '진정한 번역'(true translation)이 문학작품이나 철학적 저작을 대상으로 한 것만으로 제한된다면, 즉, 베르만이 대문자로 'Work'(작품)이라 말한 것들만을 대상으로 한다면, 언제나 출발어가 특권적 지위를 점하게 된다. 반대로 만일 '진정한 번역'이 커뮤니케이션 행위의 일종으로 간주된다면, 고객과 특정 독자들을 위해 수행되는 전문 서비스는 언제나 도착어 쪽에 방점을 찍게 된다. 라드미랄(Ladmiral

1986/1999)은 수맥 탐사가(*sourciers* 즉, water diviners)와 추적자(*ciblistes* 즉, targeter)라는 용어를 사용했고, 뉴마크(Newmark 1993: 44)는 색출자 혹은 마술사(sourcerers, 혹은sorcerers로도 쓸 수 있음)와 추적자(targeters)라는 용어를 사용했다. 이렇게 초기 정의가 이분법적이면, 그러한 논의로부터 도출되는 윤리적 원칙들 또한 이분법적이다. 위에서 언급한 바와 같이 상아탑의 이론가들이 한 편에 서 있고 전문 번역자들이 다른 한 편에 서있다. 이렇게 가정한다면, 다양한 실무에의 적용이 배제된 협소한 윤리와 협소한 윤리로부터 지지를 받지 못하는 다양한 실무를 구분해버리는 위험에 직면하게 된다. 이분법인 접근은 거대한 사회적 틈새를 방치하는 결과를 낳는 것이다.

여기에서 나는 '전문'(professional) 번역자라고 인용 부호로 묶어 특칭하는 안일한 이분법적 사고가 가져올 수 있는 함정으로부터 벗어나고자 한다. 이론적으로 보자면, 이는 참으로 편리한 구분이다. 1984년 스코포스(*Skopos*) 이론이라고 하는 독일권 학자의 이론이 도착어권의 관점을 주장하면서 전문 번역자들의 기준과 관점이 학술적 담론 안에서 분출되어 나왔다. 나는 이 책의 4장에서 이 이론에 대해 몇 가지 우려를 표했지만, 그럼에도 불구하고 스코포스 이론에 대해 대체적으로 동의한다. 스코포스 이론은 전통적인 이분법이 파괴되었음을 의미한다. 번역에 대한 어떤 접근을 선택하든지 간에 그것은 해당 번역 과업이 가진 목적에 달려있다. 번역이 가진 어떤 영속적인 본질에 기인하는 것이 아니고 말이다. 실무적으로도 이분법적 모델은 의구심을 제기할 여지가 많다. TAP(think-aloud protocol, 사고발성법)이나 자판 기록, 동공추적 등을 활용한 상당수의 연구들이 번역자가 실제로 번역물을 어떻게 생각해내는지를 보여준다. 그러한 연구에서 얻을 수 있는 한 가지 분명한 사실은 실제적인 번역 과정과 선택은 출발어 중시 대 도착어 중시 따위의 이분법에 국한되는 경우가 극히 드물다는 점이다. 설령 번역자가 후에 그러한 용어를 사용하여 자신의 번역을 정당화한다고 해도 말이다.

결정은 거의 언제나 그보다 훨씬 복잡하다. 명시적 이론화의 결과는 거의 언제나 환원적일 수밖에 없다. "어떻게 번역할까?"라는 기본적인 질문에 대해서도 마찬가지다.

본서의 궁극적인 목표는 조금 다른 질문을 제기하는 것이다. 논의의 초점을 조금 바꾸어 번역에 대해 조금 다르게 생각할 수 있는 질문, 질문의 범위 차원에서 보면 좀 더 야심차고 이분법적 이론으로 환원하기에는 조금 더 난해할 수 있는 질문이다. 바로 "왜 번역하는가" 하는 것이다.

왜 번역하는가? 이 질문에 대한 대답은 결코 "예" 혹은 "아니오"가 될 수 없다. 여기에서 사용되는 '번역하다'(to translate)라는 동사가 담고 있는 의미가 안정적이지 않을 수도 있다. 번역하겠다는 결정을 지지하는 이유도, 그것을 반대하는 이유도 다양할 것이기 때문이다. 번역에 대한 대안은 무엇인가? 번역 방법에는 무엇이 있는가? 여기에서의 "왜 번역하는가"라는 질문은 가장 일반적인 차원에서 제기된 것이다. 본서에서 상정하는 번역하기의 개념에는 문어적 번역과 구어적 번역을 모두 포함한다. 동시통역과 순차통역, 더빙, 자막, 문학적 혹은 공공서비스적 중개, 그리고 고액의 번역료를 받는 번역은 물론 자원하여 무료로 이루어진 번역도 포함한다. 원문이 보낸 메시지나 독자들이 파악한 메시지 모두를 의미한다. 우리는 이 모든 것을 '번역'이라고 일컬을 것이다. 무언가와 교환을 기대하며 메시지를 운반하는 노력을 기울인 모든 것을 포괄한다. 그것이 좁은 의미의 전문직업의 의미를 따라 금전적 보상을 바라고 있든 보다 넓은 의미에서 사회적 관계나 특권이나 학습 등의 보상을 바라든지 간에 번역에 대하여 광범위한 관점을 수용하고자 한다. 이처럼 번역은 보상의 형태가 어떠하든지 간에 그 무엇과의 교환을 기대한다. 경제적 측면에 대한 고려 없이는 윤리적, 정치적 차원을 이야기할 수 없다. 그 반대도 마찬가지다.

이러한 변증법은 윤리적 사고에 주효하다. 특히 세계화(globalization)

가 경제적 차원에서 규정되고 있는 오늘날과 같은 시대에는 말이다. 교통 수단과 커뮤니케이션 비용이 갈수록 낮아진다. 인적, 물적 교류는 더 잦아지고 있다. 번역에 대한 전 세계적인 요구는 더 높아진다. 한때 고정된 것으로 간주되었던 원천(source) 대 도착(target)이라고 하는 바로 그 지점들 자체가 움직이고 분산된다. 전 세계적으로 333,000명의 사람들이 스스로를 '전문 번역자'라고 부른다. 인구통계적으로 혹은 징세 분류상 그러하다(Pym et al. 2012)[2]. 그리고 그보다 훨씬 많은 사람들이 번역에 '금전 이상의 목적으로 종사'(morally engaged)하고 있다. 앞서 살펴본 바와 같이, 번역의 직업성, 전문성이 세계화, 정보화로 인해 위협을 받고 있다. 이런 상황 속에서 미학적이거나 순수한 윤리론자는 무엇을 이야기할 수 있을 것인가? 누가 무엇을 어떻게 얼마나 지불해야 하는가? 즉, 교환이라고 하는 핵심적 질문 앞에 한때 번역이 고집했던 그 선한 의도와 숭고한 정서가 손상되었는데도 말이다. '교환'이라는 질문은 그것을 선호하든 그렇지 않든 반드시 제기되어야 하는 질문이다.

교환이라고 하는 질문은 그것이 아무리 하찮게 보인다 하더라도, 우리를 새로운 질문으로 이끈다. 왜 번역하는가? 이 질문도 또 다른 질문을 끌어낸다. 무엇과 교환하는가?

우리는 번역을 해야만 하는가? 전문 번역자들이나 번역학 교수들, 이론가들은 다른 점에 대해서는 서로 동의하는 것이 하나도 없어도, 이 질문에 대해서 만큼은 "그렇다"라고 한 목소리로 말할 것이다. "번역은 좋은 것이다. 따라서 더 많이 할수록 좋다! 사람들이 가능한 많은 번역을 누리도록 하자! 결국 번역이 우리의 집합적인 생계의 기초가 아닌가!"라고 나 자신을 포함한 번역자들, 교수들, 이론가들이 말할지 모른다. 우리 내면에 깊이 뿌리 박힌 사리 추구의 본성을 표출하는 것이다. 그러나 누군가에게는 동일한 질문에 대한 답변에 단기적 이윤추구보

2) 이 수치는 베니나토와 디파마(Beninatto and DePalma 2008)가 가설적으로 제시했던 수치인 700,000명보다 훨씬 낮다.

다는 좀 더 심오하고 장기적인 동기가 관계되어 있을 수 있다. 케케묵은 번역이론가들의 이름 말고 다른 몇 사람의 이름을 언급해보자. 루시디(Salman Rushdie)의 '악마의 시'(The Satanic Verses)를 번역한 일본 번역자 이가라시(Hitoshi Igarashi)는 1991년 7월 12일에 암살당했고, 같은 텍스트를 번역한 터키 번역자 네신(Aziz Nesin)은 1993년 7월 2일 자신이 투숙했던 호텔에서 발생한 화재로 40명 가량의 사람들이 사망하는 것을 목격해야 했다. 시인이자 우크라이나 번역자였던 스투스(Vasyl Stus)는 1982년 1월 12일 KGB에게 납치되어 소비에트 감옥의 견딜 수 없을 만큼 열악한 환경 속에서 독일 고전 문학작품들의 번역을 계속하다가 1985년 9월 사망하였고, 베트남 번역자 티엔(Dihn Than Tien)은 1990년 11월에 반정부 활동을 했다는 명목으로 체포되었으며, 작가이자 번역자였던 피로즈(Miriam Firouz)는 1983년 4월 6일 이란에서 수감되었다. 이런 이름들의 목록은 앞으로도 더 늘어날 것이다.[3] 그렇다, 번역은 대가를 요구한다. 그러나 물적 자본만이 번역과 교환되는 가치를 측정하는 유일한 수단은 아니다. 만일 번역자들이 자신의 생명이나 자유를 담보로 번역을 한다면, 그들의 행위는 구체적으로 열거할 수 있는 것들의 가치를 뛰어넘는다. 여기에도 여전히 교환, 거래가 벌어지고 있는 것이다. 그 교환의 대상이 생계(livelihood)이든 생명(life)이든 말이다.

또 다른 이름들을 언급하자면 다음과 같다. 카프리올로(Ettore Capriolo), 카얍(Menlha Kyab), 바흐타케(Merzak Baghtache), 투에(Dang Phuc Tue), 까잉(Ohn Kyaing), 만탈보(Jorge Pomar Mantalvo), 디바즈(Mehdi Dibaj). 이들의 이름을 알고 있는가? 아마 모를 것이다. 이들은

---

3) 참고: 아담스(Adams 1993), 국제사면위원회(Amnesty International)와 펜인터내셔날(PEN International)의 투옥작가 위원회(Writers in Prison Committee)가 발간하는 정기보고서. 이라크와 아프가니스탄에서의 전쟁으로 그러한 목록들이 나날이 길어지고 있다. 이러한 상황은 군통역사들에 대해 좀 더 깊은 관심을 가질 필요가 있음을 의미한다. 대부분 통번역 훈련을 받지 않은 직업인들로, 자신들의 생명을 담보로 과업을 수행하고 있다.

모두 거의 무명이나 다름 없는 우리 시대의 번역자들이다. 역사적으로 잘 알려진 돌레(Étienne Dolet)나 틴데일(William Tyndale)처럼 번역의 대가로 자신의 생명을 내놓아야 했던 번역자들이다. 본서의 불어판이 작업된 이후로도 많은 번역자들이 잔인한 테러와의 전쟁의 소용돌이 속에 휘말려 그들의 이름들을 추가했다. 많은 이들이 생명을 잃었고, 또 생명의 위협에 직면해있다. 이러한 소용돌이 속에 중개인들의 인권은 거의 고려되지 않는다. 번역자 한 사람, 한 사람의 새로운 이름을 발견해간다 하더라도 훨씬 더 많은 무수한 이름들이 익명으로 남아있을 것이다. 이와 같이 번역은 익명성, 일반적인 무관심, 숨겨진 고난, 때로는 흔적 없는 죽음으로 그 대가를 치른다. 윤리론이라면 이런 종류의 교환, 거래에 대해서도 이야기해야 할 것이다.

왜 번역하는가? 이 번역자들이 만일 번역자가 아니었다면, 운명이 달라졌을 수도 있었을까? 아마도 아닐 것이다. 그들 중 극소수만이 '순수' 번역자였다. 그들 중 대부분이 작가, 교수 혹은 기자였다. 전문가인 그들에게 있어 번역이란 단지 자신들이 구사할 수 있는 다양한 표현 양식 중 하나였을 뿐이다. 당신은 고난을 받기 위해 번역을 하는가? 아니다, 번역 말고도 돈이나 혹은 고문으로 교환되는 수많은 다른 활동들이 있다. 번역만이 그러한 교환의 대상이 된다고 생각할 필요가 없다. 게다가 번역에는 다양한 활동들이 함께 개입되어 있기 때문에 단지 번역을 했다는 이유만으로 번역자가 고난을 당하지는 않는다. 번역자들과 관련하여 제기되는 많은 질문들은 사실 문화 사이의 커뮤니케이터로서의 역할과 관련이 있다고 할 수 있다. 루시디의 '악마의 시'를 번역하는 번역자들이 공격의 대상이 된 것은 그들이 루시디를 번역했기 때문이 아니라, 번역을 통해서였든 아니면 직접적으로 표명했기 때문이든 이슬람교에 대해 모독했기 때문이다. 원칙적으로는 그들이 번역자였는지 여부는 크게 문제되지 않는다. 이 경우의 윤리적 문제는, 이미 다른 많은 학자들이 논하였던 대로, 문화간 커뮤니케이션 상황에서의 표현의 자유와 같은 것과 관련되어 있다. 그것들이 반드시 번역자 윤리에 포함된다고 할 수는 없다.

다른 기준을 정의할 필요가 있다.

왜 번역하는가? 여기에 대해 여러 가지 방식으로 답할 수 있다. 내용에 초점을 맞춘 윤리라면 무엇을 번역하고, 무엇을 번역하지 말아야 하는가를 구별하려고 할 것이다. 예를 들어 누군가는 이슬람에 대한 불경스런 내용, 혹은 불쾌감을 주는 내용이면 어떤 것이든 번역하지 말라고 할 수도 있겠다. 또 다른 일부에서는 새로운 독자들에게 혼란을 주거나 너무 어려울 수 있는 것은 번역하지 말아야 한다고 할 수 있다. 1546년 스페인 추기경인 톨레도의 파체코(Pedro Pacheco de Toledo)는 트렌트 공회(Council of Trent)에서 성경 책들 가운데 민중의 언어로 번역해서는 안 되는 책들의 목록을 제안하였다. 왜냐하면 그 책들은 "일반인, 농부, 태생이 천한 여자들"이 읽기에 부적합하다고 생각했기 때문이다(Enciso(엔시소) 1944). 그 목록에는 요한계시록, 바울 서신서들(특히 로마서), 에스겔서, 그리고 전문 신학자들조차도 그 정확한 의미를 이해하기 어려운 다른 책들이 포함되어 있었다. 이런 내용 기반의 윤리는 번역하지 말아야 할 것을 결정하는데 기준을 제공할 수 있다. 반면에 추상적인 윤리는 보통 모든 특정 유형의 내용과는 별개인, 원칙을 공식화하려고 한다. 예컨대, 베르만은 "윤리적 행위란 타자(Other)를 타자로서 인식하고 수용하는 것이다"(1985: 88)고 단언하였다. 그 타자의 기원이나 내용이 무엇이든지는 고려의 대상이 아니고 말이다. 이러한 추상적인 원리는 단지 엘리트들만의 '작품'(Work)이 아닌 모든 영역에 적용 가능한 보편적인 원리임을 표방한다. 하지만 이것은 매우 다른 유형의 윤리인 것이다.

왜 번역하는가? 본서에서 내가 제안하고자 하는 답변 역시 베르만의 그것만큼이나 추상적으로 보일 수도 있다. 하지만 내용과 상황에 대한 고려를 포함할 수 있는 답변을 시도해보고자 한다. 거기에는 아무 생각 없이 신성모독을 하는 것에 대한 비난도 포함되어 있다. 나는 협력(cooperation)을 증진하기 위해 번역해야 한다고 제안한다. 이 원칙은 추상적이지만 또한 상황적이기도 하다. 협력이란 것은 그 본질상 다양한 경우에 대한 저마다의 특수한 요소들에 좌우되기 때문이다. 따라서 이 원리는 내용의 윤리를 규정짓는 역사적, 사회적 특수성 위에 놓이게 된다. 루카스(Lucács: 1948/1967)가 "윤리적 아름다움"(ethical beauty)이라고 표현한 데 이르려면, 추상적인 접근과 역사적인 접근이 모두 필요하다. 이런 매우 특수한 형태의 아름다움에 도달하기 위해서는 윤리론은 혼종적(mixed breed)일 수밖에 없다.

내가 혼종성을 선호하는 데에는 대단히 실질적인 이유가 있다. 이 혼종성은 베르만의 논의를 포함한 현재 대부분의 윤리적 담론들이 간과하고 있는 요소이기 때문이다. 나는 이것을 번역자의 간 문화적 정체성(intercultural identity)이라고 말하고자 한다.

내용 기반의 다소 과격한 원칙을 주장하는 사람들, 예를 들어 신성모독에 반대하고 종교에 대한 민주적 접근을 금지하는 사람들은 보통 번역자가 단일 문화에 속한다고 전제한다. 내용에 대한 원칙은 단지 번역에만 국한되는 것이 아니다. 이러한 원리는 유사한 내용을 다루는 모든 텍스트적 활동에 적용된다. 내용 기반의 윤리가 가정하는 주요 전제 중에 하나가 바로 내용과 그 번역자가 동일한 공간에 속한다고 여기는 것이다. 호메이니(Ayatollah Ruhollah Khomeini)는 루시디와 그의 텍스트, 그리고 그것을 번역한 번역자들 모두가 어떤 식으로든 이슬람의 치리 하에 놓이는 것처럼 전제하는 칙령을 내렸다. 마찬가지로 파체코도 트렌트 공회에 모든 카톨릭 교회가 단일한 번역정책을 채택할 것을 주장하였다. 결국 아무런 정책도 분명하게 채택되지 못했다. 왜냐하면 북부 지역의 교회들은 이미 성경의 모든 책들을 일반 언어로 번역하는 것에 찬성하고 있었기 때문이다. 생각해보면, 번역자들은 하나의 특정 국가나 특정 문화권에 속하지 않는 경향이 있다. 번역자들은 몇 개의 주요 문화권을 동시에 혹은 간 문화적 공간에서 문화들간의 혼종과 교차가 이루어지는 가운데 작업하게 된다. 이것이 바로 번역의 본질 아닐까? 이런 관점에서 보면, 모든 번역자들은 그 정의상 한 두 문화권에 동시 소속되어 있다고 볼 수 있는 것 아닐까? 만일 그들이 하나의 문화적 공간에 속한 것이 아니라면, 어떻게 모든 번역자들이 이것은 번역해도 되고 다른 어떤 것은 안 되고 하는 것에 합의할 수 있겠는가? 그렇기 때문에 번역에 내용 기반의 단순 윤리를 부과하는 것은 비현실적인 것이다. 원칙적으로 내용은 문화에 의해 규제된다. 그러나 번역자들이 속한 간 문화적 공간은 그런 방식으로 규정되지 않는 것 같다.

따라서 나는 간 문화성(interculturality)이라는 강력한 원칙을 소개하고자 한다. 그것의 개념은 다음과 같이 설명될 수 있다. 번역자들은 하나의 문화권에 오롯이 소속되어 있기보다는 둘 또는 그 이상의 문화가 교차되는 지점에서 작업한다는 점에서 간 문화적 경향이 있다. 물론 이것은 작업가설, 하나의 모델, 관찰에 의한 일련의 문제제기에 지나지 않을 수 있다. 모든 번역자들이 간 문화적 공간에 속한다는 보장은 전혀 없다. 모든 번역자가 하나의 문화권에서 파견된 메신저라고 단정할 수 없는 것과 마찬가지다. 작업가설로서의 간 문화성은 경험적 검증을 필요로 한다. 사회적, 역사적인 연구를 통하여 좀 더 충분한 근거에 기반한 모델을 제안할 수 있을 것이다.[4] 그러나 윤리적 사고에서 이

4) 간 문화성에 대한 필자의 생각은 본서의 불어판이 나온 이후로 크게 바뀌지 않았다. 이것은 번역자들의 역사에 관한 연구(Pym 1998, 2000)의 영향이다. 그 연구들에 기반하여 나는 전문적 간 문화성(professional interculturality)에 대한 일련의 가설을 수립할 수 있었다. (1) 번역자들은 자신들의 번역을 필요로 하지 않는 사람들과 함께 혹은 그들의 주변에서 직업적 간 문화를 형성한다. (2) 간 문화는 비주류 문화화(non-primary enculturation)의 결과이고, 그것이 직업 공동체로 접근하는 방식이 되었을 수 있다. (3) 번역은 주요 문화권 사이의 경계에서 전문적 간 문화인들에 의해 생산된다. (4) 간 문화의 구성원들은 다양한 배경을 가지는 경향이 있으나, 그러한 특질이 은폐되어 있을 수 있다. (5) 전문적 간 문화 속에서 생산된 텍스트는 금전적이거나 혹은 직접적 사용가치가 아닌 상징적인 보상을 추구하는 경향이 있다. (6) 교차문화적(cross-cultural) 커뮤니케이션의 복잡성이 높을 수록 전문적 간 문화의 사회적 대리

러한 원리는 함부로 가정해서는 안 되는 것이 무엇인가를 알려주는 인식론적 지침으로만 작용해도 충분하다. 정교함은 결여되어 있을 수 있다. 하지만 이 작업가설은 번역자의 윤리를 위한 기초로서 단일문화성(monoculturality)은 충분치 않다는 주장을 하는 근거로서는 충분하다.

하지만 그러한 전제는 피하기 쉽지 않다. 베르만이 "타자를 타자로서"(Other as an Other)" 수용해야 한다고 제안했을 때, 그 결과는 독자가 해당 원문이 다른 문화로부터 비롯되었음을 알 수 있도록 문자적으로 번역해야 한다는 것이었다. 이 제안은 실제적이고 또 실행가능한 것이지만, 그 기본 원칙은 어쩔 수 없이 추상적이다. 또한 베르만은 이 원칙을 텍스트의 내용과는 무관하게 모든 외래 텍스트에 적용할 것을 제안하였다. 사실 이 제안의 기본전제는 내용 기반의 윤리와 놀랄 만큼 동일하다. 결국 외래의 것은 외래적인 것으로 남겨져야 함을 의미한다. 은유적으로 말하자면 베르만은 외래 텍스트들에 대해 시민권(citizenship)이 아니라 외국인 거소증(residence permit)을 발행한 셈이다. 만일 번역자가 외국의 낯선 것을 낯선 채로 수용한다면, 결국 문화들 사이에 선명한 경계를 남겨 두는 것을 의미하는 것이다. 즉, 단일문화 공간을 전제하는 것이다. 결과적으로 베르만은 인식론적으로 볼 때, 번역은 도착문화에 속하였고, 외지인을 현지인으로부터 발 빠르게 구분해내도록 위임된 국경수비대와 같은 역할을 한다고 가정한 셈이다. 이런 원칙에 따르면, 프랑스 영화는 미국에서 언제나 자막을 달아야 한다. 더빙되어서는 안 되는 것이다. 문화적 외래성을 보장하기 위해서만이 아니라 상업적으로도 주변성에 머물러야 하기 때문이다. 추상적 원리는 이처럼 지나치게 순수하다는 문제가 있다. 맥락 요소들에 적응시킬 수 있

인(social agency)의 수도 많아진다. 간 문화는 중립적이거나 탈주관적이거나 비정치적이거나 낭만적 이상주의(Romantic idealism)로 경도되려 하지도 않고 그래야 한다고 여겨지지 않음은 두말할 필요가 없다(Krebs(크렙스) 2007: 26 참고). 간 문화의 정치적 역할에 대한 필자의 사례연구, *Negotiating the Frontier*(2000) 참고.

는 변수가 없기 때문에 다양한 잠재적 상황들에 적용되기가 어려운 것이다.

그렇다면 우리는 이 문제를 어떻게 간 문화적 관점에서 다시 생각해 볼 수 있을까? 무엇보다도 이것은 단순히 원칙을 공식화하는 것의 문제가 아니다. 내용만의 문제도 아니고 형식 기하학적인 문제만도 아니다. 또 두 가지의 차원이 실제로 분리될 수 있는 것도 아니다. 나의 접근방식은 간 문화성에 대한 역사적 사례를 살펴보는 것을 넘어, 우리가 고려해야 할 일련의 요소들과 가치 체계들 간의 네트워크를 도출해내는 것이다. 모든 번역자가 좋다거나 나쁘다거나, 충실하다거나 허위적이라거나, 도착문화의 구성원이거나 국외적 용병이거나 하는 등의 이분법적 분류를 하는 것이 아니다. 그저 각각의 특수한 상황에 대해 필요한 일련의 질문을 던지고자 하는 것이다.

본서의 각 장들 번역자들은 누구이며 그들이 어떤 목적을 두고 번역하느냐에 대한 몇 가지 서로 다른, 일반적인 관점들에 기반하여 구성되었다. 각 장마다 다양한 사례들을 살펴볼 것이고, 각 사례들에는 서로 다른 아이디어들이 담겨져 있다. 우리는 특정 상황 속에서 번역자가 하는 역할들을 살펴볼 것이다. 따라서 그 방법은 번역비평 같은 방법론과는 무관하다. 나는 번역자의 다양한 양상들을 심오한 복잡성을 가지고 다루는, 내러티브적이고 이데올로기적인 텍스트들을 비교할 것이다. 마치 컴퓨터 게임 속에 숨겨진 비밀들을 연결하듯이, 문헌들을 독해하며 어떤 연결점들을 찾을 것이다. 예를 들어 이분법적 번역이론들(binary translation theories)을 문화적 독자성(cultural sovereignty)에 대한 전제로 연결하는 웜홀(wormhole)과도 같은 지점을 찾거나, 혹은 동일한 전제로부터 메신저들을 죽여서는 안 되는 원칙을 도출하는 연결점을 찾는 것이다. 비평적 문헌 비교연구는, 특히 인문주의적인 서구의 교차문화적(cross-cultural) 커뮤니케이션 모델과 관련이 깊은 어떤 지점으로 우리를 몇 번이고 인도할 것이다. 이 지점을 나는 '번역 형식'(translation form)이라고 부른다. 그곳에는 보편성이 전혀 통하지 않는다. 이 방법은 혼란스러울 수 있다. 발견의 놀라움을 경험하기 위해 미궁 속에 빠질 각오를 해야 하기 때문이다. 하지만 나는 우리가 논의해 가는 지점을 분명하게 표시해나갈 것이고, 그 경로에 대한 모종의 지도를 제시할 것이다. 또 나의 결론이 무엇인지를 감추려는 의도는 전혀 없다.

초판인 불어판이 나오고 오랜 시간이 지난 후의 결실로서, 다소 미흡한 점이 있지만 각 장마다 초판에 대한 '업데이트'가 포함되었다. 이 업데이트 부분에서는 격론의 여지가 있는 문제들을 다루고 있다. 특히 최근 몇 년 사이에 번역학 연구의 표면으로 부상한 문제들을 논의하는데 역점을 두었다. 또한, 이국화 번역의 엘리트주의, 기술적 민주화에 대한 고집스런 저항, 혁명적 주체로서 번역자들에게 거는 언제나 희망적인 기대, 중개자로서의 번역자라는 개념에 내포된 다양한 위험성을 고려하지 않고 그것을 대대적으로 수용하는 이론적 연구들에 대한 우려 등도 이 책에 요약해 넣었다. 이러한 새로운 추가 내용들이 이전의 내용들과 모두 매끄럽게 연결되기만 하는 것은 아니다. 그 중 일부는 그저 일말의 관심이라도 유도해 보고자 더해진 것도 있다. 그러나 모든 논의들은 최소한 나날이 구닥다리가 되어가는 오래된 문헌들이 정치적 사안으로까지 격화되어 가는 오늘날의 문제들에 대해 어떤 통찰을 제공할 수 있을까 하는 고민으로부터 이루어진 것이다.

왜 번역하는가? 여기에 대한 나의 추상적인 답변은 다음과 같다. 우리는 장기적으로 문화간 협력을 증진하기 위한 목적으로 다양한 변수를 고려하여 특정 조건 하에서만 번역해야 한다. 그렇지 않은 경우, 차라리 번역하지 않는 편이 낫다.

이 정도 답변으로 충분한가? 아마도 그럴 것이다. 결국 우리가 왜 번역하는가를 안다면 우리는 어떻게 번역해야 하는지, 심지어 각 상황 속에서 무엇을 번역해야 하는지도 추론해낼 수 있을 것이다. 그렇게 함으로써 우리는 베르만이 수년 전에 제기했던 근본적인 질문에 답을 시도할 수도 있다. '왜'를 알면 '어떻게'도 알아낼 수 있는 것이다.

그러나 이것은 사실 그렇게 간단한 문제만은 아니다.

John Benjamins Series 16

On Translator Ethics

John Benjamins Series

16 On Translator Ethics

제 1 장

경계에서

경계에서

번역자 윤리(translator ethics)는 '번역자들에 의해' 논의되어야 하고, '번역자들을 위해' 논의되어야 한다. 번역자 윤리의 중심축은 당연히 텍스트로서의 번역물(translations)이 아니라 인간인 '번역자'(translator)에게 두어야 한다. 사람이 중심이다. 사물이 아니고 말이다. 번역자 윤리가 번역물의 윤리(ethics of translation)와 반드시 동일한 개념인 것은 아니다. 그렇다면 윤리적 번역자(ethical translator)라고 할 수 있는 개념의 본질을 알기 위해서는 번역의 정의가 무엇인지를 밝히는 것이 아닌 다른 방법이 필요하다. 이런 질문은 지금까지 제기된 적이 거의 없다. 현대 번역 이론들은 대부분 번역을 하나의 텍스트로서 혹은 텍스트적 관계로서 파악하는 데서부터 출발하고 있기 때문이다. 인간 번역자라는 근본적인 질문에 대해서는 거의 관심을 두지 않았다. 수많은 이론적 논의들 속에서 번역자라는 논제가 불거지는 경우는 거의 없었다. 따라서 우리는 언어 중심적이고 텍스트 중심적이며 철학적이기도 한 번역에 대한 이론적 성찰들을 '해독'해가며 번역자 윤리를 구성하기 위해 필요한 논점들을 뽑아내야 한다. 혹은 번역자들을 사회의 일부 혹은 사회그룹의 일종으로 간주하는 추상적인 사회학적 논의들을 헤쳐나가야 할 필요도 있다. 그리고 나면, 우리는 드디어 번역자들을 만나게 될지도 모른다. 번역에 대한 수많은 논의들 속에 번역자들은 대체 어디에 위치해 있는가?

나는 슐라이어마허(Friedrich Schleiermacher)로부터 번역자의 윤리에 대한 논의를 시작하겠다. 스타이너(George Steiner 1975: 237)는 슐라이어마허가 "좀 더 일반적인 언어 이론과 사고 체계 안에서 번역에 관한 근본적인 질문을 제기함으로써 그것을 현대적으로 바라보는 방법을 제시한 선구자"라고 평가했다. 1813년에 '번역의 다양한 방법에 대하여'(On Different Methods of Translation)라는 슐라이어마허의 강의록은 현대 번역 담론을 모은 스타이너의 목록의 시작점을 차지하고 있다. 슐라이어마허의 강의록에는 분명 뭔가 새로운 것이 시작되고 있었다. 그것이 번역에 관한 현대적 이론화의 출발이었다.

그렇다면 그것이 대체 무엇인가? 거기에서 번역자는 어디에 있는가?

슐라이어마허를 다시 읽는 위험

슐라이어마허의 글은 매우 복잡하고 난해하다. 그런 까닭에 그 논조에 지쳐 결국 설득당하기 십상이다. 따라서 거기에서 번역자의 정체가 아주 미약하고 모호하게나마 조명되지 않을까 기대해 볼 법도 한데 그렇지가 않다. 더욱이 이제 슐라이어마허의 텍스트는 그가 1813년 그 강의록을 집필한 이후 거기에 대한 수많은 비평과 평론, 논설, 그리고 그것을 번역하고 또 재번역한 것들을 통해 읽히고 있기 때문에 더 복잡한 렌즈를 통해 이해되는 경향이 있다. 베르만(Berman)의 강의와 프랑스어 번역본, 가세트(Ortega y Gasset)와 예브라(Garcia Yebra)의 논평과 스페인어 번역본, 르페브르(Andre Lefevere), 로빈슨(Douglas Robinson),

베르노프스키(Susan Bernofsky)의 영어 번역본 등에서 보이는 무지를 간과할 수만은 없다. 슐라이어마허를 읽는 것은, 번역자의 과업에 대한 벤자민(Walter Benjamin)의 논문을 읽는 것과 마찬가지로 끈끈한 거미줄이 여기저기에 둘러쳐진 함정과도 같은 혹은 마법과도 같은 사고체계 속으로 걸어 들어가는 것과 같다. 그런데 여기에 위험이 있다. 과거로부터 내려 온 위대한 텍스트들을 다시 읽는 것은 현재의 문제를 간과하게 만들 수 있다는 것이다. 현재의 상황 속에 생각하기에 쉽지 않은 문제들을 진지하게 고민하지 않고 빠져나갈 수 있는 길을 열어 준다. 고전 다시 읽기는 때때로 권위 이양의 메커니즘 이상의 작용을 하기도 한다. 마치 "나는 지난날의 독자들이 이해하지 못한 이러이러한 것들을 이해했다"고 말하고 싶은 것 같다. 그러나 이러한 접근으로 오늘날의 문제에 대한 해결책을 찾는다는 것은 거의 불가능하다. 번역에 관한한, 고전 다시 읽기는 그 자체가 또 하나의 번역이 되어 마치 모든 것이 언제나 거기에 있었던 것처럼 간주하게 하는 위험이 있다. 고전 다시 읽기는 아직 현실화되지 않은 잠재력을 읽어내는 것을 의미한다. 과거의 작품들은 오늘날의 독해나 번역을 초월하거나 그 이해에 적극적으로 개입되기도 한다. 따라서 다시 읽기는 다른 모든 지적 노력과 마찬가지로 중립적이지 않다. 원문으로부터 출발한다는 데서 번역에 대한 특정 이론화 경향을 가지기 쉽다. 이 점을 주의해야 한다.

이런 문제를 피하기 위해 우리는 슐라이어마허의 글도 그리 대단한 것이 아니라는 가정으로부터 출발해볼 수도 있지 않을까?

이분법적 번역이론

프리드리히 슐라이어마허는 프러시아의 설교자이자 해석학적 개신교 신학자, 나폴레옹에 반발한 민족주의자, 그리고 플라톤을 번역한 번역자였다. 또한 그는 1813년 번역이론에 관한 강의[1]에서 다음의 잘 알려진 선택지를 제안했다. 즉, "번역자들은 저자를 가능한 한 그대로 두고 독자를 저자에게로 데려간다" 또는 "독자를 가능한 그대로 두고 저자를 독자에게로 데려간다"[2]는 방법이다(Schleiermacher 1813/2004: 49).[3] 이것은 슐라이어마허의 핵심 논조를 보여준다. 이것 아니면 저것, 양자택일이다. 그 사이에는 아무 것도 없다.

이러한 슐라이어마허의 공식은 스타이너가 평가한 바와는 다르게, 완전히 독창적이라고 할 수는 없을 것 같다. 1730년대로 돌아가 보드머(Bodmer)와 브레이틴거(Breitinger)를 보면, 특히 프랑스 번역 문화에 대한 반발적 입장을 살펴보면, 슐라이어마허와 비슷한 양자택일의 경향을 찾아볼 수 있다(Baumer(바우머) 2004). 또 괴테(Goethe)가 슐라이어마허의 강의가 있기 4개월 전에 비슷한 내용을 언급했다. 헤더(Herder) 역시 번역은 저자 혹은 독자를 이동시키는 것이라는 이야기를 했었다. 이상의 이론가들은 독자를 움직이도록 하는 것이 좀 더 나은 번역방법이라는 데 대체로 동의하였다. 이런 방식에 따르면 번역자는 독자로 하여금 낯선 텍스트의 이국성을 느낄 수 있도록 번역해야 한다. 여기서 내가 우려하는 것은 슐라이어마허는 가능한 모든 선택지 가운데 두 가지 방법으로 선택의 여지를 축소하고, 그 중에서도 하나의 방법을 선택하여 번역하게 하는 지극히 단순한 담론적 전략을 주장하고 있다는 점이다.

이러한 이분법적 접근은 거기에 사용된 용어들이 무엇을 의미하고 있든지 간에 그 자체로 대단히 흥미로운 통찰거리를 제공한다. 왜 셋이나 넷이 아니라 두 가지 방법만 있을까? 이러한 이분법적 접근은 "문자적으로 번역하든가 호소력 있는 연설가처럼 번역하라"는 키케로(Cicero)나, 성경을 제외하고 번역은 '단어 대 단어'가 아니라 '의미 대 의미'를 전달해야 한다는 제롬(Jerome)까지 거슬러 올라간다. 이것 아니면 저것이다. 이러한 전통은 오늘날까지 계속되고 있다. 어떤 전략을 선택하든지 상관없이 번역에 대한 이분법적 관점은 번역의 '충실성', 좀 더 정확히 말하면 번역자는 충실해야 한다는 주장과 연결된다. 예를 들면 니다(Nida 1964/2003)의 '형식적인 등가와 역동적인 등가'나 뉴마크(Newmark)의 '의미적 번역과 소통적 번역'이라는 짝에서도 찾아 볼 수 있다. 이 외에 또 다른 이분법적 접근으로는 '환상적 번역와 비환상적 번역'(Levy(레비) 1991/2001), '내현적 번역과 외현적 번역'(House 1977, 1997), '도구적 번역과 기록적 번역'(Nord(노르트) 1988/1991, 1997), 그리고 심지어는 '자민족 중심적 번역과 개방적 번역'(Berman 1994) 등을 들 수 있다.

또 다른 계열의 이론들은 번역과 목표 문화, 혹은 번역과 언어와의 관계에 초점을 맞추어 여전히 이분법적인 대립을 이야기한다. 이러한 논의는 슐라이어마허의 '자국화(einbürgend. 또는 verdeutschend, 독일화) 번역과 이국화(verfremdend) 번역' 쌍으로부터 최근에 와서는, 결국 동일한 이야기를 다르게 할 뿐인, '유창한 번역과 저항적 번역' 쌍을 고안한 베누티(Venuti 1995)로 이어진다. 물론 위의 목록이 이분법적 구분을 총망라한 것이 아니다. 여기서 하고자 하는 이야기는 이러한 이론들이 이분법적 구분에 기초해 있다는 것이다.

이와 같이 이분법적 성격이 지금까지의 번역이론 전통의 기본적인 양상임에도 불구하고, 슐라이어마허가 여전히 중요한 논자로 간주되는 것은 그의 논증이 풍부하고, 결론이 급진적일 만큼 명쾌하기 때문일 것이다. 그는 '낭만주의 대 (신)고전주의', '독일 민족주의 대 나폴레옹 점령'[4)]과 같은 역사적 대립의 맥락 속에서 '과거의 프랑스식 번역과 미래의 독일식 번역'이라는 정치적 성향의 주장을 제기하였다. 이분법적 관점은 프랑스와 독일 맥락에서 중요한 의미를 가지고, 이 같은 전통은 키케로와 제롬으로까지 거슬러 올라간다. 슐라이어마허는 광범위한 서구 문예이론의 관점에서 재(再)독해될 필요가 있는 것이다.

슐라이어마허의 글은 오늘날에도 우리를 둘러싸고 있는 전통의 맥락 속에 위치해 있으며 과거로부터 해결되지 않았던 질문들을 제기한다는 점에서 여전히 의미하는 바가 크다.

은유와 그 전략

슐라이어마허의 이분법이 우리가 번역을 이해하는데 도움을 주는가? 프랭크(Armin Paul Frank 1992: 371)는 슐라이어마허가 두 번역 방법의 특징에 관해 아무런 언급을 하지 않았다고 지적하였다. 이 지적은 옳다. 슐라이어마허는 번역 사례를 단 한 건도 인용하지 않았다.[5] 또한 번역을 통해 저자이든 독자이든 그 대상을 이동시키는 것에 대해 그가 들고 있는 경험적 증거는 "앉아있든지 서있든지 걷든지 번역 책을 손에 들고 있든지"라며 그의 눈에만 명쾌해 보이는 식으로 제시되었다(ibid.). 슐라이어마허가 사람이든 텍스트든 무언가가 이동한다고 말을 하면 그것은 어디까지나 은유인 것이다.

슐라이어마허의 윤리가 번역에 관한 경험적인 기술과 꼭 맞아떨어지지 않을 수 있다. 그런데 그것이 꼭 나쁜 것만은 아니다. 중요한 것은 물리적 거리에 대한 상세한 묘사가 윤리적인 문제를 해결하는데 적절하고도 충분한 통찰을 제공하느냐 하는 것이다. 우리는 종종 은유를 사용한다. 은유는 우리에게 새로운 관점을 제시 할 수도 있고, 막다른 골목을 돌파할 수 있는 길을 열어주기도 한다. 그러나 때로는 대단히 방어력이 뛰어난 또 다른 벽을 만들어 내기도 한다. 은유를 사용하지 않고 번역에 대해 논의하는 것은 참으로 불가능하다(D'hulst(듈스트) 1992 참고). 윤리학에서 은유는 어떤 특정 문제를 좀 더 심층적이고 일반화된 문제로 만들기 위해 사용된다. 혹은 해당 문제가 내포한 위험성을 지적하여 특정 차원에서 정당화될 수 있는 선택(여기서는 번역의 한 방법)을 제안하기 위해서 사용되기도 한다. 여기에서는 사람의 이동, 이주

등을 영주권과 시민권에 연관시키기도 한다. 만일 여러분이 이주를 좋은 일이라고 여긴다면 여러분은 A방법에 따라 번역해야 하며, 여러분이 자본주의의 세계화에 반대한다면 B방법에 따라 번역해야 할 것이다 라고 말이다. 이게 대체 무슨 말인가? 이것은 베르만이 '자민족 중심의 번역'이라는 용어를 사용할 때 주장한 것으로, 어떤 번역 방법이 외국인들에게 자국을 충분히 개방하는 것인가 하는 물음에 답하기 위한 제안이다. 베누티(Venuti1995: 17)는 번역을 '제국주의적인 대외정책과 외국혐오적 대내정책'이라고 표현한 사회적 가치와 연관지었다. 이런 접근은 마치 문학작품 번역에서의 사소한 변화가 사회 전체로 하여금 세계에서 무슨 일이 벌어지고 있는지를 각성하게 하는 계기가 될 거라고 착각하는 뉴욕 지성인들의 공상적 사고를 반영하는 것 같다. 좀 더 모호하기는 하지만 이와 유사한 은유적 혼합을 바바(Homi Bhabha 1994/2004)가 사용한 '문화 번역'(cultural translation)의 개념에서도 찾아볼 수 있다. 여기에서는 언어적 번역과 사람들의 실제 움직임을 같은 선상에서 이해하는 것으로, 한 가지 차원에서 제기된 이상적인 해결책이 다른 차원의 문제들도 해결한다. 번역자는 이제 공공정책에 관한 문제들에 대해서도 책임을 지는가? 번역이론가들은 어느새 국제관계에 관한 교훈을 가르치는 자격에까지 이르렀는가? 시련과 불의, 이민자들의 영웅담이 무엇이 좋은 번역방법이고 나쁜 방법인지를 가르는 기준이 되었는가?

이러한 시도가, 스타이너의 표현대로 하면, 번역을 '좀 더 일반적인 기초' 위에 세우는 것을 의미하는가? 이제 막 가능한 최악의 상태의 세계를 묘사했고, 거기에 대한 해결책으로 '좋은' 번역방법을 제안하였으므로, 앞으로는 그 모든 상황이 반전되기만을 기다리면 되는가? 문제의 근원이 이 방법 혹은 저 방법 간의 선택이 아니라면 어떻게 할 것인가? 만일 더 근본적인 질문을 그보다 먼저 제기해야 한다면? 특정 사안을 일반화하는 데에는 은유처럼 돌아가는 방법을 쓰는 대신에 일련의 고려사항들을 점검하는 것이 더 유용하다면?

초라한 번역자들을 의기양양한 윤리적 지위로 즉각적으로 승격시키는 데에는 은유만한 것이 없다. 그것이 슐라이어마허가 저자나 독자를 움직여야 한다고 주장하면서 원했던 것 같다. 그러나 사람을 이동시키는 것은 번역에 대한 은유처럼 그렇게 즉각적이고 분명하지는 않다. 그런데 반면, 번역은 사람을 이동시키는 것에 대한 강력한 은유가 될 수 있다.

소속이라는 미묘한 경계

사람을 이동시킨다는 것은 한 곳에서부터 다른 곳으로 여행하게 하는 것을 의미한다. 슐라이어마허에게 있어서 장소의 본질이 대단히 중요하다. 번역에 관하여 생각해 보면 언어와 국가들이, 사람이 그 사이를 오가는 장소가 된다. 여기에서 국가란 저마다의 민족언어가 모국어로 사용되는 곳을 가리킨다. 슐라이어마허에게 있어 번역의 독자란 "자신들의 모국어 둘레 밖으로 나오길 원하지 않는 사람"(aus dem Kreise seiner Muttersprach, 1813/2004: 49)을 말한다. 그 원 혹은 둘레는 비록 그것이 분필로 그은 선일지는 몰라도, 은유적으로 '어머니'를 의미한다. 이 원 안에 있는 독자는 다문화적 경계선에서 있어서 혹은 여러 언어를 사용하기 때문에 번역을 필요로 하지 않는 부류가 아니다(1813/2004: 50-51). 번역은 집에 머물러 있는 사람을 위한 것이다. 혹 번역을 하기 때문에 집에 머물러 있으려 하는 것은 아닐까?

이러한 은유적 둘레는 그 내적 구조로서 핵가족을 모델로 한다. 즉 모국어(Muttersprache), 조국(형용사적 형태로 주로 쓰이는 vaterländisch), 그리고 자녀로서의 국민(ein werdendes Volk)으로 구성되어 있다(1813/2004: 57). 이 자녀로서의 국민이 적절한 상태로 발달하기 위해서는 모국어와 조국이라는 양친이 모두 필요하다. 그런데 그들의 역할은 완전히 고정적이지는 않다. 예를 들어 언어가 아버지가 될 수도 있다(1813/2004: 58, 59). 그러나 슐라이어마허에게 있어서 목표 언어/문화/영역에 대립하는 원천의 단일화를 모색하는 번역이론을 고안하기 위해서 사람은 특정 장소에 소속되어야만 했다. 그래야 다른 장소와의 번역관계에 타당한 방법으로 들어갈 수 있다고 생각했다. 즉, 사람은 한 가족에 소속되어야 하고, 그 가족들이 이룬 세계에 소속되어야 할 필요가 있는 것이다.

'어머니', '아버지', 그리고 '아이들'이라는 세 가지 요소를 가진 이 은유는 슐라이어마허의 텍스트에서 일관되게 반복된다. 그리고 이것은 두 가지 대립적인 방법론에 대한 공식으로 집약된다. 특히 슐라이어마허는 기본적으로 문자주의적 번역방법(텍스트를 있는 그대로 따르는 방식, 1813/2004: 53)을 어떻게 적용할지를 질문한다. 목표언어나 문화에 의한 변형 없이, 웃음을 유발하게 하거나 '너무 값싼 즐거움'에 경도되는 것 없이 말이다(1813/2004: 53). 그렇다면 독자를 어떻게 움직이게 할 것인가? 그 독자는 기본적으로 집 안에 머물고 있는데 말이다. 슐라이어마허의 가족 은유는 이 점을 상당히 잘 다룬다.

이 문제에 대답하기 위해 슐라이어마허는 번역자가 넘어서는 안 된다고 금지한 '미묘한 경계'(the finest of line)가 존재함을 환기시킨다(1813/2004: 54). 이 경계는 대략적으로 말하자면, 문자주의(literalism)를 반역(treason)으로부터 구분하는 경계이다. 이 점을 설명하기 위해 슐라이어마허는 두 가지 공간에 관한 일련의 은유를 제시했다. 하나는 번역이 경계를 넘지도 않고 문자주의의 위험이 닿지도 않은 지점을 표시한다. 다른 하나는 번역이 경계를 넘거나, 그 경계를 넘어가려고 벼르는 지점이다. 바로 이 지점에서 가족 은유는 그 효력을 발휘한다.

누가 자신의 *모국어*를 통해 각각의 장르가 허용하는 최선의 미학을 펼쳐 보이는 것을 바라지 않겠는가? *아버지의 혈통*을 순수하게 재현하는 아이를 누가 바라지 않겠는가? *혼혈아[Blendlinge]*가 아니고 말이다. 타고난 역량에 훨씬 못 미치고 조악한, 그래서 *거칠고 투박하여* 독자들에게 즐겁지 않고[*anstößig*], 그저 무슨 말을 하려는지 정도만 가까스로 포착해낼 수 있는 글을 읽는 고통을 누가 좋아하겠는가? 누가들 모국어가 허락하는 한 외국어에 가장 가까이 다가가는 그 어색한 시도와 거기에 따르는 비난을 좋아하겠는가? 마치 자녀의 타고난 재능과 움직임으로는 우아한 체조에 적응하지 못하여, 곡예사에게 자식을 맡기는 부모처럼, 번역은 모국어를 외국어에 의한 부자연스러움과 일그러짐에 맡기는 것이다(이탤릭체는 필자 표시, 1813/2004: 53 수정).[6)]

인용문에서 슐라이어마허가 반문하고 있는 것을 통해서도 알 수 있듯이 그는 직역주의 방법을 결국 선호하면서도, 그것에 '부정적' 가치를 매기고 있다. 그가 말하고자 하는 바는 번역에는 함정이 있으며 번역자들은 그 점을 알고 피해야 한다는 것이다. 그리고 번역자들은 그 모든 위험에도 불구하고 가장 문자주의적 방식으로 번역해야 한다는 것이다. 이 역설적인 공식과 수사적 기교, 그리고 모든 가능한 비평에 대한 선제적 방어를 통해, 직역주의 번역은 진지하게 수용되어야 할 방법론이 된다.[7)]

이런 은유가 다 어디로부터 유래하는가? 물론 모든 것이 핵가족에 관한 은유로부터 나오는 것은 아니다. 자연스러운 동작과 곡예라는 부분은 드라이든(Dryden)과 그의 직역주의에 대한 비판과 꽤나 직접적으로 연관되어 있다.

이것은 마치 다리에 족쇄를 차고 밧줄 위에서 춤을 추는 것과 같다. 이 사람은 매우 신중하기 때문에 떨어지지는 않을 것이다. 하지만 우아한 동작은 기대할 수 없다. 우리는 그 광경에 대해 아무리 좋게 말해도 이 정도 이야기밖에는 할 수 없을지 모른다. "바보 같은 짓이야. 정신이 제대로 박힌 사람이라면 고작 구경꾼들의 박수나 받아보겠다고 목이 부러질지도 모르는 그런 위험에 자신을 몰아넣지 않을 것이다." (1680/2003: 39)

슐라이어마허도 여기에 동의하는 것 같다. 하지만 동시에 그는 드라이든이 비판한 직역주의를 제안하고자 했다. 그는 부자연스러운 움직임과 값싼 재미가 주는 위험을 '최소화'하기 바랐다. 이를 위해 그는 역설을 사용하여 양측의 부정적 가치를 중화하고자 했다. 한편으로는 '깨어진' 가족이라는 은유를 사용함으로써 (모국어를 부자연스러운 동작에 길들여지는 아이들 혹은 곡예사에게 버려진 아이들로), 또 다른 한편으로는 매우 긍정적인 가치들이 부정적인 것들 사이에서 깨지도록 내버려 둠으로써 말이다. 즉, 좋은 번역은 '즐겁지 않고' '공격적'이며 혹은 '충격적'일 수 있다. 르페브르(Lefevere)는 그의 번역에서 번역자는 "독자에게 자신이 무엇을 하고 있는지, 즉, 번역서를 읽고 있다는 것을 일깨워주기 위해 필요한 만큼 충격을 주라"고 제안한다(1992b: 156).[8] 이것은 계산된 소외 전략이자 전략적인 도박, 명백한 위험처럼 보인다. 그런데 여기에서 슐라이어마허가 제안하고자 하는 것은 이렇게 복잡하고 위험해 보이는 직역주의가 사실은 그렇게 위험하지 않다는 것이다. 물론 위험은 도사리고 있다. 하지만 번역자에게 있어서 그것이 불가피하다. '단념'(*Entsagungen*)하고 돌입해야 할 성질의 것일 수 있다. 슐라이어마허는 "번역자들은 자신을 위험(Gefahren)에 노출시켜야 한다. 번역자들은 이미 그러한 위험에 노출되어 있다고도 볼 수 있다(53-54)"고 말한다. 마치 번역자에게 있어서 위험이란 단념하는 행위 그 자체에 있는 것처럼 말이다.

슐라이어마허가 제기한 '단념'이라는 개념에는 즐거움을 포기한다는 의미도 포함되어 있다. 이것을 청교도에 대입하자면 고기와 담배, 술 등을 금지한 것에 비유될 수 있다(Marx and Engels 1852/1960: 288). 슐라이어마허의 은유는 좀 더 에로틱한 차원의 즐거움을 이야기하는지 모른다. 이 차이에 대하여도 나중에 짚어 보겠다. 그러나 슐라이어마허가 이야기하는 포기는 반드시 희생을 의미하는 것은 아니다. 희생은 손실이고, 이것은 대차대조표에 의해 결정되는 사안이라고 할 수 있다. 번역자가 모든 것을 전달할 수 없으며 따라서 일부는 버릴 수 밖에 없다는 번역에 관한 오랜 사고와도 맥을 같이 한다. 다른 한편으로 포기란 도덕적 행위이기도 하다. 그 선을 넘어설 수도 있지만 넘지 않기로 선택한 것이기 때문이다. 슐라이어마허는 파탄에 이른 가족이라는 은유를 펼쳐 보여야 하는 개신교 목사로서, 분명히 이 후자의 개념을 선호했을 것이다.

이러한 전략들의 기능은 아래와 같이 긍정적인(자연스러운) 것 혹은 부정적인(부자연스러운) 것으로 단순하게 양분하여 볼 때 분명하게 파악된다.

자연스러운	부자연스러운
모국어(아름다움)	?
부모의 혈통	혼혈(*Blendlinge*)
편안하고 우아한 동작	거칠고 투박한 동작
수용됨 (잊혀짐)	공격적임 (잊혀지지 않음)
적절한 곡예 (집)	낯설고 왜곡됨 (이국)

이 분류를 가지고 많은 것을 이야기할 수 있다. 먼저 슐라이어마허는 윤리적 자연주의를 이야기한다. 이것은 한편으로는 전통적이고, 다른 한편으로는 모국어, 여기에서는, '부계 혈통'(das väterliche Geschlecht)이라는 은유가 가리키는 것에 형성된 친숙한 장소에 속한 행위를 선호한다. 그런데 이 자연주의는 다음의 세 가지 요소에 의해 어지럽혀진다. 잊혀지지 않는 것이 가지는 긍정적 가치, 모국어에 내재한 부정적 형태(예를 들어 저속한 언어 같은 것)의 부재, 그리고 이 세 가지 중 가장 흥미로

운 것인 '혼혈'의 존재가 그것이다. 독일어로 혼혈(Blendling, Blendlinge의 복수형)은 '자연적으로 태어난 아이'(natural child)를 의미하기도 한다. 이게 대체 무슨 말인가?

슐라이어마허의 독자들은 이러한 질문에 부정적으로 반응해야 한다. "아니, 우리는 부자연스러운 것과 함께 하기 싫다"고 말이다. 나도 그 질문들 가운데 최소한 하나 정도에는 다음과 같이 반응할 수 있다. "글쎄요, 저는 혼종의 유전자나 밈(memes)을 가진 아이들을 생산하는 것을 그다지 걱정하지 않습니다. 사실 나의 프랑스-스페인-오스트레일리아계 언어들은 '모국어' 혹은 '부계 혈통'이라는 범주에 충분히 섞여 들어갈 수 있습니다. 그것이 만일 '문화적 혼종'이라면 나는 경계를 넘나드는 것은 물론, 혼종을 생산해낸 것 혹은 혼종의 도움을 받아 해낼 수 있었던 것들에 대해 죄책감과 동시에 자랑스러움을 느낍니다." 나 혼자만 이런 부류에 속한 것은 아닐 것이다. 포스트모더니즘 시대를 지나고 있는 이 시대에 해볼 수 있는 간단한 수업 활동 중 하나가 학생들의 할아버지가 속한 문화와 언어권이 어디인가를 물어보는 것이다. 대부분의 교실에서 순수혈통은 오늘날 소수에 불과할 것이다. 우리 혼혈아들은 외롭지 않다.

혼혈과 그 관련 어휘

르페브르(1992a: 156)는 'Blendlinge'를 다음과 같이 번역했다. "누가 '사생아'(bastard)가 아닌 순수한 혈통을 물려 받은 아이의 아비가 되고 싶지 않겠는가?" 사생아라? 이 단어는 그다지 좋은 표현이 아니다. 하지만 그렇다고 완전히 잘못 쓰인 말도 아니다. 이 단어는 몇 가지 흥미로운 애매모호함을 내포하고 있다. 일상영어에서 "야, 이 운 좋은 녀석!"(You lucky bastard!)이라는 표현에는, 반전된 부정은 물론 심지어 부러움의 정서가 내포되어 있기도 한다. 호주인에게 있어서 이 단어는 일종의 우정 또는 공감을 의미한다. 1981년 웹스터 사전에 의하면 호주인이 하는 가장 좋은 말 중에 하나가 바로 '이 잘난 놈아'(a bloody fine bastard)일 수 있다는 것이다[『라이프』(*Life*) 매거진에서 인용]. 토지 침탈, 강간, 학살 등에 기초를 세운 나라에서, 부정적 함의가 가득한 이 단어를 긍정적으로 사용하는 이면에는 깊은 죄책감과 합법성을 향한 절박함이 감추어져 있을 수도 있다.[9] 슐라이어마허가 가리키는 부정적 가치가 이런 것을 의미할지도 모른다. 그렇다면 이 'bastard'라는 말은 정확히 무슨 말인가?

13세기 어간에 프랑스어 'bâtard'가 라틴어 'bastum'(짐을 싣는 안장)이라는 말에서 파생되었다. 결국 'bastard'는 여행 중에 안장 위에서 임신된 아이를 의미한다. 안락한 침대에서가 아니고 말이다. 이것이 주는 메시지는 분명하다. 모국어와 부계 혈통의 공간적으로 결합된 곳을 떠나자마자, 즉, 가족이나 국가의 둘레를 떠나 모험을 시작하자마자 'bastard'를 생산할 위험이 있는 것이다.

그간 슐라이어마허를 스페인어나 프랑스어로 번역한 번역자들은 같은 부분의 번역에서 이런 의미를 담지 않았다. 예브라(Garcia Yebra)는 'Blendlinge'를 'mestizos'(아메리칸 인디언과의 혼혈 스페인)로 번역하였다(슐라이어마허 1813/1978: 360). 이 단어는 1600년경에 그 자신이 메스티소였던 베가(Inca Garcilaso de la Vega)가 조어한 것으로 보인다. 베르만(1985: 315)은 1798년경에 사용된 로버트 사전(Robert dictionary)을 따라 'sang-mêlé'(혼혈)를 번역어로 선택했다. 이 단어는 인종이 섞여서, 특히 백인과 흑인의 혼혈로 태어난 사람이라고 정의되어 있다. 이와 가장 유사한 프랑스어는 'métis'이다. 이것은 17세기 초로 거슬러 올라가는 단어로 포르투갈과 카스티야(Castilian) 방언에서 왔다. 비슷한 말로 'mulâtre'라는 단어도 있는데 이것은 구체적으로 아예 백인종과 흑인종의 혼혈을 가리키는 말이다. 이 단어도 비슷한 시기에 북부지역에서 유래한 것으로 보인다. 여기로부터 결국 영어의 메스티소(*mestizo*)와 뮤래토(*mulatto*)가 형성되었다. 그러나 이 영어 단어는, 16세기에 형성된 '인종, 종, 혈통' 등을 뜻하는 포르투갈어 casta(혈통)로부터 온 half-caste(혼혈인)이라는 의미가 더 짙다.

이와 같이 'Blendlinge'이라는 단어에는 식민지 시대로까지 거슬러 올라가는 다양하고 풍부하고 의미장(semantic field)이 결부되어 있다. 이 용어는 제국주의(translatio imperii)의 확장과 함께 이 언어에서 저 언어로 이동해왔다. 이 단어는 만들어지자마자 곧 이동을 시작한 것인데, 그 단어에 관계된 사람들이 오랜 동안 살던 근거지에서 뿌리 뽑혀 이동하기 시작했기 때문이다. 그러나 식민적 제국주의이라는 불의에 관하여 독일은 그 책임이 프랑스나 영국의 경우보다는 상대적으로 가벼웠다. 프랑스나 영국의 언어는 식민지시대나 혹은 탈식민지 기간에 중에 쓰여진 글들로 인하여 극도로 복잡해졌다. 하지만 이러한 복잡성은 다른 언어권의 문학의 경우 번역을 통해 취해야 했던 내적 역동성을 해당 언어에 부여하는 결과를 가져왔다(Constantin(콘스탄틴) 1992: 126 참고). 그런데 독일어문화권에는 혼혈(*Blendlinge*)이라고 할 만한 것이 존재하지 않는다. 독일어권은 자국 언어의 정체성과 통일성에 더 관심을 두었다. 그렇기 때문에 독일어에서 이 단어(*Blendlinge*)는 조금 다른 기원을 가지고 있다.

『그림형제 사전』(*The Grimm brothers' dictionary*, 1860/1984)은 일단 'Blendlinge'를 '혼혈아' 또는 '흑백 혼혈아'라고 설명했다. 그런데 이들이 이 단어의 어원을 추적한 것을 보면 훨씬 흥미로운 영역으로 나아간 것을 볼 수 있다. bastart('bastard')와 zwitter('hermaphrodite'? 자웅동체?)는 "그것으로 인해 순수한 혈통이던 인종이나 동물종, 식물종 등이 그 경계가 불분명해지고 혼합된"이라는 의미를 담고 있다. 또한 이 단어 속에서 동사 'blenden'과 'blanden'의 관계를 분명히 볼 수 있다고 한다. 독일어 동사 'blenden'은 '눈멀다, 속이다, 앞이 안보이게 하다, 기만

하다' 라는 뜻이다. '섞다'라는 의미의 다른 동사 'blanden'은 독일어에서 고어가 되었지만 영어에서는 'blend'이라는 동사로 여전히 사용되고 있다. '섞는다'라는 의미의 영어 'blending'은 '시야를 가리는'을 의미하는 'blinding'에서 그 뜻을 일부 발견할 수도 있다. 순수성이라는 문제는 필연적으로 순수성에 대한 인식(perception)과 연관된다. 1900년대에 나온 『뮤렛-샌더스 독-영사전』(Muret-Sanders)은 'Blendlinge'라는 단어에 'Bastard'(혹은 'Mischling')를 'Blender'(무언가를 그 자체보다 더 나아 보이게 하기 위해 속이는 사람), 혹은 '어리석고 잘 속는 사람', '속는다'는 뜻으로 번역한다.[10] 1992년판, 『허만 폴 사전』(Hermann Paul)은 이 단어를 17세기에 개를 교배하던 사람과 연관시킴으로써, 이 단어가 가진 종적(racial) 함의를 소개한다. 물론 이 사전은 좀 더 점잖은 의미로써 '모험가', '게으름뱅이', '혼혈아' 등의 뜻도 함께 제시하고 있다. 번역자나 상당수의 호주인들에게 적용될 수 있는 단어들이다. 사이(in-between)의 공간은 분명히 다채롭다. 호감이 가지는 않더라도 말이다.

이와 같은 폭넓은 의미론적 스펙트럼 덕분에, 독일어 'Blendlinge'는 그것에 대한 프랑스어, 영어, 스페인어 번역어가 가지는 식민적 어역(register)을 뛰어넘는다. 그 의미를 견공의 족보와도 관련시킨다. 뿐만 아니라 '뭔가 미심쩍은 사람들', '한심한 모험가들', '사기꾼들', '뺑쟁이 달변가들', 그리고 '교활한 술수와 싸구려 속임수로 살아가는 사람들', 자신들의 아이들을 서커스 무대에 올리는 '방랑 곡예사들'에까지 연관된다. 이 단어의 의미를 구현하기 위해 출연하는 이들의 면면을 살펴보면 확실히 뭔가 의심스럽기는 하다.

하지만 동시에 이러한 부자연스런 움직임들 속에서 무언가 매력적이고 매우 흥미로운 것도 있지 않은가? 어쩐지 놀랍기도 하고, 은밀하기도 하고 신나기도 한 것 말이다. 과연 번역자는 정말로 이런 모험에 뛰어드는 것을 주저하는가? 외국으로 여행을 간다는 것이 정말 자기희생, 포기, 단념을 의미하는가? 뉴욕시에 살고 있는 구소련 체제의 스파이를 생각해보라. 아니면 이것은 소수의 특권층에게만 허락된 즐거움인가?

이 모든 것이 번역자라는 정체성과 관련이 있다.

슐라이어마허에게 있어서 좋은 번역자란

지금까지 살펴보았듯이 슐라이어마허에게 있어서 '좋은 번역자'란 원문의 구문적 변화를 신중하게 따르며 번역하는 번역자일 것이다. 이것은 독자로 하여금 여행을 하지 않고도 '이국의 느낌'과(1813/2004: 47, 53), '이국을 마주하고 있다는 인상'을 갖게 해준다(1813/1992: 155. cf. 1813/2001: 53). 이것이 좋은 번역자가 추구하는 목표이다.

그렇다면 번역자들도 이 '이국의 느낌'을 경험할까? 대답하기 쉽지 않다. 번역자들은 슐라이어마허가 생각하는 이중언어구사자(bilinguals)들 속에 들어가지 않는 것 같다. 만약 그렇다면 그들은 그의 텍스트 안에서 사실상 아무런 정체성도 가지지 않는 셈이다. 우리는 행간을 읽어야 한다. 슐라이어마허에게 이중언어구사란 소수의 '존경할만한 대가들'(admirable masters)에게만 해당하는 말이다. 이들에게 슐라이어마허는 대단히 특별한 지위를 부여한다. 아이러니하게도 이 지위는 프리드리히 대제(Friedrich the Great)에게조차 부여되지 않은 것 같다. 프리드리히 대제는 독일어보다 불어에 더 능숙했다고 한다. 이처럼 특별한 지위를 가진 숙련자들보다 일반적인 번역자들의 수가 많은 까닭에, 번역자들은 어쨌든 목표 문화에 소속된다고 볼 수 있다. 이들은 원천언어나 문화로부터 부분적으로는 외부에 있다. 독자에게 있어 번역자는 '우리 중 하나'인 것이다. 이것이 이상적인 구도이다. 번역자가 자신들이 번역하는 언어 '속'에 소속된 것이다.

슐라이어마허에게 있어서는 이 소속의 문제는 별 문제가 되지 않는다. 그것은 이미 주어진 것이며 변치 않는 기본 전제에 해당한다. 마음 깊은 곳을 들여다 보면, 여러분은 프랑스인이거나 독일인 둘 중의 하나다. 프랑스인은 프랑스어로의 번역을 하고, 독일인은 독일어로의 번역을 한다. 모두 상호민족주의의 틀 안에서 이루어지는 일이다. 그러면, 혼혈(Blendlinge)은 어느 편에 놓이는가? 이것은 대단히 중요한 질문이다. 왜냐하면 만일 슐라이어마허가 자신이 이국화라고 본 번역방법을 주장하고자 한다면, 그래서 혼혈의 지위에 가까이 다가가는 시도를 하고자 한다면, 그의 논의에는 어쩔 수 없이, 자국의 삶(home life)이 가지는 자연스러운 가치에 대한 일종의 불만족을 포함하고 있다고 봐야 할 것이기 때문이다.

이미 살펴본 바와 같이, 슐라이머마허의 텍스트에서의 가족의 삶(family life)에는 모국어, 부계적 전통과 영토, 그리고 자녀들 같은 국민, 다시 말해 '민중'(the Volk)이 포함된다. 하지만 어떤 것도 그 안에서 안정적이지 않다. 먼저 독일이라는 국가는, 특히 나폴레옹 시대에는 '조국'(Vaterland)이라고 할만한 상태가 아니었다. 또한 슐라이어마허에 따르면, 당시 독일어는 '모국어가 되고 싶은'(a mother-to-be) 상태였다고 볼 수 있다. 독일의 정신적 활동을 완전히 만족시킬 만큼 충분히 성숙하기를 기다리고 있는 상태였던 것이다. "모국어가 자국민들의 이러한 정신적 필요를 충족시킬 만큼 성숙되지 않는 이상, 그것은 '부분적인 모국어'(partial mother tongue) 상태에 불과하다고 볼 수 있다"(1813/2004: 57).[11] 이런 상황에서는 아이들, 즉, 국민도 아직 완전히 형성되어 있지 않았다. "국민도 여전히 발달 중인 상태에 있다"(1813/2004: 57). 이 모든 것이 과정 중이고, 그 과정에서 언어는 미래를 여는 열쇠를 제공한다. 독일은 통일체제를 갖추지 못한 문화로서 언어에 미래로의 안내자라는 특권을 부여할 수밖에 없었다. 그래서 훔볼트(Humboldt)에서 벤야민(Benjamin)에 이르기까지, 또 하이데거(Heidegger)에 이르기까지 번역은 언어의 문제로 간주되었던 것이다. 사람의 문제가 아니고 말이다.

이러한 상황 속에서 과연 자녀들이 '부계 혈통의 순수성을 보여줄' 것이라 기대할 수 있겠는가? 혼혈(Blendlinge)이라는 불순함은 전통적인 가족의 단순한 가치체계에 위배된다. 그런데 비록 슐라이어마허가 윤리적 자연주의를 종용하기는 했어도, 그 자신은 그것에 순응하지 않았다. 예컨대 성공적인 언어에 대한 그의 관점은, 언어가 '자유롭게 발달하도록' 내버려 두는 것이 아니라 오히려 '이국적인 것에 기울도록' 하는 것이었다(1813/2004: 53). 그의 윤리는 발달이라는 이데올로기, 아이가 어른이 되어 가는 것과 같은 보다 일반적인 과정, 일개 부족이 국가가 되는 과정, 약한 국민이 강해지는 것, 야만이 문명화 되는 것, 시골이 도시화되는 것, 사용가치(use value)가 교환가치(exchange value)가 되는 것 등과 깊은 관련을 맺는다. 현상유지, 즉, 언어를 있는 그대로의 모습으로 사용하는 것에 대해서는 의문의 여지가 없다. 발전해야 한다. 훈련을 받아야 한다. 그것이 집안에서의 곡예훈련이든 낯선 것에 의한 왜곡이든 말이다. 이것을 위해 당신에게는 본성 이상의 것이 필요하다. 이성적 추론도 필요하고, 정체성이 구체화 됨에 따른 윤리도 필요하다.[12)]정체성이라는 것은 모두를 위한 것이 될 수 없다.

혼혈의 배제

슐라이어마허가 열렬히 지지하는 번역방법, 즉, 독자를 저자에게로 움직이는 번역방법은 외국의 저자를 귀화시키는 프랑스의 번역방법과 표면상으로 대립된다. 우리는 슐라이어마허가 프러시아를 향한 나폴레옹의 확장 정책에 반대했다는 것을 안다. 또한 그의 정치적인 입장은 번역에 대한 프랑스식 '합병' 방법을 반대하는 논조에서도 잘 드러난다. 그렇기 때문에 그는 프리드리히 대제가 (프랑스어를 사용하는 유모에게서가 아니라) 프랑스에서 자랐어야 했다며 안타까워했다. 그가 직역을 선호했던 것을 민족의 문화를 구성하기 위한 특별한 방편이었다.

이것은 '착한 독일인'과 '나쁜 프랑스인'이라는 질적 대립의 문제가 아님을 주목할 필요가 있다. 슐라이어마허의 민족주의는 경직되고 수동적이라기 보다는 진보적이고 변증법적이다. 그가 추구하는 것은 실락원의 회복이 아니다. 그의 비전은 분명히 미래를 향하고 있다. 여기에 관련한 언급에서 그가 군사적 용어를 사용하고 있는 것을 보아도 잘 알 수 있다. "우리는 뒤돌아갈 수 없다. 우리는 우리의 길을 진군해 나가야 한다".[13] 독일인에게 있어 후퇴란 없다. 그들은 진보를 위해 전진해 나가야 한다. 나폴레옹이 프랑스의 정체성을 가지고 진격했던 것처럼 말이다. 이것은 국가 정체성을 형성하는 두 가지 반대되는 방법이라고 볼 수 없다. 슐라이어마허의 민족주의는 수학적 개념으로 말하자면, 두 번째 차원, 즉, 분화, 차별화, 파생(differentiation)의 단계에 있다고 볼 수 있다. 프랑스의 번역자들은 외국의 작가를 자신들의 입맛에 맞춰 번안하려는 경향이 있었고, 새로운 독일 번역자들은 자신들의 독자로 하여금 외국의 저자들을 향해 이동하도록 하는 경향이 있었다. 이러한 두 방법은 두 개의 분리된 문화권에 속한 것인데, 그것을 분리시키는 경계는 거의 붕괴되었다고 해도 좋을 만큼 미세한 것이었다.

이 두 방법론으로 묘사된 이중의 움직임, 즉, 독자를 저자에게로 또는 저자를 독자에게로 움직이는 방법은 이 두 정치 · 문화권의 역사적 차이를 생각한다면 은유 이상의 것이 된다. 중앙집권적 프랑스는 오랜 시간 동안 특히 파리(Paris)라고 하는 문화 공간을 창출했다. 지성적 외국인들이 다양성의 공동체를 추구하며 향했던 곳이다. 반면 독일의 경우 독자, 저자, 번역자들의 외국을 향해 움직이는 경향이 더 우세했는데 이것은 하나의 통합된 문화적 수도가 부재했기 때문이라고 일부 설명될 수 있다. 이러한 경향은 법적으로는 (프랑스에서 태어났다면 프랑스인이 되는, jus solis) 속지주의의 프랑스식 시민권 체제와 (부모 중 한 쪽이 독일인이면 독일인이 되는, jus sanguinis) 속인주의의 독일식 체제로도 표현된다. 중앙집권화된 문화는 영토를 중심으로 한 소속감을 연상하기 쉽고 다른 문화와의 통합을 지향하는 경향이 있다. 반면 외부세계를 바라보는 문화는 소속감과 거리가 서로 상충된다고 생각하지 않고, 영토보다는 계통을 우선하게 된다. 프랑스에서 외국인 부모에게서 태어난 아이는 프랑스인이다. 독일에서 외국인 부모에게서 태어난 아이는 외국인으로 남을 가능성이 높다. 여기에 대한 논의는 현재 양측 모두에서 진행 중에 있다. 이민이 증가하면서 이러한 경계는, 그것이 영토적 경계이든 혈통적 계보이든 모두 도전을 받게 된다.

나는 문화적 특성을 분류하고자 하는 것이 아니다. 슐레이어마허가 단순히 기본적인 '독일적임'(Germanness)이 무엇인지를 표현하고 있는 것이라면, 그의 텍스트는 그다지 흥미로울 것이 없다. 그런데 슐레이어마허의 목표는 독일어를 세계 문학의 토대로 삼자는 것이었다. 결국 독일어는 과거 프랑스가 그러했던 것처럼, 외국의 지성들을 끌어들이게 되었다. 그는 독일어가 그런 역할을 할 수 있다고 믿었던 것이다. 다만 좀 더 나은, 좀 더 윤리적인 방법으로 말이다. 이런 관점에서 슐레이어마허는 프랑스어에서 독일어 문화로의, 일종의 제국주의적 번역(translatio imperii)을 환영했을 것이다.

문화를 사람의 움직임과 연결하려는 이론들은, 그것이 내향적인 것이든 외향적인 것이든 혼혈(Blendlinge)을 주체로서 인식해야만 한다. 그들을 완전히 배제하기도 쉽지 않다. 하지만 그럼에도 그들을 배제하는 것이 바로 슐레이어마허의 전략이 의미하는 바이기도 하다. 그가 취하는 수순은 다음과 같다. 첫 번째는 목표문화 내부로의 움직임이다. 저자를 독자에게로 움직이게 한다. 두 번째는 외부로의 움직임이다. 독자를 저자에게로 움직이게 한다. 그리고 논리적으로는 이루어졌지만 실질적으로는 논의되지 않았던 세 번째 규칙이다. 이 세 번째 규칙이란 세 번째 규칙이 없다는 것이다. "가능한 다른 방법은 없다"(1813/2004: 49).[14] 그렇다면 두 가지 방법 밖에 없는 것이다. 안으로 향하든가 혹은 밖으로 향하든가. 이 두 움직임은 결코 섞이지 않는다. 번역자는 이 방법 아니면 저 방법으로 작업할 수밖에 없다. 전진과 동시에 후퇴할 수는 없기 때문이다. 지정학적 용어로, 프랑스와 독일 문화를 분리하는 경계선 위에 머무를 수 없다. 중립지대, 중간위치는 없다. 양다리를 걸칠 수 있는 공간은 없는 것이다. 나폴레옹식의 프러시아는 없으며, 다문화적 사라예보, 공유된 예루살렘이란 불가능하다. 슐레이어마허는 분명하게 말한다. "국민이 한 국가에 충성하듯이 이 언어 혹은 저 언어, 하나에 충성해야 한다… "(1813/2004: 58).[15] 여러분도 어느 쪽에 속할 것인지를 선택해야 한다. 그렇지 않다면 어떻게 될까? 르페브르가 말한 '불쾌한 중간지대'(an unpleasant middle ground)(1813/1977: 84)[16]에서 방황하게 된다. 버노프스키(Bernofsky)가 같은 개념을 조금 덜 정교하기는 하지만, 좀 더 아름다운 방식으로 표현했다. "… 그렇지 않으면 이상한 사이의 영역(in-between realm)에서 방향감각을 잃고 떠밀려 가게 된다"(1813/2004: 58). 사이의 영역에서 길을 잃다니! 우리는 집으로 언제 돌아갈 수 있단 말인가?

번역에 대한 논의들에서 우리는 중간지대에 대한 여러 가지 차원의 비판을 마주하게 된다. 슐라이어마허의 텍스트는 사실상 문화적 소속에 관한 것이다. 그것은 위치, 상태의 변화와 관련 있다. 혼혈(Blendinge)을 배제하는 것이 중요해지는 이유가 바로 여기에 있다.

슐라이어마허는 자신의 글의 상당 부분을 할애하여 '배제'(exclusion)이라는 개념을 강조한다. 무엇보다 그는 이(異)언어간 번역(translation proper)을 다른 모든 문화간 커뮤니케이션으로부터 구분한다. 그는 또한 번역을 통역(Dolmetschen)으로부터도 구분한다. 통역이 단지 구어적 커뮤니케이션이기만 해서 그런 것이 아니라 그것은 대체로 상업적인 목적을 가지고 있거나, 인간의 본질이나 정신의 문제보다 실체적인 것과 더 깊은 관련을 맺고 있기 때문이다(1813/2004: 44, 66). 그는 말바꾸기(paraphrase)나 모사(imitation)를 하찮은 것으로 격하시킨다

(1813/2004: 48-49, 50). 또 그는 의심쩍을 만큼 고집스럽게, 번역은 이중언어구사와 아무런 관계가 없다고 거듭 강조한다. 왜냐하면 완벽한 이중언어구사자는 번역물을 읽을 필요가 없기 때문이다(1813/2004: 59). (물론 그가 말하는 이중언어구사자가 참으로 존재한다면 말이다.) 혹은 완벽한 이중언어구사자의 지위에 오를만한 사람이 거의 없기 때문에 그 상태에서는 번역이 어떻게 이루어져야 하는지를 이야기할 수가 없어서 일 수도 있다(1813/2004: 59). (그런데 이 점이 이상하게도 '저자를 독자에게로 움직이는' 번역방법을 반대하는 이상한 논거가 된다.) 슐라이어마허의 개념적 구조 아래서는 언어간 균형이나 한 사람이 여러 언어를 사용하는 것이 용인되지 않는다. 번역은 전문적 지식영역에서 라틴어를 사용하는 것 보다도 윤리적으로 더 우월한 선택이 된다. 더 정확하게 말하자면 라틴어와 같은 공용어를 사용하는 것 자체가 이미 일종의 번역이기도 하다. 왜냐하면 모든 사람은 사실 자신의 모국어로 사고를 형성하기 때문이다(1813/2004: 57). 이런 주장과 함께 다른 모든 대안적 가능성들은 침묵해야만 한다. 왜 이러한 것들을 진지하게 고려하지 않는 것인가?

앞서 살펴본 바와 같이 슐라이어마허는 프러시아의 프리드리히 대제가 독일어보다는 프랑스어를 말하며 자란 것을 특히 유감스러워 한다(1813/2004: 57). 라틴어였다면 받아들였을지 모르겠다. 심지어 영어도 독일어와 상당히 가깝기 때문에 괜찮다. 그런데 프랑스어라니? 만일 중간지대라는 개념이 유효하지 않다면, 사실상 그 왕은 자신의 민족문화에 대한 반역자가 되고, 그런 경우라면, 어떤 번역방법이 사용되었는지 정도는 사실상 문젯거리가 되지 않는다. 핵심은 번역은 그 종류가 무엇이 됐었건 간에 각 언어를 각자의 위치에 있게 하기 위해 사용되어야 하는 수단이라는 점이다. 번역이 아니면 언어가 섞이고 영토가 섞인다. 결국 따라서 누구와 동맹을 맺느냐가 섞인다. 따라서 번역은 피진어(pidgin)든지 크리올어(creoles)든지 소위 국제어(lingua franca)라고 만들어진 모든 것들에 대항할 수 있는 방법이 된다. 독일 영토 내에서 쓰여진 모든 것은 독일어여야 하며, 프랑스에서 쓰여진 모든 것은 프랑스어여야 한다. 세 번째 원칙은 없다는 것이 세 번째 원칙임을 기억하라. 번역에 대한 이러한 개념은 본질적으로 언어와 문화의 혼합을 반대한다. 한 장소에서 다른 곳으로 움직인다는 은유는 무엇이 어떤 쪽으로 움직이건 간에, 그 두 장소 자체는 움직이지 못한다는 개념을 전제한다.

슐라이어마허는 근대시기 서양에서 이루어진 번역이 무엇보다도 자국문화의 이익에 봉사했다는 것을 우리보다도 더 잘 이해하고 있었다. 그는 번역이 중간적 위치를 숨긴다는 것을 알았다. 이것이 그가 언어에 대해 그렇게 많이 이야기하면서, 번역자에 대해서는 거의 말하지 않은 이유일지 모른다.

슐라이어마허의 관점에 따르면 합법적이고 정당한 혼혈(Blendlinge)이란 존재하지 않는다. 필자 개인적으로는 이 혼혈이 특권적인 지위라고 보지만, 슐라이어마허는 이 주체를 서둘러 배제시켰다. 그 결과 슐라이어마허는 간 문화적 상업활동이나 협상, 상인이나 물자의 이동, 구어 통역(oral exchange), 진정한 다국어 구사자, 문화간 모험가들, 방랑자들, 혼혈인들에게 합법성을 부여하기를 거절한다. 이 모든 것이 단지 은유일 뿐인가?

"이것이냐" 혹은 "저것이냐"의 논리

혼혈(Blendings)이라는 이 짧은 조롱적 언사 속에서 슐라이어마허는 어떤 종류의 번역자를 이야기하고 있는가? "이것이냐" 혹은 "저것이냐"를 논하는 그의 논리는 어디에서 출발하는가? 그의 논의의 배경이 되는 역사적인 맥락을 간략히 이야기해보자.

슐라이어마허가 베를린에서의 강의하기 약 1년 전인 1812년 3월, 나폴레옹 체제로부터 영향을 받은 법령이 하나 제정되었다. 이로써 프러시아에 살던 유대인들이 공식적으로 '해방'되었다. 그들은 정당한 시민으로서 상업적으로나 법적으로 동등한 권리를 보장받았다. 다만 유대교를 포기하지 않으면 행정기관이나 법조계, 군대 등에서 공무원으로 봉직할 수는 없었다. 즉, 국가적 영역에서는 유대인이 되거나 혹은 프러시아인이 되어야 했다. 국가조직 안에서는 중간적 위치라는 것이 존재할 수 없는 것이다. 간(間)문화성은 상업 영역이나 다른 신앙을 가진 집단에만 허용되는 개념이었다.

1812년에 이루어진 이 해방은 유대인의 지위에 관한 19세기의 기나긴 논쟁을 들여다 볼 수 있는 한 사례에 불과하다. 이 법령은 잠재적으로는 모든 이주민들에 대한 시범사례이기도 했다. 이것이냐 저것이냐의 구도는 이후로도 여러 차례, 다양한 형태로 나타난다. 슐라이어마허의 글에서 이러한 구도가 등장한 것은 우연한 일은 아니라는 것이다. 나는 이 점을 조심스럽게 다루고자 한다. 나는 슐라이어마허가 당시의 다른 사람들보다도 더 반(反)유대주의자였다고 말하고자 하는 것이 아니다. 또 나는 반유대주의가 모든 번역이론의 이분법적 구도의 기초이라거나 상업의 가치에 대한 모든 문화적 반대의 기저에 반유대주의 정서가 있다고 말하고 싶지 않다. 나는 단지 소위 '유대인이라는 문제'(Jewish question)가 민족주의적으로 이것이냐 저것이냐를 구분하는 논리가 특별히 강한 곳에서 한 가지 특징적인 맥락이 되었다는 것이다. 이 논리가 반(反)프랑스주의적 정서를 배제하거나 대체하는 것도 아니다. 프러시아에 거주하던 유대인들은 나폴레옹 체제를 반겼다는 바로 그 이유 때문에 요주의 인물들로 찍히기도 했다(Erb(엡)과 Bergmann(베르크만) 1989: 90 참고). 또 우리는 이것이냐 저것이냐의 전략이 언제나 배제, 배타성의 결과를 낳는 것도 아님을 주목해야 한다. 유대인에 관한 1805년의 논쟁은 유대인 전체를 해방하느냐, 아니면 아무도 해방하지 않느냐의 문제였다(Erb & Bergmann 1989: 59). 1816년 프러시아의 일각에서는 유대인이 유대인이기를 아예 포기하거나, 아니면 사회 속에서 유대인임을 전적으로 드러내어 유대인인 채로 받아들여져야 한다고 생각했다(1989: 60). 1847년에는 이분법적 구도가 다시 한번 더 강화되었다. "유대인은 우리의 친구이거나 우리의 적이다. 그들이 우리의 적이라면 우리는 그들을 멸절시키거나 포섭해야 한다"(1989: 60). 해방에 찬성하는 이러한 논의들은 민족주의적 반유대주의의 이분법적 논리와 같은 방식으로 전개되었다. 어느 쪽에 서 있건 이러한 논리가 가져오는 효과는, 중간지대를 거부하는 것이다. 사실 독일인은 논리를 실제에 적용하는데 있어 매우 창의적이다. 독일 일각에서는 '내부 식민지'(internal colonies, ghetto)라고 부르는 장소를 둔 것 외에, 영국이 영국의 혼혈(Blendlinge)인 코크니-아일랜드계(Cockney-Irish) 범죄자들을 호주로 방출한 것과 같은 '외부 식민지'를 활용하지 않았던 것을 유감스럽게 생각한다. 이런 관점에서 보자면 1892년 일부 독일인들이 유대인들을 파푸아 뉴기니에 있는 자신들의 식민지로 보낼 것을 제안한 것은 논리적인 제안이었던 셈이다(Erb & Bergmann 1989: 62). 생각만해도 심난하다. 고산 밀림 지대에 사는 이스라엘인이라니. 온갖 종류의 복잡한 전략관계는 유럽에서 중간적 위치에 있는 자들을 배제하는 식민주의와 관련되어 있다. 간 문화성의 두 가지 양상이 서로 연결되어 있다. 슐라이어마허의 이것이냐 저것이냐의 논리는 세계주의적 간 문화성이나 지역적인 간 문화성 모두를 반대한다.

혼혈로서의 번역자

그러나 모든 번역자가 혼혈이라고 말할 수는 없다. 마치 모든 번역자들을 아는 것처럼 말이다. 그럼에도 불구하고 이 용어가 가지는 의미적 범주는 번역자와 관련된 흥미로운 가설을 제안한다. 더 나아가 그러한 가설은 실질적인 이유에서 정당화된다. 번역자에게는 그 정의상 여러 언어와 외국 문화에 대한 지식이 요구된다. 그리고 이 요구에 따라 번역자는 중간적 위치로의 어떤 주관적이고도 사회적인 이주를 필요로 하게 된다. 인간 번역자에 관심을 가지게 되는 더 실질적인 이유는 이분법적 번역이론들이 그들의 중간적 매개자를 적극적으로 배제하고 있다는 데 있다. 이러한 배제는 역사적으로 위대한 번역자들이 소속되어 있기도 하는 간 문화적 집단을 억압해 왔다. 또한 그것은 이제 유럽연합의 중심이 된 프랑스와 독일 사이의 중개, 즉, 번역을 허용하는 나라들 사이(Zwischenstaaten, 경계 사이에 선 상태, 또는 때때로 완충 상태)를 억압하기도 한다. 결국 이분법적 번역관은 우리가 번역에 대해 생각하는 모든 개념적인 도구(conceptual tools)를 억누른다. 슐라이어마허는 물리적 대상이 아니라 정신적 산물로서의 텍스트에 관심을 두었다. 나는 텍스트 자체가 사물이라고 생각한다. 또 그것이 이동할 수 있는 이유는 바로 텍스트가 가진 물성(materiality) 때문이라고 생각한다. 슐라이어마허는 협상(negotiation)은 사업을 위해서만 필요하다고 생각했다. 나는 협상을 교차문화적 관계 전체를 포용할 수 있는 틀로 본다. 슐라이어마허는 번역의 대안인 복수언어사용(polyglotism)[17]을 배제했다. 그러나 나는 많은 경우에서 복수언어사용이 번역보다 더 나은 대안이 될 수 있다고 생각한다. 슐라이어마허는 중간적 위치가 일관성이 없고 실망을 안겨줄 뿐이라고 믿었다. 그러나 나는 중간적 위치가 가지는 원칙과 미덕, 심지어 그러한 위치가 주는 기쁨을 조명하고자 한다. 슐라이어마허는 번역과 사람의 이동 사이에 은유적 다리를 구축하고자 하였다. 그러나 나는 사람들의 실제 이동이 역사적으로 번역이 존재해온 이유를 설명해주 근거 중 하나라고 생각한다. 슐라이어마허는 번역자를 목표언어의 목표문화 안에서 가두어 두려고 했다. 그러나 나는 번역자가 기업인, 협상가, 곡예사, 모험가, 방랑자들의 간 문화적 공동체에 좀 더 공고히 소속될 수는 없을지 고민한다. 이들은 모두 참 멋진 녀석들(bloody fine bastards)이기 때문이다.

만약 여러분이 슐라이어마허의 텍스트적 접근을, 그것이 가진 모든 구비구비를 따라 철저하게 따른다면, 그래서 번역[혹은 혼혈(Blendlinge)]을 텍스트적인 관계나 언어에서의 위치, 그리고 언어학이나 그 유관 학문의 문제로서만 본다면, 번역은 그저 문화적 국가주의나 언어, 사회, 문화, 제도, 정신들을 분리하는 경계선을 더 선명히 할 뿐이다. 그렇기 때문에 나는 간 문화성을 텍스트적으로만 보고, 번역을 단일 문화의 틀과만 연관시키는 번역모델들 혹은 언어나 문화 사이에 선명한 경계를 긋는 모델들에 의문을 제기한다. 이와 같은 접근은 간 문화적 지위에 대한 폄하하고, 혼혈(Blendlinge)에 대해 상대적 불관용을 은폐한다. 이러한 관점에서 본다면 현재 유럽연합의 주요 국가들에서 이루어지고 있는 번역학 연구에서 문학번역과 비문학번역을 엄격하게 구분하고, 슐라이어마허의 논리에 따라 민족적 정체성을 드러내는 작품은 우월한 것으로, 간 문화적 상업활동의 필요를 따라 이루어지는 작업은 열등한 것으로 간주하는 것은 놀랄 일이 아니다. 마찬가지로 특히 프랑스나 독일과 같은 국가들에서 국제회의 전문통역사들을 훈련하는 데에는 막대한 자금을 투자하면서 커뮤니티 통역사들의 훈련은 간과하고 있는 것도 같은 선상에서 볼 수 있다. 나날이 늘어나고 있는 공동번역에 대한 태도도 마찬가지이다. 문학번역과 국제회의 통역 모두 그 상징적 기능은 목표언어인 국가어를 수호하고 강화하는 것이다. 한편 간 문화적 관계의 덜 화려한 측면과 연결되어 있는 이주민들의 필요에 대해서는 거의 관심을 두지 않는다.

만일 우리가 혼혈(Blendlinge)을 번역자가 속할 수도 있는 간 문화적 공동체를 형성하는 주체로서 바라본다면, 번역에 대한 논의는 간 문화적 관계에 대한 좀 더 흥미로운 모델을 제안할 수 있을 것이다. 또 번역의 역사는 간 문화적 공동체들의 지성사적 계보를 창출할 수 있을 것이고, 번역의 윤리는 간 문화적 공동체의 제도, 정책의 발달에 기여할 수 있을 것이다. 또한 번역자들의 훈련은 그들의 수입과 명성 모두에 크게 기여할 수 있을 것이다. 이것이 바로 혼혈(Blendlinge)이 번역이론에서 중요한 이유이다. 또한 이것이 바로 번역자들이 일반적으로 어느 편에 속했는지를 질문하게 되는 중요한 이유이기도 하다. 때로는 이러한 질문들이 매우 흥미로운 사실을 드러내기도 한다. 예를 들어, 톨레도 학파(School of Toledo)는 당초 12세기 스페인의 영광스러운 번역의 시대를 상징하는 것인 줄 알았다. 그러나 사실 그것은 유대인들, 카톨릭으로 개종한 유대인이나 무슬림들(Conversos), 혹은 카톨릭 성향의 스페인 통치 아래서 개종하지 않은 그리스도인들(Mozarabs), 이탈리아인, 때로는 프랑스 대주교나 수도원장 등 모두들 유럽 전역에서 이탈된 유랑민 공동체와 크고 작은 연관을 맺고 있는 사람들이 만들어낸 산물이었다. 몇 가지 질문만 방향을 잘 잡아 해도, 민족주의적 신화의 상당수를 불식시킬 수 있다. 불행하게도 유럽의 문화사는 오랫동안 '민족' 문화라는 틀에 의해 지배되어 왔으며, 간 문화적 집단의 역할과 지위를 격하시켰다.

오늘날 새롭게 부상하는 인간 집단이 있다면, 그것은 아마도 간 문화적 공동체일 것이다. 이 공동체가 곧 내가 속할 수 있는 최선의 공동체이고, 그것의 미래가 곧 나의 미래이다. 혼혈(Blendlinge)이라는 개념을 만들어 내는 것은 모험을 무릅쓰고자 함이 아니라, 그것이 간 문화적 집단이 생존할 수 있는 조건이기 때문이다. 이러한 공동체의 중심에서 나오는 최선의 윤리는 문화적 혼합을 이끌어는 것이다. 혼혈의 아이들을 이 국가를 위해 싸우게 할 것인가 아니면 저 국가를 위해 싸우게 할 것인가. 다른 말로 어머니 쪽의 국가를 따르게 할 것인가 아버지 쪽의 국가를 따르게 할 것인가? 내가 생각하는 최선은 그들이 간 문화적 공간을 찾는 것이다. 이 영토와 저 영토 사이를 넘나들고 그 경계를 누비면서 말이다.

업데이트: 베누티가 슐라이어마허를 읽다

이 '업데이트'는 의식적으로 시간을 거슬러 올라간다. 미결 상태로 남은 논쟁의 출발점으로 회기하는 것이다. 그리고 이 논의는 1990년대 베누티(Venuti)가 했던 좀 더 복잡한 저작의 논의를 부분적으로 뛰어넘는 일이기도 하다. 그러나 그 출발점이 되는 논쟁을 언급할 필요가 있다. 사실 그 논쟁은 다른 여러 지점에서도 계속적으로 언급되고 있고, 슐라이어마허가 왜 여전히 중요한가를 설명하는데도 도움이 된다.

베누티는 1991년에 슐라이어마허에 대한 비평을 상당한 분량의 책으로 출판해냈다. 그 비평은 베누티가 슐라이어마허를 '저항적'(resistant) 번역에 대립되는 개념인 '유창한'(fluent) 번역 또는 '투명한'(transparent) 번역 개념의 시발점으로 보고 있다는 데 의의가 있다. 저항적 번역이란 독자로 하여금 자국화된 번역에 의해 기만당하지 않도록 번역하는 것을 말한다(Venuti 1995). 슐라이어마허에 대한 베누티의 이해는 현대 번역학에 상당한 영향을 미쳤다. 좋은 쪽으로든 나쁜 쪽으로든 말이다. 그래서 만일 슐라이어마허의 논의를 제대로 파악한다면 현대 번역학의 사상적 총체를 파헤쳐 들어갈 수 있다. 한번 살펴보도록 하자.

베누티는 이 프러시아 설교가의 논의에서 뭔가 쓸만한 점을 발견했다. 그는 슐라이어마허의 이국화 번역의 개념이 19세기가 시작할 무렵 독일 문화의 주류적 가치에 대한 저항이었다고 주장한다(1991: 147). 그리고 이 개념을 오늘날의 주류인 영미 문화나 프랑스 문화가 가진 의심스러운 가치체계로부터 탈출할 수 있는 출구로 보았다(1991: 150). 슐라이어마허가 그 당시의 주류 가치에 대항했으니 그의 논의를 따르는 것이 지금 여기에서 주류 가치에 대한 대안을 찾고자 하는 노력에도 도움이 될 수 있다는, 그런 이야기로 들린다.

베누티의 이해와 나의 이해 사이에는 중요한 방법론적 차이가 있다.

그는 슐라이어마허를 독일 부르주아라는 사회 계급에 위치시킨다. 이것은 어딘가에서는 알튀세르(Althusserian) 계열이라고 표현하기도 했던(Venuti 1986), 마르크스주의의 사상적 계보를 따르는 방법이다. 이점이 '위대한 대가들'(great masters)과 프랑스어를 주로 사용하는 귀족계급에 대해 슐라이어마허가 취했던 역설적인 태도를 설명할 수 있다는 것이다. 그러나 내가 볼 때, 번역이나 번역이론은 하나의 문화나 사회에 내재해있는 계급 역학에 따라 규정된다기 보다는, 간 문화적 관계에 더 직접적으로 연관된 것으로 보인다. 그렇기 때문에 나는 슐라이어마허 자신의 사회적 위치를 규정하는데 작용했다고도 볼 수 있는 나폴레옹이나 유대인의 법적 지위 같은 데에 더 관심을 가지는 것이다.

하지만 그럼에도 불구하고 지금의 맥락에서는 상대적으로 작은 차이만 있다. 여기서 더 중요한 문제는 베누티가 슐라이어마허의 개념을 부르주아적 개인주의와 문화적 엘리트주의, 프러시아 민족주의와 독일 보편주의로 규정하고 있다는 점이다(1991: 145). 맥락적으로 보면, 베누티가 슐라이어마허의 개념을 부정적인 함의가 있는 것들로 열거하고 있는 이유는 비평가들의 공격을 막기 위해서이다. 내재적으로 부정적인 가치를 가진 이 모든 것들은 사실 잠재적 위험일 뿐, 슐라이어마허의 이론이 가진 단 한 가지 좋은 점에 의해 충분히 상쇄되고도 남는다. 또한 베누티는 슐라이어마허가 관념적으로 이국화 번역이 목표언어에 문화적 변화를 촉진함으로써 사회적 분열을 해소할 수 있다고 보았다고 이해했다(1991: 145). 이 점은 옳다. 그 변화가 사회적으로 무엇을 의미하는지 명확하게 진술된 것은 아니더라도, 슐라이어마허가 변화의 가능성을 인지하였다는 것만은 사실이다. 그렇다면 이제 베누티는 이 당황스럽기도 하고 공허하기도 하고, 그 의미가 지극히 불분명한 '문화적 변화'라는 단 한 가지 긍정적인 가치를 가지고 개인주의, 엘리트주의, 민족주의, 보편주의 같은 것들이 내재하고 있는 부정적인 가치들을 어떻게 압도할 것인가? 상당히 원대한 목표인 것 같다. 또 슐라이어마허가 가진 이 변화라는 것이 그 부정적 이데올로기와 대립되는 것이라고 어떻게 확신할 수 있겠는가? 어떤 역사가들은 1940년 11월 19일에 선포된 히틀러의 법령을 떠올릴지 모른다. 그것은 결국 독일어를 정화한다는 의도를 거슬렀다. 이 법령은 이국의 기원을 가진 단어들을 금지하기 보다는 포섭해야 한다는 입장이었다. 이는 나치의 문화적 엘리트주의(Adorno(아도르노) 1959/1974)의 산물이기만 한 것이 아니라 독일어를 유럽 전역의 피정복 국가들이 사용하도록 하기 위함이었다(von Polenz(폴렌쯔) 1967/1979, Korlen(콜렌) 1978: 331). 외국에 대한 이 전략적 통합 정책은 정치적 좌파의 산물이 아니었던 것이다. 베누티는 히틀러가 아니다. 오히려 그의 삶에서나 사상에서나 그와 반대되기를 염원한다. 그러나 번역자들로 하여금 혁명적 '행동을 촉구'(Venuti 1995)하는 사람이라면 몇 가지 심각한 질문에 답할 준비가 되어 있어야 할 것이다. 우리가 만일 어떤 특정 방향의 투쟁에 돌입해야 한다면, 그 투쟁의 효과가 무엇인지를 어떻게 알 수 있느냐는 것이다. 우리가 참고할 만한 역사적 증거는 무엇인가? 당신의 생각을 지지해줄 다른 이는 누구인가? 결국 베누티는 언젠가 있을지 모르는 미지의 긍정적 결과를 위하여 특정 번역방법을 제안하고 있는 것이다. 과거에 있었던 몇몇 유사한 시도들이 오히려 모호한 결과를 가져왔음에도 말이다. 누군가는 베누티가 촉구하는 대열에 동참하기 전에 좀 더 구체적인 것을 알고 싶어한다. 베누티로서도 그런 신념에 찬 행동을 하기 전에 좀 더 확실한 근거를 제시할 수 있어야 할 것이다.

슐라이어마허도 상업적 활동에 반대했기 때문에 베누티는 그를 조금은 좋게 여기는 것 같다. 르페브르의 번역에 따르면, 슐라이어마허는 "통역사는 상업영역에서 사업하느라 이리저리 바쁘고, 번역자는 주로 학문과 예술의 영역에서 일한다"고 했다. 여기에 대해 베누티는 '자본주의 경제관행에 반대하는 입장'이라는 해설을 달았다(1991: 147). 무슨 말인가? 사이몬(Sherry Simon)은 베누티를 요약하면서 꽤나 놀라운 견해를 선사했다. "슐라이어마허는 문화를 상업의 적이라고 규정한다". 그리고 이에 따른 일종의 결과로서, "언어에 대한 작업은 텍스트적 차원에서건 국제상업출판의 차원에서건 모든 차원에서 현재 영미문화가 점하고 있는 지위에 따른 오늘날의 불평등을 바로잡는데 기여한다"고 말한다(1991: 15).[18] 대체 무슨 말인가? 슐라이어마허가 실제로 무슨 말을 했는지 제대로 읽은 사람이 없다는 것인가? 아무래도 슐라이어마허는 투박하게 읽히는 텍스트가 오늘날의 세상을 더 나은 세상으로 만든다는 형식주의자(Formalist)들의 논쟁에 휩쓸려버린 것 같다. 여기 몇 가지 잘못된 점이 있다.

첫째로 슐라이어마허는 (히틀러처럼) 독일어를 세계의 위대한 텍스트들의 주요 언어가 되게 하기 위한 방법을 제안하였다. 이 점은 베누티나 베르만도 잘 읽어냈다. 그런데도 베누티는 (사이몬처럼) 이 같은 방법으로 영어나 불어와 같은 도착언어들이 공정한 국제 교환이라는 모종의 이상에 다가갈 수 있다고 믿은 것이다.

둘째로 슐라이어마허가 상업에 대해 보인 거부감은 낭만주의적 저작권 개념과 전적으로 호환될 수 있다. 베누티(1992)는 이 개념을 유창한 번역의 기초로 보지 않았고, 오히려 모든 번역자들을 소외시키는 원인의 하나로 보았다. 그런데 독창적 표현(외적 대상으로부터 독립되어 있다고 간주되는 표현)이 가지는 우월성에 대한 낭만주의적 사고를 제거해 버리면, 슐라이어마허가 문화를 상업으로부터 분리해낸 지적인 기초를 잃어버린다. 그의 반(反)상업주의는 지적 엘리트주의에 논리적으로 근거하고 있다. 그런데 베누티는 후자를 명백하게 거부하는 반면 전자는 너무 쉽게 받아들였다.

셋째로 베누티는 페미니스트 번역자들, 더 정확하게 말하면, 번역이론가들이 슐라이어마허의 개념을 현대적 상황에 실질적이고 성공적으로 적용했다고 보았다. 하지만 그는 거기에 관계되는 제한적인 사회적 지위들에 대해서는 거의 고려하지 않는다. 또 베누티는 번역이 읽기 어려우면 어려울수록 목표공동체에 미치는 영향력은 미약해진다는 비판에 대해서는 아무런 답을 하지 않았다. 베누티는 미국의 영화 배급사들이 유럽영화에 더빙 대신 자막을 다는 것에 유럽의 영화 제작자들은 불만을 가진다는 점을 이해할 수 있을까? 자막을 다는 것은 '저항적'이라는 이상에는 좀 더 가까운 방법일지는 몰라도, 해당 영화를 소수의 엘리트들만을 위한 것으로 소외시킨다. 정교한 페미니즘 이론들이 종종 복수의 언어를 사용하는 제한된 독자층의 특권적 전유물로 남아있는 것처럼 말이다. 경제적 불균형과 사회적 소외를 시정하고자 한다면, 그러한 시도는 경제적, 사회적 영역과 직접 관련을 맺은 가운데 이루어져야 한다. 말뿐인 담론은 정부보조금이나 대학으로부터의 봉급을 받기 위한 수단일 뿐이다.

넷째로 슐라이어마허의 '진정한 의미의 번역'은 그러한 시도와 무관하다. 그것을 모든 상업활동으로부터 구별하기 때문이다. 단지 자본주의와 구별하기만 하는 것이 아니고 말이다. 만일 베누티가 그러한 극단적인 반상업주의와 맥을 함께 한다면, 번역자들이 금전적으로 제대로 보상받고 있지 못한 상황에 대해 크게 불평할 필요가 없을 것이다(1992, 1995). 슐라이어마허의 이상적인 번역자는, 베누티와는 다르게 상업적 고려를 초월한다. 베누티는 그 이유에 대해서는 논의하지 않았다. 혼혈(Blendlinge)의 관점에서 슐라이어마허가 상업적 고려를 초월하는 이유 한 가지를 생각해보자면, 상업을 배제해야만 상업을 가능케 하는 중개인들을 배제할 수 있기 때문이다. 슐라이어마허의 반상업주의가 가지는 모든 함의를 주의 깊게 살필 필요가 있다.

베누티는 번역전략을 좋은 번역 대 나쁜 번역, 저항적 번역 대 투명한 번역이라는 개념으로 규정함으로써, 간 문화적 공동체를 배제한 슐라이어마허의 논리를 재생산한다. 그는 번역자를 사회 구성원으로서 바라보는 관점을 지지했음에도 불구하고, 번역자 자신을 둘러싼 사회학이 슐라이어마허로부터 벗어나는 가장 효과적인 출구라는 점을 보지 못했다. 사회학적 계보학을 구성하는 열쇠는 혼혈(Blendlinge), 경계인, 중간지대에 있는 사람들, 간 문화적 공동체를 형성하는 중개자들에 초점을 맞추는 것이다. 결국 이러한 사람들이 있기 때문에 번역이 가능하다. 번역을 하는 방법에 대한 이분법을 뛰어넘어서서 말이다.

미주

1. 베를린에 있었던 프러시안 왕립학술원(Königlich Akademie der Wissenschaften)에서 있었던 강의이다. 이 학술원은 1810년까지 프랑스어로 된 명칭을 사용했으나 훔볼트(Wilhelm von Humboldt) 학장이 그것을 독일어 명칭으로 바꾸었다. 이때 슐라이어마허가 회원이 되었다. 이러한 배경에서 번역은 매우 중요한 논의를 제공했다.

2. "Entweder der Uebersezer lässt den Schriftsteller möglichst in Ruhe, und bewegt den Leser ihm entgegen; oder er lässt den Leser möglichst in Ruhe und bewegt den Schriftsteller ihm entgegen."

3. 버노프스키(Bernofsky)의 번역(1813/2004)이 인용하기에 가장 용이하기 때문에 이곳과 본서의 다른 여러 곳에서 그의 번역을 인용한다. 하지만 독일어 원문에 좀 더 가까이 가기 위해 혹은, 여기의 경우처럼 성차별적 대명사 사용을 피하기 위해 약간의 수정을 가하기도 했다.

4. 슐라이어마허의 강의는 베를린에서 1813년 6월 24일에 있었다. 나폴레옹이 러시아와 프러시아의 전쟁에서 5월에 막 승리를 거두었고, 1813년 6월 4일 플리즈비츠에서 휴전에 서명했다. 평화회의가 7월 5일 프라하에서 열렸다. 이와 같이 슐라이어마허는 유럽 역사의 불확실성의 시점에서 강의를 했다.

5. 몇몇 연구자들이 슐라이어마허의 플라톤 번역을 그의 이론적 관점에서 평가하려고 했다(특히 Güttinger(귀팅거) 1963: 22-23). 하지만 나는 실제가 반드시 이론을 반영한다고 생각하지는 않는다.

6. "Wer möchte nicht seine Muttersprache überall in der volksgemäβö *auftreten* lassen, deren jede Gattung nur fähig ist? Wer machete nicht lieber Kinder erzeugen, die das väterliche Geschlecht rein darstellenm als *Blendlinge*? Wer wird sich gern *auflegen*, in minder leichten und anmuthigen Bewegungen sich zu zeigen als er wol könnte, und bisweilen wenigsyens schroff and steif zu erscgeinen um dem Leser so *anstöβig* zu warden als nothing ist damit er das Bewuβtsein der Sache nicht verliere? Wer wird sich gern gefallen lassen, daβ er für unbeholfen gehalten werde, indem er sich befleiβiget der fremden Sprache so nahe zu bleiben als

die eigene nur erlaubt, und daβ man ihn, wie Eltern, die ihre Kinder den Kunstspringern übergeben, tadelt, daβ er seine Muttersprache, anstatt sie in ihrer *heimischen Turnkunst* gewandt zu üben, an *ausländische und unnatürliche Verrenkungen* gewöhne."(1813/1838, 이탤릭은 필자 표시)

7. 챔벌린(Lori Chamberlain, 1988/2004)은 위의 문단을 슐라이어마허가 단순히 '번역자는 적법한 후손을 낳기 위한 아버지로서 모국어에 충실해야 한다'(1988/2004: 209)고 말하는 것에 대한 '혼혈아'의 주석으로 달았다. 이 환원주의 읽기는 수사적인 질문의 텍스트적 기능을 간과할 때만 가능하다. 그 질문 내에서 슐라이어마허는 그의 독자들이 적법함과 순수함을 우월한 가치로서 순수한 아이들을 낳는 것을 납득할 것이라고 예상했다. 그러나 이러한 토큰의 가치는 비번역가와, 번역의 모호한 위험성과 포기를 피할 수 있는 상상에만 존재하는 작가들을 위한 것이다. 우리가 터무니없는 환원과 슐라이어마허 번역의 가치를 좋게든 나쁘게든 직접적으로 예상하는 챔벌린을 따른다면 많은 문제점들이 뒤따른다. 슐라이어마허는 후에 언어는 이국화하려는 경향이 있기 때문에(1813/2004: 53) 언어의 자연적 과정과 '자유롭게 발달'을 허용하지 말아야 한다고 논쟁했다. 그는 은유를 사용해서 '부계 언어'(ibid.: 58, 59)를 두 번 언급하며 이 문제를 설명했다.

8. 베르만은 여기에서 이국성은 텍스트의 일관성을 높이지만 위험을 회피한다고 번역한다.

9. Hodge 와 Mishara (1991: 23)에 따르면 호주인들이 bastard의 사용하는 방식에는 자신들의 기원에 대한 불안감을 숨기기 위해 불법한 것(illegitimacy)을 타당한 것으로 간주하는 심리가 작용되고 있다고 한다.

10. 『불독사전』(*Sachs-Villatte*, 1921판)은 Blendling을 'bâtard, métis,'로 정의하며 다음과 같은 조합을 제안한다: Blendfenster: 'fausse fenê' [거짓 창문]; Blendlaterne: 'lanterne sourde' [어두운 전등]; blendend: 'prestigieux' [특권적인, 유명한]; Blender: 'homme qui de (아이 보는 여자) mine; tire-l'oeil' [가관인 사람, 별 볼 일 없는 사람; 짓궂은 장난]

11. "So lange die Muttersprache für diese noch nicht gebildet ist, bleibt diejenige Sprache die partielle Muttersprache"(326). 독일어가 1810년 프

러시아에서 공식적인 과학언어로 인정되었다는 것을 기억하라. 슐라이어마허가 강의를 시작하기 불과 3년 전이었다.

12. 신체적 운동과 서구윤리 사이의 연결은 사상사(history of ideas)에서 아주 흔한 일이 되었다. 기원전 5세기 그리스 사회는 군주제의 농업사회 구조에서 민주주의의 산업 구조로 급속한 변화를 겪고 있었다. 교과서에서도 언급하듯이, 이 때에 서구의 윤리적 이념이 탄생되었고, 그 윤리는 우리가 알고 있듯이 소크라테스와 궤변가들의 이념이었다. 왜 서구에서 탄생되었을까? 무엇보다, 전문적 사업 계층의 생성은 전통적인 가치를 붕괴하는 것이었다. 그 사회적 지위는 아리스토텔레스의 탄생과 상관이 없었다. 그것은 한쪽 방향에서 다른 방향으로의 선택을 이끌 수 있는 이유였다. 이러한 이유들의 탐색을 통해 윤리적 이념과 질문들은 당연한 것으로 보였다. 동시에, 전문적 사업 계층은 더 이상 농업사회의 육체노동을 하지 않아도 되었다. 신체를 보살피는 것은 운동과 스포츠를 필요로 한다. 윤리는 영혼을 보살피기 위해 역시 운동과 지적 움직임이 필요하다는 개념을 포착했다. 따라서 윤리의 기능은, 다른 많은 것들 중, 지성의 운동을 하는 것이다. 시드윅(Sidwick 1886/1906: 21-22)이 신체적인 활력은 더 이상 자연상태와 자연스러운 운동에 의한 것이 아니라 전문 트레이너가 제시하는 규칙을 체계적으로 준수할 때 얻어진다고 상정한 것처럼, 영혼의 관리도 이와 동일하게 여겨진다.

13. “wir können nicht zurükk und müssen durch”

14. “Es isnd nämlich nicht mehr Verfahrungsarten möglich”

15. “Wie Einem Lande, so auch Einer Sprache oder der andern, muβ der Mensch sich entschlieβen anzugehören…”

16. “…oder er schwebt haltungslos in unerfreulicher Mitte”(330).

17. 여기에서 나는 지역사회의 많은 사람들이 한 가지 언어 이상에 능숙한 상황을 지칭하기 위해 ‘복수언어 사용주의’라는 용어를 사용한다. 이것은 한 지역사회에서 많은 언어가 쓰여지는 ‘다중언어주의’와 구별된다.

18. “Schleiermacher identifie le culturel comme l’ennemi du commercial.

[…] le travail sur la langue dans toutes ses dimensions (autant au niveau du texte qu'au niveau de l'édition commerciale international) peut aider àredresser les inégalités don't profite l'anglo-américain aujourd'hui."

John Benjamins Series

16 On Translator Ethics

제 2 장

메신저들

메신저들

문명화된 사람들은 스파르타식 가치관을 가져서는 안 된다.
그것은 야만으로의 역행이다.
구르몽(Remy de Gourmont), "니체와 드레퓌스 사건"(Nietzsche et l'affaire Dreyfus)

1991년 11월 10일, 독일 빈하임(Weinheim)에서의 일이다. 귄터 데커트(Günter Deckert)라고 하는 독일인이 프레드 로처(Fred Leuchter)라는 미국인이 쓴 공개 연설을 독일어로 번역했다. 이 연설에서 그 미국인은 아우슈비츠 가스실의 존재 여부를 부정했다. 독일에서는 '아우슈비츠에 가스실이 없었다고 하는 식'의 '아우슈비츠 거짓말'(Auschwitz lies)이 금지되어있다. 그렇다면 통번역사였던 데커트는 그 같은 거짓말을 '발화'(pronounce)하였으므로 유죄인가? 아니면 외국인의 글을 모국어로 옮겨놓은 것에 불과한 것일까? 신의성실의 원칙(ethics of fidelity)이나 통번역사의 직무윤리(ethics of service)에 따라 '외국을 환대해야 하는'(welcoming of foreigners) 데커트는 자신의 의지로 아우슈비츠 거짓말을 '발화'한 것이 아니다. 그러므로 그가 전달한 내용(content)에 대한 도덕적 책임은 없다. 그는 번역을 했을 뿐이다. 그저 번역한 것이다. 해서는 안 되는 말을 한 미국인 로처는 유죄일 수 있다. 하지만 단순히 대변인이자 메신저 역할을 했던 독일인 번역자는 당연히 무죄일 것이다. 그렇지 않은가? 그러나 덱커트는 이런저런 대가를 치러야 했다. 덱커트는 실제로 독일의 법정으로 두 차례나 소환되었다. 하지만 그 일로 엄청난 유명세를 얻게 되었다.

소식이 좋은 소식일 경우 그 메신저도 안전하다. '충실성'(loyalty)의 윤리에 관한 글들을 읽어보라(예: Nord(노르트) 1991). 아마도 어딘가에 어떤 방법으로든 이해 관계자 모두를 만족시킬 수 있는 합의점이 있을 것이다. 하지만 지금 이 상황은 어떤가? 전달한 내용이 사람들의 마음에 들지 않으면 그 메신저가 죽는 것이다. 덱커트는 죄가 없었고 중재자임에도 불구하고 부당하게 법정에 세워졌다. 하지만 덱커트가 무죄로 간주되었다면 윤리를 교활하게 조작한 것일지도 모른다. 그는 번역자이기는 했지만, 사실 독일 신나치주의당의 당수이기도 했기 때문이다. 충성심을 표출할 수 있는 방법은 이렇게 다양한 것이다.

만일 번역자가 그저 단순한 메신저가 아니라면, 그것은 어떤 결과를 가져올까? 번역자는 번역하는 내용에 대한 아무런 책임이 없는 것일까? 아니면 그들이 가져온 뉴스에 대한 대가를 치러야 하는가?

이러한 질문들에 대한 상반된 입장의 무게를 달아보기 위해 메신저에 대한 아주 오래된 이야기를 하나 해보려고 한다. 심호흡을 하고 시작해보자.

스퍼시아스와 불리스의 이야기

우리는 스파르타를 대표하여 죽기 위해 그 먼 길을 달려 왔는데,
우리의 조국과 조국의 법을 버리고, 어떻게 우리가 이 곳에서 살 수 있겠습니까?

['스퍼시아스(Sperthias)와 불리스(Bulis)', 플루타르크(Plutarch)에서 발췌: 로엡(Loeb)역 수정]

페르시아의 크세르크세스(Xerxes) 왕 앞에 선 스파르타의 메신저 두 사람에 대한 이야기를 해보자. 크세르크세스 왕은 자기를 찾아온 스파르타의 두 메신저에게 죽지 말고 여기 페르시아에서 편히 살라고 했다. 대체 누가 왜 그 사람들이 죽기 바라겠는가? 크세르크세스 왕에게 스파르타에서 온 메신저들을 죽여달라고 한 것은 바로 그 메신저들 자신이었다. 참 이상한 이야기다. 그들은 왜 죽음을 요구했던 것일까? 이유인즉슨 자신의 민족, 스파르타가 페르시아에서 온 메신저 두 명을 죽였기 때문이다. 스파르타인들은 자신의 잘못을 인정하고, 스타르타의 시민 둘, 우리의 두 주인공을 제물 삼아 보낸 것이다. 다른 목적은 없었다. 이 메신저들은 죽기 위해 보내진 것이다. 그러나 크세르크세스 왕은 이들의 요청을 거절했다. 그리고 스퍼시아스(Sperthias)와 불리스(Bulis)는 위에서 인용한 것처럼 스파르타로 돌아갔다고 한다. 플루타르크는 이 이야기를 다음과 같이 전하고 있다. (로엡 역)

스파르타의 스퍼시아스와 불리스는 신탁의 명령에 따라 페르시아의 크세르크세스 왕에게로 갔다. 스파르타가 페르시아에서 온 전령(herald)을 죽였기 때문에 이를 보상하기 위해서 이다. 이 두 젊은이들는 크세르크세스 왕을 찾아가 스파르타를 대표하여 어떤 처벌이든 달게 받겠다고 했다. 그러자 크세르크세스 왕은 그들의 용기에 탄복하여 죽이지 않기로 결정했다. 그리고 자신과 함께 페르시아에서 살자고 강권한다. 하지만 스퍼시아스와 불리스는 이렇게 대답했다. "우리는 스파르타를 대표하여 죽기 위해 그 먼 길을 달려 왔는데, 우리의 조국과 조국의 법을 버리고, 어떻게 우리가 이 곳에서 살 수 있겠습니까?" 이 말을 들은 인다르네스(Indarnes) 장군은 더 장황한 말로 그들을 설득했다. 페르시아에서 살게 된다면 왕의 측근으로서 최고의 대우를 해주겠다고 말한다. 하지만 두 스파르타인들의 이렇게 대답은 이러했다. "장군님께서는 자유가 얼마나 중요한지 잘 모르시는 것 같군요. 생각할 수 있는 사람이라면 페르시아 왕국과 자유를 맞바꾸진 않을 것입니다." (418-419, 약간 수정)

기꺼이 죽고자 했던 스퍼시아스와 불리스의 이야기가 교훈하는 바는 간단하다. 메신저를 죽여서는 안 된다는 것이다. 더 나아가 여기서 내가 덧붙이고 싶은 말은 번역자들도 죽여서는 안 된다는 것이다. 번역자는 메신저의 한 유형일 뿐이다. 이 이야기를 꺼낸 목적은 간 문화적 규범(intercultural norm)을 조명하기 위함이다. 물론 간 문화적인 것의 그 어떤 것도 그리 간단하지만은 않다.

앞서 언급한 몇몇 번역자들에 대해 잠시 생각해보자. 루시디의 '악마의 시'*(Satanic Verses)*를 번역한 이가라시(Hito Igarashi), 카프리올리(Ettore Caprioli), 네신(Aziz Nesin) 등과 또 이들 외에 생명을 위협받고 있는 번역자들 말이다. 이들이 처한 상황은 은유가 아니다. 루시디의 사례는 저자와 국가와의 관계, 문화와 국가와의 관계, 그리고 윤리와 자주성과의 관계 등에 관한 것이고,[1] 이것은 번역자들의 책임에 관한 논의에 시사하는 바가 크다. 파트와(fatwā)의 윤리, 즉, (이슬람) 종교의 윤리에 따르면 번역자들도 저자들과 마찬가지로 자신이 쓴 글에 대하여 책임이 있다. 화살이 언제 어디서든 날아올 수 있는 것이다. 얼른 생각해도 우리(서구인)들은, 그런 윤리에 열광하지 않는다. 우리는 차라리 번역자는 비천한 존재라는 개념에 머물기를 바란다. 번역자들은 자신이 그 텍스트의 저자가 아닌 이상, 하고 싶은 대로 무엇이든 표현할 수 있는 권리를 보장받기를 원한다. 동시에 우리(서구인)들은 친애하는 덱커트 씨(Herr Deckert)가 구현한 직업윤리에 대해서도 그다지 열광하지 않는다. 해서는 안 되는 말을 번역이라는 형식 뒤에 숨어서 했다고 생각하기 때문이다. 혹 누군가는 루시디의 글을 번역한 번역자들은 구하고 '아우슈비츠 거짓말'을 번역한 덱커트는 심판하고 싶을지도 모른다. 메신저들은 어떤 때는 보호받고 또 어떤 때에는 정죄받기도 하는 것이다. 곡예와도 같은 이러한 상황을 해결해줄 수 있는 윤리 원칙이 있다면 참 좋을 텐데 말이다. 이 후에 번역자의 권리(translatorship)와 저자의 권리(authorship)를 구분하는 서구적 전통을 살펴볼 것이다. 지금은 서구적 맥락에서 스퍼시아스와 불리스의 이야기를 좀 더 살펴보도록 한다.

내가 스퍼시아스와 불리스 이야기에 주목하는 이유는, 그들이야말로 가장 순수하고 단순한 형태의 메시지 전달자들이기 때문이다.

헤로도토스의 업적과 삶

앞서 플루타르크(*Plutarch*)에서 발췌한 부분은 아마도 헤로도토스(Herodotus)의 『역사』(*Inquiries* 또는 *Histories*) 7권에 나오는 스퍼시아스와 불리스의 이야기에 기초하고 있을 것으로 보인다. 나는 이 이야기를 거기에 관계된 '범죄'가 발생한 시점으로 돌아가 이야기해보고자 한다. 쓸만한 이야기들은 다 범죄로부터 시작된다.

크세르크세스의 선왕이었던 페르시아의 다리우스 왕은 메신저 두 명을 스파르타와 아테네로 보냈다. 둘의 목적은 페르시아 왕이 "스파르타의 땅(soil)과 물(water)"을 얻을 수 있도록 하는 것이었다(헤로도토스 7권, 133). 결국 둘 중 한 명은 우물에, 다른 한 명은 절벽 아래에 밀쳐졌다.[2)] 마치 페르시아가 얻을 수 있는 스파르타의 땅과 물은 그것뿐이라는 듯 말이다. 땅과 물, 이것은 한 나라의 주권이 미치는 영역을 의미한다. 하지만 스파르타가 페르시아 메신저들에 대해 한 행동은 분명히 범죄였다. 그런데 과연 어느 법을 위반했다는 것인가? 주권을 가진 사람들은 타국에서 온 사람들에게 자신들의 법대로 행동할 권리가 있는 것 아닌가? 스파르타인들은 자신들의 나라를 지키고 있었고, 영토에 대한 소유권이 있었고, 거기에 흐르는 물을 마실 권리가 있었다. 자신들의 영토 내에서 주권을 가지고 있었던 것이다. 이 관점에서 보면 각 문화권은 저마다 번역하고 싶은 것을 번역할 자유가 있는 것이다. 물론 그렇다. 하지만 한 가지 조건이 있다. 그렇게 형성된 문화는 그것의 경계 안에 속해 있다는 것이다. 스파르타인들은 페르시아에서 온 메신저들을 죽임으로써 그 땅에 대한 소유권이 자신들에게 있음을 보여주고자 했을 것이다. 자기들에게 속한 것이 아니라면 줄 수도 없을 것이다. 스파르타인들은 그런 식으로 이방인들에게 자기들의 "땅과 물을 취하도록" 허용했다. 그 우물의 깊은 곳은 이민자들, 피난민들, 그리고 밀쳐 떨어진 메신저들로 가득 할 것이다. 영토에 대한 소유권 개념에 따르면 스파르타가 이방의 메신저들에게 한 처분은 정당화된다. 법은 그 땅의 주인들이 만드는 것이다. 그 법을 뒤흔드는 사람이 있다면 고통을 감수해야 하는 것이다.

그러나 헤로도토스는 법이 영토적이기만 한 것은 아니라고 보았다. 메신저를 보호해야 할 의무는 영토적 가치를 뛰어넘는 보편적 규범이라는 것이다. 오늘날 우리가 '외교관 면책특권'(diplomatic immunity)이라고 부르는 것과 유사하다. 다시 말해서 간 문화적 삶을 보장하기 위해서는 상호동의에 기반한 규범이 있어야 한다는 것이다. "우리는 당신의 나라에서 온 메신저들을 존중할 테니, 당신들도 우리의 메신저들을 존중해달라"는 것이다. 이런 방식으로 자국의 주권이 미치는 영토를 넘어서 소통할 수 있고, 그 소통은 잠재적으로 호혜적 이익을 증진한다는 논리이다. 헤로도토스가 보기에 스파르타인들이 이러한 협약을 파기한 것이다.

이와 비슷한 일이 있었다. 이란 정부가 1979년 11월 4일부터 1981년 6월 20일까지 444일 동안 자국 내 미 대사관을 점령하고 인질을 잡음으로써 국제 협약을 깨뜨린 사건이다. 스파르타 사건이 있은지 25세기가 지나, 페르시아가 서방에 보낸 복수의 메시지라고 봐야 할지 모르겠다. 이 사건은 외교관의 면책특권을 부인하는 것은 곧 해당 국가의 영토주권을 부인하는 것임을 보여주는 사건이었다. 국제법에 따르면 테헤란에 있는 미 대사관에는 치외법권이 성립된다. 미 사법권의 지배를 받는 것이다. 그곳은 미국의 영토에 해당하기 때문이다. 그런데 이 면책특권을 부인하는 것은 미국의 영토(territory)와 영해(water)에 대한 미국의 주권을 도전하는 것이다. 간 문화적 규범에 대한 도전은 곧 보편 원칙에 대한 도전으로 이어진다. 어떤 윤리가 지역적 한계를 갖지 않는다는 것은 곧 그 윤리가 보편적이라는 것을 의미한다. 그렇다면 페르시아 아야톨라(ayatollah, 이란 회교 시아파 지도자)가 영국인 작가를 죽인 것은 비난을 받아 마땅한 일이 된다. 초문화적(transcultural) 파트와(fatwā)가 있을 수 있는 것이다. 외교관 면책특권이나 그와 유사한 규범들은 그 외의 비(非)보편적 규범들을 보호하는 상호문화적(cross-cultural) 규범으로 볼 수도 있을 것이다. 즉, 메신저를 죽이는 것은 그 국가의 주권의 정당성을 의문시하는 것이다. 메신저의 정치적 중요성이 바로 여기에 있다.

앞서 언급한 예를 차치하고서라도, 윤리적 차원에서 반복적으로 제기되는 모순이 있다. 어떤 이들은 주권과 사법(justice)은 영토와 불가분의 관계에 있다고 말한다. 그렇기 때문에 문화적 상대주의(cultural relativism)를 허용해야 한다고 주장한다. 반면 어떤 이들에게는 보편적이거나 상호문화적인 규범이 핵심이다. 그렇기 때문에 인본주의적 보편규범이나 신앙에 근거한 보편규범들이 보호받아야 한다고 주장한다. 외교관 면책특권은 이 두 가지 차원을 연결시킨다는 점에서 흥미롭다. 상호협약에 따라 대사관은 본국 영토의 일부로서, 본국의 주권 아래 있다. 작은 규모 안에서는 모든 것이 주권에 의해 규율되는 것처럼 보인다. 그 결과가 대사관의 '치외법권'(extraterritoriality)이나 개별 외교관의 '치외법권'이다. 이것은 일부 은행이나 선박에 대해서도 부여된다. 여기에서 주목해야 하는 것은 '치외'라는 접두사의 사용이다. 이 협약은 주권이 미치는 영역 밖에서 이루어진다. 하지만 메신저의 인신(person)은 본국 영토의 일부이다. 이것이 상호문화적 규범과 영토적 실제를 연결하는, 법적 허구(legal fiction)의 네트워크이다. 이것은 완벽한 상호성에 기반한다. 마치 모든 참여자들이 같은 차원에 있고, 영토의 모든 조각이 같은 사이즈이며, 아무런 역학관계가 작용하고 있지 않는 것처럼 말이다. 이렇게 허구적인 전제를 수립하는 것은 비대칭적인 정치력과 역학관계가 작용하는 상황 속에서 커뮤니케이션을 가능하게 하기 위함이다.

이 법적 허구는 이번 장에서 중점적으로 다루고 있는 첫 번째 이야기를 이해하는 데 중요한 역할을 한다. 아우슈비츠 거짓말의 예를 보면, 왜 독일 법정은 미국인 로처에 대해서는 아무런 조치를 할 수 없었던 것일까 하는 질문이 제기된다. 이미 증명된 가스실의 역사적 실제를 부정했던 사람은 로처인데 말이다. 독일 법정은 왜 번역자인 덱커트만 정죄한 것일까? 독일인의 땅에서 영어로 말한 그 미국인은 일종의 일시적인 치외법권의 적용을 받은 것이다. 최소한 독일인의 땅에서 독일어로 발화한 덱커트보다는 나은 대우를 받았다. 그렇다면 독일인의 땅에 속한 것은 번역자인가 아니면 독일어인가? 그 미국인은 정말 아무런 책임을 지지 않고 순순히 풀려났던 것인가?[3] 어떤 경우이든, 이 이야기에서 메신저는 유죄일 수밖에 없다. 왜냐하면 그 메신저는 우리 중 하나, 즉, 독일인의 땅에서 독일인들에 의해 판단 받아야 하는 독일인이었기 때문이다. 덱커트가 '혼혈'(Blending)로서 간주될 가능성은 없었던 것이다. 이것은 국민과 언어, 영토를 주권으로 묶는 법적 허구에 따른 것이다. 메신저는 이쪽 아니면 저쪽에 소속되어 있다. 이 허구적 원칙에 따르면, 중립적인 대사관이란 존재할 수 없는 것이다.

우리는 헤로도토스의 글에서 치외법권과 관련하여 좀 더 인상적이고 일관성 있는 사고를 발견할 수 있다. 그의 표현을 빌리자면 치외법권을 어기고, 메신저를 죽인 사람들은 신들의 복수심을 자극한 것이다. 좀 더 정확하게 말하면 아가멤논의 메신저였던 탈티비오스(Talthybios)

의 분노를 산 것이다. 탈티비오스는 일종의 반신반인으로, 보편규칙들을 만들어냈다고 한다. 스파르타인들이 페르시아 메신저들을 구덩이에 떨어뜨렸을 때 탈티비오스는 분노했고, 거기에 대한 보상을 요구했다는 것이다. 이야기에 신이 등장하기 시작하면 이제 영토니 대사관이니 하는 것들은 언급할 필요가 없게 된다. 허구는 점점 더 허구적으로 변해간다. 하지만 신들의 분노는 윤리적 사고만큼이나 실제적으로 작동하는 기제라 할 수 있다.

그렇다면 상호문화적 규범을 만들어냈다는 이 반신반인의 탈티비오스는 과연 누구인가? 신화에 따르면 탈티비오스는 모든 스파르타 메신저들의 조상이다. 따라서 메신저들은 일종의 대가족의 구성원이거나 혹은 '탈티비오스 후예'라고 불리는 전문집단의 구성원인 것이다. 모든 전문 메신저들은 반신반인의 후예로, 날 때부터 메신저이다. 헤로도토스에 따르면, 이런 전문가들을 지칭하는 그리스어는 케릭스(κηρυξ, kēryx)로 '전령'(herald)을 의미하며, 전쟁 중에도 신의 보호를 받는다. 그리고 그리스어로는 케리케이온(Kerykeion), 라틴어로는 카두세우스(caduceus)라고 부르는 신성한 지팡이를 들고 다닌다. 신들의 '전령'인 헤르메스(Hermes) 신화에서도 그가 지팡이를 가지고 다니는 것을 볼 수 있다. 전령은 그리스어로 안겔로스(αγγελοζ, ángelos, 천사, 소식 전달자)라고 불리는 일반적인 메신저와는 다르다. 사회는 이 전령, 전문 메신저들에게 대사(ambassador)에 해당하는 지위, 일종의 반신반인의 지위를 부여했다. 그런데 스파르타인들은 페르시아의 전령들을 죽임으로써 이 원칙을 깨뜨렸다. 그리고 이것은 자국의 전령 집단에 대한 동일한 원칙도 파기된 것과 같은 효력을 발생시켰다.

치외법권의 원칙은 모든 국가의 메신저들을 보호해야 한다. 어느 쪽에서든 메신저들을 죽여서는 안 되는 것이다. 또 이 원칙은 시간이 흘러도 지속되어야 하며 후대에 계승되어야 한다. 그래야 미래의 스파르타 외교관들이 페르시아의 우물에 내던져지지 않을 수 있게 된다. 그러므로 어디에 있든지 메신저라면 치외법권의 보호 아래 있어야 한다. 탈티비오스는 국내에서든 국외에서든 권위있는 존재가 된다. 간 문화적 커뮤니케이터들을 위한 노동조합이 있다면, 그 조합의 책임자 격이라 할 수 있다. 그래서 그는 스파르타의 행동에 꽤나 분개했을 것이다.

> 이후 스파르타는 희생제사를 드려도 아무런 응답을 받을 수 없었다. 이런 상태는 꽤나 오랜 동안 지속됐고 스파르타인들은 이를 커다란 재앙으로 여겼다. 계속해서 회의가 소집됐고, 결국 다음과 같은 성명서가 발표되었다. 스파르타인 중 누가 조국을 위해 기꺼이 목숨을 바치겠는가 하는 것이다. 성명서에 대한 응답으로, 귀족 태생에 최고의 부를 자랑하던 시민이었던 아네리스토스(Aneristos)의 아들 스퍼시아스와 니콜라오스(Nicolaos)의 아들 불리스가 자원하였다. 둘이 스파르타에서 죽임을 당한 페르시아 전령들에 대한 빚을 갚기 위해 크세르크세스 왕에게 가기로 한 것이다. 스파르타인들은 이 두 젊은이를 메디아(Medes)에 보냈다.
>
> [헤로도토스 7권, 134, 맥컬리(Macaulay) 영역본에서]

하지만 이 오래된 영역본은 미세한 핵심을 놓치고 있다. 스파르타인들이 희생당해줄 누군가를 찾을 때, 전령을 사용해서 그렇게 했다는 점이다. "계속해서 사람들이 모였고, 그들은 전령을 통해 성명서를 발표했다"[펠베르바움(*Felberbaum*)영역본에서, 강조는 필자가]는 것이다. 속죄를 위한 행동의 촉구는 전령을 통해서 이루어졌다. 즉, 탈티비오스의 후예인 전문 메신저들에 의해서 그러한 요청이 이루어졌다는 것이다. 그러나 이 요청에 응답은 비전문가인 시민으로부터 나왔다. "귀족태생에 최고의 부를 자랑하던 시민"이 자원한 것이다. 왜 그랬을까? 스퍼시아스와 불리스가 전문 메신저들인가? 그들이 진짜 탈티비오스의 후예라도 되는 것인가? 짐작하건대 아니었을 것이다. 행동을 촉구한 이들에 대해서는 '전령의 목소리'라는 표현이 사용되었지만, 그 응답자에 대해서는 사용되지 않았다. 더 나아가 페르시아 메신저들을 죽인 것도 탈티비오스의 후예들이 아니다. 스퍼시아스와 불리스는 시민이었다. 물론 그들은 '귀족 태생'이었다. 즉, 그들은 이방인도 아니고 다문화가정에서 태어난 혼혈아도 아니었다. 또 가난하여 금전적 보상을 위해 위험을 감수해야만 하는 사람도 아니었다. '귀족 태생'의 시민이란 결코 혼혈(Blendlinge)일 수가 없다. 그렇기 때문에 이 두 젊은이들은 지극히 명예로운 '전령'이 되었다. 그들에게 주어진 임무는 단 하나였고, 그들이 전달할 메시지는 단 한 가지였다. 이 절대적 자주권을 가진 비전문 전령들이 그간 죽임을 당한 모든 메신저들을 위한 죄값을 치러야만 했다. 그들이 전할 메시지는 단 한 가지, 자기파멸이었다. 그들은 스스로를 죽을 운명에 내어 놓은 것이다. 그런데 그들이 '자원하였다'고 한 점을 주목할 필요가 있다. 그들이 '귀족 태생'이었다는 것은 하나의 자격은 될 수 있어도 이 임무를 완수하기 위한 필요충분조건은 아니었다. 조국을 대표하여 이 메시지를 전할 책임을 그들은 스스로 선택한 것이다. 그들의 선택이 얼마나 중요한지에 대해서는 다시 이야기하겠다.

지금까지의 이야기가 도출된 과정은 이러하다. 헤로도토스는 국제법 체제가 명시적이지 않았던 당시, 희생 제물이라는 수단이 통용되던 관례를 기반으로 하는 신화적 허구를 만들어 낸 것이다. 보호받을 권리가 있는 메신저들이 죽자 그들의 신이 화가 난 것이다. 헤로도토스는 모든 메신저에게 사회적 정체성을 부여했다. 그 정체적은 진정으로 간 문화적인 것이다. 이들은 전문 메신저들, 탈티비오스의 후예들이라 불리는 전령들이 자신들을 보호할 것을 보편규범에 호소한다. 결국 비전문적(non-professional)이며 단일문화적(mono-cultural)인 사회의 구성원들의 희생이 요구된다. 그리고 이들의 희생으로, 간 문화적 치외법권이라는 보편규범이 회복되었다.

이제 이 복잡한 이야기는 그만두고, 지금까지 논의한 사건들을 전통적인 윤리론에 입각해서 어떻게 해석할 수 있을지 살펴보도록 한다.

생존, 행복, 그리고 개인

서구적 사고의 윤리론에는 최소한 세 가지의 주요 목표가 포함된다. ① 해당 사회나 제도의 존립 (모세율법의 권위) ② 일반적인 행복 (그리스 철학의 목표) ③ 각 개인의 사회적 참여권의 인정 [칸트의 정언명령(categorical imperative)에 투영된 기독교적 이상]. 이 세 가지는 스파르타 이야기에서도 모두 발견된다.

'존립' 혹은 '생존'이라는 가치는 상대적인 지위만을 가진 것 같다. 이런 저런 사회가 (혹은 사회계급이) 이런 저런 윤리원칙을 고수한다. 오직 자신들의 재생산과 장기적 이해만을 추구한다. 민족지학자나 생태학자들은 그럼에도 불구하고 몇 가지 이유를 들어 '생존'을 어떤 특정 사회나 특정 사회계급의 이해를 초월하는 목적을 가진 것으로 여긴다. 이러한 집단적 초월성은 스파르타인 이야기에서도 잘 드러난다. 스퍼시아스와 불리스는 자신이 속한 사회와 문화간 커뮤니케이션의 통로가 존속되도록 하기 위해 자신들을 희생할 준비가 되어 있다. 그러므로 생존이라는 가치는 '스파르타'라는 사회를 구한다는 차원에서 상대주의적 가치인 동시에 모든 메신저를 구한다는 차원에서는 간 문화적 가치라고 할 수 있다. 동시에 생존은 고도로 개인주의적인 측면이 있다. 크세르크세스 왕이 스퍼시아스와 불리스를 죽이지 않았다. 그 둘의 용감함이라는 조건이 그들의 개인적 생존의 전제조건이 된 것이다. 그 둘이 메신저였든, 스파르타에서 왔든, 아니면 그저 잘 생긴 여행자들이었든 말이다.

생존에는 세 가지의 아주 다른 차원이 있다. 전체 사회의 생존, 특정(전문가) 그룹의 생존, 그리고 고귀한 개인의 생존이 그것이다. 만일 이 세 가지 차원의 가치가 서로 충돌할 때, 어떤 차원이 다른 차원에 우선하는 지 어떻게 결정할 수 있을까? 윤리를 논할 때, 생존은 일종의 공통분모와도 같은 것이다. 따라서 어떤 윤리적 결정이 정당화되기 위해서는 생존 이외의 다른 것이 추가되어야 한다.

스파르타 이야기에서 '행복'이라는 가치를 찾아볼 수 있는가? 그렇다. 메신저들을 보호하는 것은 일반의 행복에 기여한다. 먼저는 세계 모든 국가들에서 온 메신저를 보호하고, 또 문화간 커뮤니케이션에 관여하는 누구라도 보호한다. 이 행복은 한 사회의 틀을 초월하는 사회성 속으로 녹아 들어간다. 그런데 주목할 점은 스파르타에서는 이러한 행복은 개인에 관한 것이 아니라는 점이다. 추상적 전체로서의 사회적 차원, 타인의 행복을 위해 어떤 개인이 죽어도 괜찮은 것이다. 이런 식의 대속의 체계는 희생과 노예제도에 기반한 사회, 즉 사회 구성원 모두에게 동등한 가치를 부여하지 않는 사회에서 가능하다. 개인적인 행복이라는 개인주의적 개념이 상대적으로 부재한 곳에서는 한 개인의 희생이 실질적인 해결책이 될 수 있는 것이다. 스퍼시아스와 불리스의 개인적 운명은 이야기 초반에서는 중요하게 다뤄지지 않는다. 물론 마지막에 가서는 중요하게 되었다. 루시디와 그의 작품을 번역한 번역자들에게 있어 개인적 운명이란 것이 정말 중요했을까? 모두들 죽음을 향했다.

이 이야기에서도 개인주의를 발견할 수 있을까? 치외법권의 원칙은 분명히 정언명제의 일종으로 전문집단을 보호하기 위해 마련되었다고 할 수 있다. 타국의 메신저들을 "네 자신이 메신저일 때 대접받기 원하는 대로 대접하라". 번역에 적용하자면, "당신 자신의 글이 번역되었으면 하는 대로 남의 것을 번역하라"는 간단한 명제로 표현될 수 있다. 나는 이 아이디어가 번역 이론으로 발전된 것을 아직 보지 못했다. 어쩌면 이것은 실제 역사와 문화를 담기엔 너무나도 순수한 원칙인지 모르겠다.

크세르크세스 왕은 스퍼시아스와 불리스를 죽이지 않기로 결정하면서 이 명제를 의식했는지 모르겠다. 그러나 그의 행동은 곧 살펴보겠지만 모두에게 유효하게 받아들여졌던 것은 아니다. 게다가 그 원칙은 특정 집단에 제한적으로 적용되는 것 같다. 모든 개인에게 적용될 수 있다고 보기 어렵다. 여기에서 크레르크세르 왕은 그 누구도, 아무도 죽여서는 안 된다고 선언한 것은 아니다. 개인이라는 개념이 생존이라는 범주를 초월하고 있다고 볼 수 없다. 이 점에 있어서는 헤로도토스는 확실히 칸트주의자가 아니었던 것이다.

그렇다면 스퍼시아스와 불리스와 같은 이 영웅들은 얼마나 개인주의적이라고 할 수 있을까? 우리는 두 사람의 이름을 알고 있다. 하지만 그 이상은 없다. 둘은 개인적으로 빚진 것이 없음에도 공동체의 빚을 갚기 위해 '자원했다'. 이 이야기에서 스퍼시아스와 불리스는 자신의 죽음을 적극적으로 선택했다. 그들이 가진 개인주의는 자기 자신의 파멸조차도 계산하고 자원할 수 있는 주체성의 산물이었다. '국가, 법, 민족'이라는 추상적 주체의 행복을 위해 스스로를 희생하겠다고 이성적으로 판단한 것이다. 이와 비슷하게 서구적 번역전통에서 번역자들은 자기를 드러내는 인칭대명사의 사용을 '자발적으로' 포기한다. 번역할 때 번역자 자신을 가리키기 위해 '나'(I)라는 말을 쓰지 않는 것이다. 그들은 '타자로서의 나'(alien I)라고 일컬어지는 것을 사용한다. 소위 원천 텍스트라 불리는 대상과의 가상의 커뮤니케이션을 위해 번역자들은 상징적으로 자기를 희생한다. 이 선택이라는 개념은 '서비스적'이거나 '전문적'인 주체에 내포되어 있는 개인적 자유라는 개념으로 다시 돌아온다. 그런데 여기서 개인적 자유란 개인으로서 행동하지 않겠다고 선택하는 자유로, 그 개인은 한 사람의 개인으로서 인식되지 않을 자유를 가진다. 전문 번역자가 되겠다고 선택한 것이다. 누구를 대표하고, 누구를 구하기 위해서? 이 점에 대해서도 추후에 다시 논하도록 하겠다.

야코비, 스파르타인을 변호하다

많은 작가들이 이 이야기에 관심을 가져왔다. 야코비(Friedrich Heinrich Jacobi)는 아미요(Amyot)의 번역본[4]을 읽고 자기희생을 불사하는 두 스파르타인의 도전에 감명을 받았다. 멘델스존(Moses Mendelssohn)과의 서신에 기초하고 있는 그의 1785년 저작 『스피노자』(*Spinozabüchlein*)에서, 그는 스퍼시아스와 불리스가 국경을 넘어가서 주고 받은 대화에 특별히 주목했다.

스퍼시아스와 불리스는 타국 페르시아에서 두 번의 만남을 가졌다. 한 번은 플루타르크의 번역본에 나와있는 것처럼 크세르크세스 왕과의 만남이고, 다른 한 번은 페르시아 총독 히다르네스(Hydarnes) 장군과의 대화였다.[5] 이 두 번째 만남에 대해 야코비는 다음과 같이 묘사했다.

> 죽기로 자원한 스퍼시아스와 불리스가 페르시아 수사(Susa)에 도착했을 때, 그들은 히다르네스 장군의 궁에 가게 되었다. 히다르네스는 아시아 지방을 다스리는 총독이었다. 히다르네스는 그들에게 선물을 주고 연회를 베풀었으며 왕의 친구가 되어 달라고 설득했다. 그래서 장군 자신이 그러한 것처럼 페르시아가 주는 권위와 행복을 누리자고 제안한다. 그러자 스파르타의 두 젊은이들은 이렇게 대답했다. "장군님의 조언은 장군님이 경험(Erfahrung)한 바에 따르면 옳은 것이지만 저희가 경험한 바에 따르면 옳지 않습니다. 만약 장군님께서 저희가 누렸던 행복(Glück)이 무엇인지를 아신다면, 그것을 위해 모든 것(Gut and Blut)을 걸라고 하셨을 겁니다."
>
> (1785/1912: 179)[6]

여기에 나오는 행복이 앞서 우리가 살펴봤던 윤리적 목표로서의 행복일지도 모른다. 하지만 이것은 "당신은 우리가 가진 행복을 결코 알 수 없을 것이다"라고 하는 비교논리에 근거하고 있기 때문에 윤리적 관점에서 보면 대단히 불충분한 개념이다. 히다르네스의 입장에서는 가장 많은 행복을 보장하는 문화가 가장 윤리적이다. 좀 더 정확히 말하자면, 더 많은 행복을 제공할 수 있는 문화에 자신의 충성을 바치는 것은 윤리적으로 타당한 행동이다. 그렇다면 당신은 거기에 머물러야 하는가? 이 이야기에서도 잘 표현되고 있다시피 사람들은 행복을 다르게 평가한다. 행복은 그 사람이 어떤 충성심을 가지있고, 어떤 경험을 축적해왔는가에 따라 달리 평가되는 것으로 절대적 비교란 불가능하다. 편안하기 때문에 집에 머무는 사람의 행복을 누가 뭐라 할 수 있겠는가? 물론 주관적인 비교는 언제나 가능하다. 이 점이 이후의 논의에서 다시 필요하게 될 것이다.

야코비는 다음의 단락에서 그가 가진 가장 근본적인 관심이 무엇인지를 드러낸다. (텍스트를 구하기도 어려울 뿐만 아니라 번역이 잘 안 된 경우가 많기 때문에 필자의 번역본에서 발췌한다.)

> 히다르네스는 사실 이 두 열성분자를 조롱하고 있다. 현대를 사는 우리 중 누가 그들을 조롱하지 않겠는가? 하지만 두 스파르타인들이 열성분자도 아니고, 히다르네스가 틀렸다고 가정해보자. 이 스파르타인들은 알고, 우리는 놓치고 있는 것이 있는 거 아닐까? 그렇다면 우리는 그것이 무엇이냐를 떠나 스파르타인들을 조롱해서는 안 되는 거 아닐까?
>
> 스퍼시아스와 불리스는 히다르네스에게 “장군님은 참 어리석습니다. 머리가 좀 나쁘시군요” 라고 말했던 것은 아니다. 오히려 그들은 히다르네스가 그 자신의 완전하고도 선한 기준에 따라 현명하다고 말한다. 더욱이 둘은 자신들이 옳다고 생각하는 바에 근거하여 장군을 설득하려고 하지도 않았다. 대신 그들은 장군의 요청을 거절할 수 밖에 없는 이유를 설명했다.
>
> 이 두 스파르타인은 크세르크세스 왕과의 대면에서도 참으로 솔직했다. 자신들이 납작 엎드려야 하는 그 대상 앞에서 대범했던 것이다. 크세르크세스 왕은 그들을 죽이지 않았다. 대신 그들에게 자신의 친구가 되어달라고 했다. 자신이 누리는 행복(glückich)을 함께 누리자고 한 것이다. 두 메신저의 대답은 이러했다. “우리가 어떻게 우리의 조국과 조국의 법과 국민(solche Menschen)을 버리고 이 곳에서 살 수 있겠습니까? 조국을 위해 목숨을 바치려고 여기까

지 자원하여 오지 않았습니까?"

이 마지막 문장은 아미요가 번역한 플루타르크에서 발췌한 것이다. '우리의 국민'(solche Menschen)의 정확한 정체가 무엇인지에 대해서는 나중에 설명하겠다. 지금 시점에서 내 흥미를 끄는 부분은 야코비가 두 스파르타인의 행동을 변호하기 위해 아주 놀랍고도 낭만적인 방법으로 이 이야기의 내러티브를 포기하고 있다는 것이다.

> 스퍼시아스와 불리스의 사고와 판단력이 페르시아인들보다 못했을 가능성이 높다. 두 메신저는 무언가를 이해하고 판단하라고 부름 받은 것이 아니었다. 그들은 어떤 대상(things)을 위해 부름 받았고, 그것에 대한 흔들림 없는 충성(attachment)을 요구받았을 뿐이다. 둘 중 어느 누구도 자기의 용명을 과시하지 않았다. 단지 마음 속에 있는 감정과 신념을 고백했을 뿐이다.
>
> (1785/1912: 179-180)

야코비는 바로 이 '충성'(attachment)을 매우 높이 샀다. 야코비는 충성이라는 주제를 형식철학을 넘어 대단히 정서적이고 생동감 있는 것이라고 보았다. 그렇기 때문에 야코비는 이 이야기를 헤로도토스식의 서술과는 달리 급진적 개인주의의 관점에서 풀어나갔던 것이다. 야코비에게 있어 개인이란 선택을 하는 존재였다. 마음 깊은 곳으로부터 스스로 국가에 속할(belong) 것을 정하고, 또 그것을 위해 자신을 희생할 것을 결정한 것이다. 태생이나 소속 전문집단 혹은 간 문화적 가치 등은 부차적인 것이다.

이 관점에서 본다면, 이 이야기에 나오는 '국가, 법, 국민'은 단지 수많은 대상, '사물들'(things)에 불과한 것이다. 사물들은 윤리에서 별 다른 역할을 하지 않는다. 야코비는 신념을 따라 살았던 위대한 인물들에 대해, 그들은 주위를 둘러싼 것들의 비판에 맞설 능력이 있었다고 보았다. 예수, 마틴 루터 킹 목사 등과 같은 사람들은 동시대의 '국가-법-국민' 보다도 윤리적으로 더 고결한 사람들이 아니었는가 하는 말이다. 이렇게 해서 야코비는 사회적 생존이라는 단순한 자연주의적 사고(naturalism of simple social survival)나 칸트의 정언명령(categorical imperative)과 같은 추상적인 형식윤리 모두를 반대했다. 개인의 진실하고도 활기찬 삶을 억압하는 것이 바로 이러한 것들이라고 보았다.

야코비는 영웅의 주관적 자질, 내면의 삶을 강조함으로써 이 이야기를 상대주의적 관점에서 읽을 것을 제안했다. 이 스파르타인들은, 페르시아 총독이 페르시아에 속한 것과 마찬가지로, 스파르타에 속해 있다. 각자는 어디까지나 자기 자리에 속해 있고, 거기에 머물러야 한다. 왜냐하면 주관적인 가치 비교는 결국 여기 혹은 저기에 속해 있으므로써 이루어진다. 다른 사람의 충성이나 신념을 공유할 가능성은 없는 것이다. 개인들이 만나서 자신들의 고향에 대한 이야기를 나누고, 다시 저마다의 고향으로 떠나는 것이다. 이러한 교환에서는 기대할 수 있는 최선은 위대한 인물들에게서 그들 마음 깊은 곳으로부터 우러나오는 이야기를 듣는 것이다. 다시 덱커트의 이야기를 상기해보자. 그는 나치 번역자로서, '사물들' 대한 충성과 마음 속 감정을 드러낸 것이다. 주관적인 소속의 문제는 이처럼 모든 윤리적 문제를 해결하지 않는다.

다행스럽게도 스파르타의 이야기에 대한 다른 관점의 이해도 있다.

헤겔의 관점

헤겔은 『철학비판』(*Kritisches Journal*)에서 스퍼시아스와 불리스의 이야기에 대한 야코비식 독해를 비평하는데 두 페이지를 할애했다. 칸트의 도덕률에 대해서는 그에 대한 야코비의 비판을 언급하는 것으로 그쳤을 뿐이다. 헤겔에게 있어 칸트의 도덕률은 '폭군정치와 윤리와 미학의 파괴'만을 생산할 뿐이기 때문이다(1802/1968: 380). 헤겔은 칸트에 대한 야코비의 비판을 대부분 동의했다. 야코비는 '형이상학과 도덕률 일반'을 반대했는데 헤겔은 이러한 관점이 옳다고 생각했다. 또 야코비는 특정한 상황 속에서 추상적인 윤리에 반해야 했던 '살아 있는' 개인에 주목하였는데 이것도 잘한 일이었다고 했다. 헤겔은 또한 "인간이 법의 의지를 따라 만들어진 것이 아니고 법이 인간의 의지에 따라 만들어졌다"고 한 야코비의 주장에도 동의했다.

하지만 헤겔이 야코비에 동조하지 않은 것이 있다. 바로 모든 사회를 아무런 운동력 없는 완전히 부정적인 것으로 규정하고 있는 점이다. 마치 사회적 관계의 실제가 개인의 삶에 아무런 영향을 미치지 않는 것처럼 말이다. 그래서 헤겔은 스파르타의 메신저들에 대한 야코비의 해석에 반대했다. "야코비는 국가, 국민, 법이라는 가장 역동적인 것을 '사물'(things)로 규정했다!" (1802/1968: 382). 헤겔에게는 이것들은 죽은 것처럼 보이는 것도 아니었고, 또 경험적이기만 한 것도 아니었다. 그것들은 거룩한 것(heilige Dinge)이었고 가장 위대한 필연이었고 윤리적 자유를 향한 가장 위대한 열망이었다(382). 두 스파르타인들이 그러한 것들을 위해 죽기로 한 것은 윤리적으로 옳은 일이었던 셈이다. 때로는 가장 가치 있는 것을 보호하기 위해 죽음을 불사할 수도 있는 것이다. 그것은 헤겔의 변증법(Hegelian dialectics)에 따르면 정당한 것이었다.[7)]

헤겔의 이 같은 논의는 이후 루카스(Lukács)에게 계승되었다. 그는 사회적 행동은 객관적인 동시에 살아있으며, 이성적인 동시에 개인적이라고 주장했다. 루카스의 관점은 다음과 같이 요약된다. "윤리적 미학은 두 가지 측면을 필요로 한다. 개인이 직접 살아낸 경험적 측면과 법, 일반성, 객관성이라는 형식적 측면이 그것이다. 경험이 뒷받침되지 않으면 윤리는 생명 없는 개념에 국한된다. 칸트의 절대적 형이상학이 주장하는 법이나 일반성 혹은 객관성에 대한 형식적 개념은 그것을 다른 모든 것들로부터 배제함으로써, 그것의 활기를 저해하고 결국 그것을 말살한다”(1948/1967: 2, 21).[8] 윤리적 미학은 개인이 사회 안에서 살아가며 그 사회와의 관계에 대하여 자신을 이야기할 때에만 탄생할 수 있는 것이다. 헤겔과 루카스의 관점에서 고립된 개인은 칸트의 윤리학만큼이나 추상적이고 생명력이 없는 것이다.[9]

나는 기본적으로 이 논점에 동의하고, 이것으로부터 슐라이어마허의 이분법에 대한 거부를 정당화한다. 번역은 사회적 맥락 속에 있기 때문에 객관적인 결정들을 넘어설 필요가 있다. 또 나는 고립된 개인에게는 어떠한 윤리도 작용할 수 없다는 데 동의한다. 그러나 고립된 번역자라는 개념은 상상하기 어렵다. 사회적인 것을 그것이 가진 모든 차원에서 가치판단해야 한다는 데에 동의한다. 우리가 다루는 것은 결국 커뮤니케이션이다. 그러나 나는 중개자에게 있어 가장 가치 있는 삶이란 ‘국가, 국민, 법’의 삼위일체적 요소들에 관련되어 있다는 헤겔의 사고에 대해서는 받아들이기 어렵다. 나는 이 세 가지를 ‘가장 살아있는’ 것으로 보지 않기 때문이다.

이 점을 설명하기 위해 다시 스파르타의 이야기로 돌아가고자 한다. 헤겔은 스파르타인들이 총독을 만났던 장면에 가장 관심을 보였다. 이 부분은 내 다음의 논지를 이야기하는 데도 도움이 된다.

총독에게 한 답변

헤로도투스는 두 스파르타인이 페르시아 총독이자 아시아 해안 수비대를 총괄하는 히다르네스를 먼저 만났다고 기술한다. 하다르네스 장관은 다음과 같이 말했다. “라세데모니아(Lacedemonia, 스파르타)인들이여, 페르시아 크세르크세스 왕의 친구가 되어달라는 제안을 거부하는 이유가 무엇인가? 당신들이 여기 서 있는 내가 어떤 상태(appearance)인지를 보고, 내가 하는 일들을 본다(look)면, 그가 가치 있는 것들을 얼마나 높이 평가하는(honor value) 지도 알게 될 것이다." 이것은 분명히 반역하라고 종용하는 것이 아니라 우정관계로 초대하는 것으로 보인다. 그런데 이 요청은 참 이상한 용어들로 제안되었다. 겉모습(appearance, look)과 가시적 보상(honor value)에 관계된 용어들로 이루어진 것이다. 교환의 외적 측면이다. 그 이상이 아니다. 결국 이것은 겉모습을 치장하고 사업하기에 바쁜 혼혈(Blendlinge)로의 초대이다. 여기에 대한 스파르타인들의 답변은 다음과 같다. 이번에는 헤로도토스의 번역으로 보겠다.

> 히다르네스 장군님, 장군님의 제안은 페르시아(this)와 스파르타(that)에 대한 동등한 차원의 지식을 가진 사람의 충고가 아닙니다. 장군님은 페르시아(one)에 대한 경험은 있지만, 스파르타(the other)에 대한 경험은 없으시지 않습니까. 장군님은 복종이 무엇인지는 알지만, 자유가 무엇인지 맛보신 적이 없기 때문에, 자유가 단맛인지 쓴맛인지를 모르시는 것 같습니다. 장군님께서 자유의 맛을 보셨다면, 아마도 자유를 위해 힘껏 싸우라고 하셨을 것입니다.
>
> (7권, 135)

여기서 기억해야 할 것은 야코비는 이 답변이 가진 주관성을 포착하였다는 점이다. "두 스파르타인에게 철학이 있었던 것은 아니다. 두 스파르타인은 그저 그들의 마음에서 나오는 감정과 추론적 판단을 이야기한 것뿐이다." 이에 대한 헤겔의 답변은 다음과 같다.

> 여기서 우리가 볼 수 있는 것이 두 스파르타인의 경험과 감정, 충성심뿐인가? 여기에는 총독을 향한 조롱도 섞여 있다. 두 스파르타인은 자신들의 경험과 충성이 본인들에게 특별한 것처럼 총독의 경험과 충성 역시 그에게 특별하다고 말하고 있다. 이처럼 주관이라는 형식을 통해, 총독의 제안에 대한 반대의사를 표시하고 있다.[10)]

두 스파르타인은 균형(symmetry)을 강조한다. 그들에도 조국이 있고, 히다르네스 장군에게도 그의 조국이 있다는 것이다. 헤겔은 이 균형을 순전히 전략적인 것으로 보았다. 이렇게 가설적으로 상정한 상대편의 주관은 자기편의 주관과 대립한다. 스타르타인들은 자기들의 충성이 어디로 향하고 있는지를 말한다. 총독이 이미 자신의 것을 이야기했기 때문이다. 헤겔에게 중요한 것은 충성심의 대상인, 살아있는 존재로서의 국가 그 자체이다.

헤겔은 이 같은 균형전략을 크세르크세스 왕에 대한 두 스파르타인의 대답에서도 발견한다. "스파르타인들은 왕에 대한 경의를 표하기 위해 일종의 쇼를 펼친다. 자신들에게 그러한 것처럼 왕에게 가장 신성하고도 객관적인 것, 즉 국가, 국민, 법에 대한 부름을 이야기하는 것이다" (381-82). 총독과의 대화에서 가장 중요했던 것은 자유(freedom)였다. 그런데 왕 앞에서는 문화적 특수성을 구성하는 삼위일체적 요소인 국가와 국민, 법을 이야기한다. 스파르타인들은 각각 청자가 듣고자 하는 바를 말한 것이다. 그들이 한 일은 대화(dialogue)와 협상(negotiation), 심지어는 유혹(seduction)이라고도 표현할 수 있겠다.

이러한 유형의 전략적 사고는 내가 이어나갈 논의를 여는데 도움이 된다. 먼저 나는 헤겔이 국가라는 신화에서 얼마나 빨리 논리적 타당성을 상실해버리는지를 지적할 필요가 있다. 스파르타 이야기의 핵심이라고 할 수 있는 간 문화적 주관, 전략적 주관이 어떻게 형성되어가는 지를 이야기하면서 말이다.

스파르타 이야기에서 나오는 비현실적 균형을 포착했다면, 헤겔은 이 균형을 현실적으로 보고 논리를 전개해가고 있음을 알 수 있다. 헤겔은 모든 국가의 구성 요소라고 할 수 있는 국가, 법, 국민이라는 가치에 관심을 가졌다. 이 이야기에 대한 헤겔의 이해는 게르만식 민족주의(Germanic nationalism)에 기반을 두고 있다고 할 수 있다. 헤로도토스에게서 인용하자면, 두 스파르타인이 "우리의 땅, 우리의 법, … 그리고 그 사람들"(unser Land, unsere Gesetze […] und solche Menschen)의 부름을 받았다. 헤겔은 이 문구를 "국가, 민족, 법"(Land, Volk und Gesetze)이라고 바꾸었다. 그 다음에는 "조국, 민족, 법"(Vaterland, Volk und Gesetze)으로 구체화한다. 그리고 최종적으로는 "국민의 법"(die Gesetze eines Volkes)이라고 해석한다. 결국 '민족'(Volk)과 '조국'(Vaterland)으로 수렴된 것이다. 우리는 여기서 슐라이어마허와 같은 민족주의자들에게 필요한 핵심요소를 파악할 수 있다. 여기서 정말로 간과하고 있는 것은 언어의 역할인 것이다. 또한 야코비가 아주 간단하게 "그 사람들"(solche Menschen)이라고 언급한 것을, 헤겔은 정당한 모든 권리를 가지고 집에 머무는 자로 구체화했다. 야코비에게 있어 '그'라는 이 단어는 그저 한 국가에 속한 사람들을 의미하는 것 이상도 이하도 아니다. 이 이야기에 대한 비평에서 루카스가 지적했듯이, 헤겔에게 있어 "윤리적이고 절대적인 총체는 다름 아닌 바로 국민(Volk)이다"(376).[11] 이제 민족주의자의 단일문화를 살펴볼 차례이다. 혼혈(Blendlige)이나 간 문화적 대화 혹은 전략적 사고는 어떻게 된 것일까?

헤겔은 이 점을 파고들 열쇠를 발견했다. 그리고는 그 열쇠를 민족주의 아래 숨겨 버렸다.

크세르크세스 왕의 결정

이 이야기에 대한 고전적 논평들은 지금까지 살펴본 철학적 독해들과는 달리 대부분 스파르타의 입장보다는 크세르크세스 왕의 결정에 더 비중을 두고 있다. 크세르크세스 왕이 스퍼시아스와 불리스를 죽였다면 그것은 타당한 일이었을까? 이 질문은 윤리적으로 흥미로운 것이다. 크세르크세스 왕이 두 스파르타인을 죽인다면 그것은 외교관 면책특권을 위반하는 것이 된다. (하지만 두 스파르타인이 과연 진정한 의미에서의 메신저인가?) 이와 반대로 죽이지 않는다면 그것은 또한 스파르타 사람들의 고통을 연장시키는 결과를 초래할 것이다. 헤로도토스는 크세르크세스 왕의 결정을 다음과 같이 설명한다.

> 크세르크세스왕은 두 스파르타인들의 말을 듣고 관대한 마음으로 대답한다. 그 둘을 동일한 처벌로 벌하지 않겠다고 한 것이다. 스파르타인들은 메신저를 죽여서는 안 된다는 보편규범을 어겼다. 하지만 페르시아 왕은 스파르타가 비난받아 마땅한 행동과 동일한 처분을 그들에게 내리지 않겠다는 것이다. 즉, 이 두 젊은이의 생명을 취함으로써 대가를 받으려 하지 않고 둘을 놓아주었다. 이렇게 해서 스퍼시아스와 불리스는 목숨을 대가로 지불하지 않았지만, 티비오스의 분노를 달랠 수 있었다.
>
> (7권, 136)

르그랑(Legrand)의 번역에는 다음과 같은 주석이 달려있다. "크세르크세스 왕이 원했던 것은 스파르타가 속죄 절차를 시작해야만 했던 상태에 그대로 있게 하지 않는 것이었다. […] 그는 관대하게도 '눈에는 눈, 이에는 이'로 대표되는 복수법(lex talionis)을 두 스파르타 젊은이들에게 적용하지 않았다. 이것은 그 둘의 용기에 감명을 받았기 때문이다. 아미요가 번역한 플루타르크를 보면 크세르크세스 왕이 "두 스파르타인의 용기에 감명을 받아" 죽이지 않기로 결정했다는 점을 강조하고 있다.[12] 두 젊은이들은 용기가 있었고, 크세스크세스 왕은 거기에 감탄했다. 그러므로 크세르크세스 왕 또한 존경 받을만한 것이다. 이것이 또 다른 가상적 대칭을 의미하는 것일까?

그런데 크세르크세스 왕의 '관대함'을 나타내기 위해 사용된 단어, 'megalophrosyne'은 헤로도토스가 크세르크세스의 교만(pride)을 묘사하면서 사용했던 단어이기도 하다(7권, 24). 왕이 굳이 필요하지도 않은 운하를 건설하는 장면을 묘사하며 헤로도토스는 그것을 교만함으로 표현했던 것이다. 이후 크세르크세스 왕은 스파이 세 명의 목숨을 살려줌으로써 적들에게 페르시아의 힘을 노출하게 되는데 이때에도 같은 표현이 사용되었다(7권, 146-147). 그래서 몇몇 독자들(Macan(마칸) 1908/1973, Vandiver(밴디버) 1991)은 크세르크세스 왕이 교만했기 때문에 스퍼시아스와 불리스를 살려준 것이라고 주장하기도 한다. 크세르크세스 왕은 실은 스파르타인들에게 더 많은 고통을 안겨주기 위해 그들이 바라던 바대로의 처분을 하지 않은 것인지도 모른다는 것이다. 탈티비오스의 분노가 누그러졌다면, 그것은 두 스파르타인의 용기 있는 행동 때문이지, 크세르크세스 왕의 관대함 때문은 아니었다.

이런 식의 해석은 헤겔의 분석과 맥을 같이 한다. 스퍼시아스와 불리스가 왕에게 조국, 국민, 법(Vatherland, Volk, und Gesetze)을 말한 것은, 그것들이 스파르타인에게처럼 크세르크세스 왕에게도 신성하기 때문이다. 왕은 조국의 이익에 따라 결정을 내릴 수 밖에 없었을 것이다. 두 국가 간에 대칭은 논리적으로 양 측을 저마다의 교만으로 귀결하게 했을 것이다. 민족주의자의 윤리에 따르면, 스파르타의 속죄 요청에 대한 크세르크세스 왕의 거절은 전적으로 타당하다.

헤로도토스는 크세르크세스 왕과의 만남으로 장기 해결책이 도출된 것은 아니라고 주장한다. 탈티비오스의 분노는 "그저 잠시" 누그러졌을 뿐이기 때문이다. 탈티비오스는 한 세대가 지난 후인 B.C. 430년에 다시 깨어날 참이었다. 그때 스파르타 메신저들이 아시아로 가는 중에 아테네인들에게 붙잡혀 죽임을 당하게 되기 때문이었다. 전승에 따르면 이들 중 불리스의 아들인 니콜라오스(Nicolaos)와 스퍼시아스의 아들인 아네리스토스(Aneristos)도 있었다고 한다. 헤로도토스는 여기에 대해 "이 일은 분명히 신의 뜻에 따라 되어진 것이다"(7권, 137)라고 했다. 다시 한번 말하지만, 간 문화적 규범은 신들의 뜻으로 표현되고 있다.

물론, 루시디의 번역자들이 겪은 고통에 근거해 생각해 본다면, 아테네인들의 복수 대행으로도 페르시아인들의 복수심을 완전히 잠재웠던 것은 아니었던 것 같다. 여기서 다시 한번 강조하지만, 진정한 간 문화적 윤리는 신들의 개입이 이루어질 때까지 잠자코 기다릴 수 있는 사안도 아니다. 크세르크세스 왕의 딜레마를 해결할 수 있는 좀 더 합리적인 방법을 찾아야 할 것이다.

간 문화적 의사결정을 위한 요소들

이제 확실한 해답을 찾지 못했던 질문 가운데 하나를 다시 살펴보고자 한다. 스퍼시아스와 불리스가 정말로 메신저들인가? 만약 그들이 메신저라면 크세르크세스 왕은 그들을 죽이지 않아야 하는 타당한 근거를 갖게 된다. (메신저를 죽이는 것은 법에 반하는 것이니까!) 하지만 그들이 메신저가 아니라면 크세르크세스 왕은 스파르타의 속죄 절차에 호응할 수도 있고 그러지 않을 수도 있다. 그의 결정은 번역자 윤리와는 관계가 없을 것이다. 전략적 사고의 관점에서 생각해 볼 때 크세르크세스 왕의 결정 이면에는 자존심 이상의 그 무엇이 있었을 것이다. 크세르크세스 왕이 스퍼시아스와 불리스에게 페르시아에 살라고 제안한 것은 아마도 그들이 진짜 메신저인지를 알아보기 위한 목적 때문이었을 것이라고 가정해볼 수 있다. 아마 브레히트(Brecht)라면 이 이야기를 그런 식으로 썼을 것이다. 스파르타인들이 왕의 제의를 받아들인다면 그것은 자기들은 진정한 메신저가 아님을 증명하는 셈이 된다. 그리고 크세르크세스 왕은 그들을 면책특권(diplomatic immunity)의 규범에 반하지 않고도 죽일 수 있게 된다. 두 스파르타인이 그 제안을 거절한다면, 실제로 그렇게 했지만, 그들은 내적으로는 어떨지언정 형식적으로는 공식적인 메신저가 되고, 목숨을 부지하고 달아날 수 있을 것이었다. 그리고 실제로 그들은 그렇게 했다.

이런 관점에 따르면 스퍼시아스와 불리스는 "예" 혹은 "아니오"로 대답해야 한다. 어떤 대답을 하느냐에 따라 그들은 전령(herald)이거나 아니면 그렇지 않게 된다. 여기서 우리는 슐라이어마허의 이분법을 다시 한 번 보게 된다. 충성(fidelity)이냐 반역(treason)이냐의 경계, 한 국가와 다른 국가 사이의 경계를 말하는 것이다. 하지만 스파르타인들의 대답은 질문만큼 간단하지가 않았다.

헤로도토스가 주목하고 있는 것처럼, 다음과 같이 가정해보자. 스퍼시아스와 불리스가 정말로 "귀족에 부유한" 시민에 불과하고 메신저들이나 전문 메신저 집단과 별 관계가 없는 사람들이라는 가정이다. 그들은 탈티비오스를 조상으로 둔, 날 때부터 메신저인 진정한 전령들은 아닌 것이다. 하지만 이야기의 끝에 가면 그들은 메신저가 되었다고 할 만하다. 크세르크세스 왕의 제안을 거절해서만은 아니고 또 다른 이유를 생각해볼 수 있다. 바로 그들의 아들들, 아테네 사람들이 죽인 그 아들들은 진정한 메신저였다고 할 수 있다. 따라서 스퍼시아스와 불리스는 선조들의 계보에 의해서가 아니라 자손들의 계보를 따라 메신저가 되었다. 이렇게 그들의 지위는 바뀌었고, 그것이 모든 것을 바꾸어 놓았다.

그렇다면 스퍼시아스와 불리스는 번역자가 되었다고도 볼 수 있는가? 그들의 이야기를 다루고 있는 어떤 번역본에서도 언어 문제나 번역자의 필요성이 언급되지 않았다. 국제 공용어가 사용되었을 수도 있고 이야기 전달자들이 언어에 관한 문제는 간과했거나, 메신저 자체가 번역자의 일종이었을 수 있다. 번역자들은 자신들을 위해서는 번역자를 필요로 하지 않은 사람들이기 때문이다.

지금까지 이 이야기에 대한 다양한 독해들에서는 고정적인 정체성을 전제했다. 페르시아인이거나 스파르타인이거나, 메신저이거나 메신저가 아니거나, 드레퓌스(Dreyfus)가 프랑스인이거나 아니면 독일인이었던 것과 마찬가지다. 데카르트는 번역자였거나 번역자가 아니었던 것과 마찬가지이다. 이것은 우리가 혼혈(Blendlinge)을 간 문화적 주체로 규정하기에 앞서 제기했던, 근원적인 이분법이다. 그럼에도 불구하고 혼혈(Blendlinge)라는 개념은 출생이나 유전적 요소에 따라 미리 결정된 것으로 이해된다. 되어져 가는(becoming) 문제라기보다는 되어진(being) 문제인 것이다. 이 개념에 대한 우리의 이해는 국가(nation)의 어원이 되는 출신(natio), 즉, 생득권(birthright)의 차원을 뛰어넘지 못한다. 하지만 여기에서 중개자가 가지는 차별성은 선재(先在, pre-existing)하는 조건들로부터 나오는 것이 아니라 특정 시간과 장소에서 벌어진 것으로부터 나온다는 점이다. 이 점은 번역자에 대해서도 비슷한 이야기를 할 수 있는데 메신저가 되기 위해서는 그가 간 문화적 상황으로부터 유래한다는 설명만으로는 충분하지 않다. 메신저가 되는 출발점으로서 다문화성은 충분하지 않다. 다른 무언가가 필요하다.

스파르타인들의 이야기로 돌아가보자. 정확히 언제 그들은 메신저가 되었을까? 크세르크세스 왕에게 그들이 한 이야기를 되새겨보자. "어떻게 우리가 우리의 조국과 법과, 민족(our own country, our laws and such people)을 저버릴 수 있습니까? 그들을 위해 죽기로 자원하여 이 긴 여정(such a long voyage)을 왔는데 말입니다." 국가, 법, 국민도 물론 중요하다. 하지만 거기에는 네 번째 요소가 필요하다. 헤겔 윤리학에서조차 간과되어 있는 부분이다. '이 먼 여정'(such a long voyage)이란 무엇인가? 여기에는 작은 역설이 숨겨져 있다. '민족'(such people)이 그렇게 중요하다면, 그들에게서 떨어져 어떻게 살 수 있을까? 하지만 우리는 이민자의 설움을 겪으면서도 외국에서 일을 한다. 본국에 송금하면서 말이다. 우리에게 가장 가치 있는 것을 보내는 것이다. 이러한 가치의 역설은 교환을 통해 형성되지 않는다. 여정 그 자체가 '그러한 사람들'에게, 즉, 민족에게 가치를 가져다 준다. 여정은 멀리 떠나는 사람들에게는 통과 의례와 같은 것이다. 단지 길을 떠났기 때문이 아니라, 그 여정으로부터 창출되는 어떤 가치를 배움으로써 스퍼시아스와 불리스가 메신저가 된 것 아닐까? 먼 거리를 여행하고 정복함으로써, 문화적 타자와 조우함으로써, 그들은 단순한 자기희생 그 이상의 메시지를 배우게 된 것이다.

페르시아 수사에서 그들이 히다르네스 장군에게 한 말을 통해 이 점을 확인할 수 있다. 스퍼시아스와 불리스는 자기들을 "여기 페르시아(this)와 저기 스파르타(that)에 대한 동등한 수준의 지식"을 가진 사람들로 소개하였는데, 이것은 암묵적으로 여행해보지 않은 사람들(listener), 양국 모두에 대한 지식을 갖지 않은 사람들과 자신들을 대조하고 있는 것이다. 세계주의자(cosmopolitan)이자 보편주의자(universalist)인 헤로도토스의 관점에서는 스파르타 체제가 더 나은 체제였다. 이런 관점에서 두 스파르타인들은 그간의 경험과 합리적 추론으로 페르시아 대신 자국의 자유를 선택한 것이다.[13] 이러한 선택은 '이것'과 '저것'에 대한 지식이 모두 있는 간 문화적 위치에서만 이루어질 수 있다. 스퍼시아스와 불리스는 여기에서 저기로 이동하는 여행을 했고 선택할 수 있는 능력을 갖게 된 것이다. 반면 히다르네스는 한 가지 문화만 알고 있었기 때문에 그러한 선택의 근거를 이해할 수도, 선택할 능력도 없었다. 상황은 지극히 비대칭적이다. 헤겔이 정의한 전략적 대칭에도 불구하고, 우리가 들여다 본 장면은 결코 동등한 입장에 있는 사람들간의 대화가 아니다. 스퍼시아스와 불리스는 먼 여정을 경험했다. 이것이 그들이 가진 특별한 지식의 기초였고, 윤리적인 동시에 합리적인 결정을 내릴 수 있는 능력의 원천이었다. 또한 이것은 그들이 전달하는 내용, 즉, 자유를 선호할 수 있는 조건이었다. 결정에 필요한 모든 사항을 고려하고 크세르크세스 왕과 히다르네스 장군 앞에서 섰을 때, 그들은 더 이상 '일개 시민'이 아니었다. 이주(displacement)했기 때문에, 또 먼 거리(distance)를 여행하는 데 자신들의 에너지를 투자했기 때문에 스퍼시아스와 불리스는 효과적으로 전달할 수 있는 메시지를 얻게 된 것이다.

이런 유형의 메신저들은 번역자들과 닮은 점이 있다. 번역자들도 태생만으로는 그 역할을 하기에 충분한 조건을 갖추지 못한다. 번역자가 된다는 것은 먼저 여행을 해야 함을 의미한다. 물리적으로 여행할 수 있는 것이 아니라면 문화적으로라도 말이다. 그런 다음에야 일종의 혼혈(Blendling)이 되는 것이다. 먼저 장소를 옮기는 노력을 해야 한다. 단순히 물리적으로가 아니라 언어를 배우고 문화를 배움으로써 옮겨가야 한다. 사람들은 번역자로 태어나는 것이 아니다. 물론 어떤 번역자들은 이미 간 문화적인 위치에 있는 가족 안에서 태어났을 수도 있다. 번역자는 타고나거나(native) 자연적으로(natural) 되는 것이 아니라 오히려 다른 문화를 향해 여행함으로써 독특한 유형의 혼혈(Blendling), 독특한 유형의 메신저가 되는 것이다.

스퍼시아스와 불리스는 먼 거리를 여행하여 이러한 지위를 얻었기 때문에 거기에 맞는 존중을 받을 자격이 있다.

크세르크세스 왕이 두 스파르타인을 죽이지 않은 데에는 다양한 이유가 있을 수 있다. 어떤 이면적 동기가 있어서이든 그가 교만했기 때문이든 말이다. 스퍼시아스와 불리스가 메신저였다면, 크세르크세스 왕은 반드시 지켜져야 하는 보편규범을 관대한 정신으로 재수립한 것이다. 만일 그들이 메신저가 아니었다면, 그들이 만일 우리가 만족스럽게 정의 내리지 못한 다른 어떤 존재였다면, 즉, 두 문화를 비교할 능력이 있고 그것에 대해 이야기할 수 있는 존재라면, 크세르크세스 왕의 제안은 문화간 대화를 여는 시발점이라고 할 수 있을 것이다. 크세르크세스 왕은 반역의 혐의를 조장하려 하거나 죄 없는 사람을 죽이려고 하지 않았다. 그가 두 스파르타인들을 곁에 두고자 했다면 그것이 새로운 것을 알기를 위함은 아니었다고 어찌 말할 수 있겠는가? 계몽된 군주로서 모든 문화는 생존을 위해 다른 문화와의 교류가 필요하다는 것을 어찌 몰랐겠는가? (Even-Zohar(이븐-조하르) 2008 참고). 역동적인 커뮤니케이션은 결국 자기 이익을 위해 시작되는 것이다.

이 경우 스퍼시아스와 불리스는 크세르크세스 왕과 함께 머물러야 했을 것이다. 만약 이런 상황에 적용되는 죄가 있다면, 한번 잘 살펴봐야 할 것이다. 왜 그들은 스파르타로 돌아갔을까? 일종의 명예전령으로서, 그들은 다른 메시지를 전달하는데 어려움을 겪었을 것이다. 하지만 그들이 페르시아에 머물렀다면 스파르타의 입장에서는 두 명의 젊은이를 잃은 셈이 된다. 아마도 반신반인의 화를 누그러뜨리기에는 충분했을 것이다. 더 중요한 점은 헤겔이 지적한대로, 스퍼시아스와 불리스가 참 잘 시작한 문화간 대화를 지속할 수 있었을 거라는 점이다. 실제로 페르시아의 정복적 야욕 앞에서 스파르타의 자유를 선언하는 것보다 더 고귀한 일이 어디 있겠는가? 하지만 빛이 있는 곳에 그림자가 있게 마련이다. 스파르타로 돌아가는 것, 즉, 고국의 안락한 행복으로 돌아가는 것은 대화를 단절하는 것이다. 메신저를 죽인 사람들의 죄를 연장하는 것이고, 적대적인 두 주권국 간의 대결구도를 다시금 명백히 하는 일이다. 여기에서 무슨 윤리적 미학을 찾을 수 있겠는가?

이러한 점들을 고려해 볼 때 스퍼시아스와 불리스는 크세르크세스 왕의 제안을 받아들였어야만 했다. 150년 뒤에 알렉산더의 대원들이 히다르네스의 도시인 수사에서 한 것처럼 말이다. 그들은 페르시아 여인들을 아내로 맞이하여 혼혈(Blendlinge)을 생산하고, 메신저들만이 아니라 문화간 대화를 증진할 수 있는 다양한 간 문화적 집단들의 권리와 의무가 무엇인지를 구체화했어야 했다. 그들은 그저 자기의 목숨을 내놓는 것보다 더 적극적이고 역동적인 역할을 할 수도 있었고, 진정한 중개자인 번역자들을 생산해 낼 수도 있었을 것이다.

그러나 스퍼시아스와 불리스는 고국으로 돌아갔다. 여행에서 충분히 배우지 못한 것이다. 그 죄는 속죄받지 못한 채 그대로 남아 있다.

번역자가 단순한 메신저가 아닌 이유

스퍼시아스와 불리스는 과거에 벌어진 죄를 속죄할 수도 있었고 그렇게 하지 못할 수도 있었다. 그들은 페르시아와 스파르타 사이의 관계를 향상시킬 수도 있고 악화시킬 수도 있었다. 그들에게는 선택의 여지가 있었고, 그렇기 때문에 일종의 책임을 가진다. 물론 그들은 그 임무를 발생시킨 과거의 사건에 대한 책임을 져야했던 것은 아니다. 하지만 그들은 현재 상황에서 할 수 있는 일에 대해서는 책임을 져야했다. 이러한 관점에서 스퍼시아스와 불리스는 단순한 전문 메신저, 그 이상을 대표한다.

악마의 시를 번역한 번역자들이 그들이 번역한 내용에 대해 책임이 있을까? 자유주의적 윤리관에 따르면 어떤 종류의 책임감도 전제하기 어렵다. 의사들은 자기가 진단한 병에 대해 책임이 없고, 변호사들은 의뢰인의 죄에 대하여 책임이 없다. 스퍼시아스와 불리스가 죽임당한 페르시아 전령들에 대한 책임이 없는 것처럼, 번역자는 그들이 작업을 하기 전 쓰여진 원작에 대해서는 책임이 없다. 하지만 루시디의 번역자들이 자기들의 손에 주어진 텍스트를 가지고 무엇을 하였느냐에 대하여는 분명히 책임이 있다. 모든 번역자들이 그것을 번역할지 하지 않을지를 결정하는 그 순간부터 작업한 것에 대하여 책임을 지는 것처럼 말이다. 간 문화적 윤리를 엄밀하게 적용할 때, '악마의 시'를 번역한 번역자들의 책임은 그 시의 저자나 그것을 출판하기로 결정한 편집자들의 책임보다 결코 가볍지 않다. 같은 맥락에서 나치 번역자인 덱커트가 자신이 독일어로 번역하기로 선택한 아우슈비츠 거짓말에 대하여 책임이 없다고 말할 수는 없다. 여기에서 번역자들은 단순한 메신저들이 아니다. 봉인이 된 채로 봉투를 전달하는 것이 아니라, 그 정보에 대하여 작업하고 그것을 어떻게 보여줄지를 선택한다. 선택권이 있으므로, 책임도 있는 것이다.

여기에서 나는 '책임'이라는 말이 반드시 '죄의식'을 가리키는 것은 아님을 서둘러 덧붙이고자 한다. 죄의식은 무언가 좋은 일을 해야 할 책임에 관계된다. 동등한 책임의 원칙은 그럼에도 불안정한 개념이다. 서구의 주류 자유주의자들은 덱커트는 범죄자로, 루시디의 번역자들은 피해자로 보고자 할 것이다. 그래서 서구 자유주의자들은 두 사례가 어떤 식으로든 호환 가능한 예시라고 생각하기를 거부할 것이다. 또 이속 편한 자유주의자들은 덱커트의 선택은 언론의 자유에 따른 것이었으며, 루시디의 번역자들은 종교를 근거 없이 비난한 것이라는 주장에 대해서는 일고의 가치도 없다고 생각할 것이다.[14] 하지만 우리가 만일 간 문화적 공간 안에서 작용하고 있다면, 우리는 바로 그런 문제제기, 다른 한쪽에서는 지극히 당연하게 여기는 것에 의문을 제기하는 것을 받아들여야만 한다. 하지만 번역자 윤리는 내용에 대한 그 같은 의문을 해소할 목적으로 논의되고 있는 것이 아니다. 번역자 윤리는 국지적 성격을 가진 것으로서 문화간 커뮤니케이션의 원칙을 철저히 고수해야 할 것이다. 범죄자와 희생자의 구분은 다른 영역의 이야기이다. 우리의 논의 대상이 아니다.

하지만 한 가지 문제가 있다. 책임이 있다면 누구에 대하여 책임이 있다는 것인가? 덱커트는 독일인이므로 독일법에 대하여만 책임이 있는 것인가? 만약 이 책임이 도착문화에만 국한된다 주장한다면, 그것은 지금까지 내가 번역자의 간 문화적 지위에 대해 말했던 모든 것을 전적으로 부정하는 셈이 된다. 글로벌 텔레커뮤니케이션 시대인 오늘날에도 국경을 넘나드는 메시지를 완전히 제어할 수 있는 단일법은 존재하지 않는다. 나치 선전물은 인터넷과 위성 통신을 통해서 점점 더 활발하게 독일법을 빠져나간다. 중화인민공화국에 들어가는 인권 담론의 수는 점점 더 증가할 것이다. 이런 상황 아래서 번역자의 책임은 도착국가(receiving society)의 법에만 국한될 수 없을 것이다. 그것은 번역자의 작업 자체가 간 문화적인만큼 거기에 따라 논의되어야 할 것이다.

업데이트: 모나 베이커와 동기의 순수성

1995년 재심에서 귄터 덱커트는 '위험한 정치적 도발'(gefährliche politische Brandstiftung, dangerous political arson)이라는 죄를 선고 받았다. 로처의 나치적 연설이 독일에서 주목받을 수 있도록 불씨를 당겼기 때문이었다. 일반적으로 전문 번역자는 발화자와 동일한 죄를 적용받지 않을 수도 있고, 정당한 방어기제를 행사할 수도 있다. 하지만 덱커트의 경우는 다르다. 그는 신나치 당의 지도자였고, 미국인을 초청하여 그러한 연설을 하도록 한 것이 그였을 것으로 보이기 때문이다. 유사(pseudo) 번역이 도발적인 새로운 사고와 사상을 수입하는데 사용되기도 하는 것처럼, 여기에서는 유사 원문의 전략이 독일법을 회피하기 위해 사용된 것이다.

이 사건은 몇 년에 걸쳐 여러 번 재판을 받았다. 그 재판이 사실상 덱커트의 주요 활동으로 보일 정도였다. 2011년에서 2012년 사이에도 그는 또 다시 재판에 회부됐다. (당시 나는 이 책을 집필하고 있었다.) 이번에는 마토노(Carlo Mattogno)의 『아우슈비츠 – 첫 번째 가스 살포』(Auschwitz – The First Gassing, 이탈리아어판 1992, 영어판 2002)라는 책을 독일어 번역한 것 때문이었다. 재판이 이루어진 2011년 11월 14일부터 2012년 2월 12일까지 덱커트는 만하임(Mannheim)에 있는 감옥에 수감되었다. 항소가 이루어졌지만, 이번에 그는 보호관찰 4개월에, 600유로의 벌금, 그리고 소송 비용을 부담해야 했다.

재판과 재심이 계속되었다는 것은 부차적인 것이다. 하지만 주목해야 할 부분이 하나 있다. 대부분의 신문기사들에서 1994년 만하임 지역 법원에서 선고된 덱커트의 형(Deckert Sentence)에 특별한 관심을 가졌다. 거기에서 피고인은 사실상 영웅적인 용어들로 치장되었다. "강한 정신력, 책임의식, 분명한 원칙, 마음으로부터 우러나오는 정치적 신념에 대한 철저한 헌신, 시간과 에너지의 과감한 투자"[15] 등의 말로 묘사

되었다. 모두 긍정적인 자질들이다. 소름끼칠 정도다. 그러나 한편으로 번역자의 윤리를 논의하고 있는 내가 보기에 이 덕목들은 덱커트를 궁극적으로 번역자 이상의 존재로 만들어주는 것이고, 따라서 그의 죄는 더 커진다. 덱커트가 마음(Herzenssache)에서부터 우러나오는 말을 했다는 판사의 판단은 두 스파르타인들이 마음(Herzens Sinn)에서 우러나온 것을 이야기했다는 야코비의 변호를 연상시킨다. 만일 덱커트가 번역을 통해 자신의 마음을 표현한 것이라면, 또 번역된 말들에 대한 의식적 책임을 받아들인다면, 그의 정체성은 그 텍스트와 함께 정의되어야 하고, 따라서 법적, 도덕적 책임을 받아들여야만 한다.

덱커트의 행동을 비난하면서도 다른 번역자들에 대해서는 일종의 직업적 거리(detachment)를 허용할 수 있을까? 나는 그렇다고 생각한다. 우리가 사람의 마음을 들여다보지는 못한다고 할지라도 정치 정당의 지도자가 된다거나 연설문을 작성하는 것과 같은 일은 번역자의 역할에 속한 것이 아니다. 설명한 것처럼, 덱커트의 입장은 스퍼시아스와 불리스와는 달랐다. 두 스파르타인은 메신저이기는 했지만 처음부터 전문 직업인은 아니었다. 그들이 전하고자 했던 메시지는 처음부터 자신들을 죽이라는 요구였다. 덱커트는 정당의 지도자로서 정치적 신념을 가지고 있었고 모종의 정치적 효과를 노렸다. 그는 텍스트와 하나가 된 인물이었다. 그가 번역자이기만 하다면 그렇게 할 필요가 없었다. 번역자들은 자신들이 번역하는 것을 구독하지는 않는다. 그들은 그 자료를 특정한 방식으로 특정한 시간과 공간에 보여줄(presentation) 책임이 있을 뿐이다. 번역자들은 법적 보호를 받을 자격이 있었다. 반면 덱커트는 무죄가 될 수 없었다.

복잡한 상황이기는 하지만 덱커트는 여전히 비난을 받아야 할 이유가 있다. 하지만 그 복잡한 상황이 무엇으로 얽혀 있는 것인지를 먼저 살펴볼 필요가 있다.

당신이 만약 단 하나의 원인으로 모든 인과관계를 환원한다면 단순

이데올로기 기제를 작동하고 있는 것이다. 마치 '나치'라는 한 단어가 즉각적인 비난을 불러 일으키는 것처럼 말이다. 인종, 젠더, 종교, 서방 국가 대 나머지 등 모두가 그러한 역할을 할 수 있는 요소가 된다. 무엇을 선택해 희생양으로 삼든지간에 당신은 어떤 대의를 위한 운동가가 될 수 있다. 덱커트처럼 당신도 단순한 이념주의자가 되는 것이다. 환원적 대의명분을 가지면, 당신은 곧 그 명분을 위해 행동하게 될 것이다.

이집트의 번역 운동가(translation activist)인 모나 베이커(Mona Baker)는 스파르타인도 아니고 나치도 아니다. 하지만 그는 자신의 명분을 정당화시켜줄 윤리를 갈망한다. 그 윤리의 기초가 무엇인지를 여기서 자세히 다룰 필요는 없다. 왜냐하면 그것의 전제는, 번역자는 이 편 혹은 저 편 어느 하나에만 소속되었다고 하는, 이분법적 구도이기 때문이다. 그러한 전제가 슐라이어마허에 대한 나의 논의를 통해 폐기될 수 있기를 희망한다. 베이커의 주장 가운데 내가 지금 우려하는 것은, 번역자들은 자신들이 헌신할 수 있는 메시지만을 번역해야 한다는 주장이다(Baker 2009). 그는 상호존중 관계에 있는 사람들의 의뢰만을 받아야 한다고 주장한다. 그렇기 때문에 베이커는 CIA나 월마트, 이스라엘 정부를 위해서는 결코 번역하지 않았다고 한다. 이 행동은 참으로 고귀해 보이지만 그런 만큼 혼란을 불러일으킨다. 상호신뢰를 바탕으로 하는 고객과 일하라는 원칙은 모든 상업관계에서 가장 이상적이다. 하지만 관계는 전달해야 하는 메시지의 지위와는 아무 상관이 없다. 모든 고객들은 라이벌이나 적이 무엇을 말하고 있는지 알고 싶어한다. 그래서 번역자들은 때로는 고귀한 명분을 위하여 혹은 전혀 그렇지 않은 이유들로, 자신들이 동의하지 않는 메시지를 번역하게 되기도 한다.

베이커(2006)의 입장을 좀 더 폭넓게 살펴보면 그는 내러티브(narrative)가 우리가 세계에 대한 지식을 구성하는 기본 방식이라고 전제하였다. 베이커에게 번역의 기능 중 하나는 문화 속에 회자되는 내러티브에 개입하는 것이다. 따라서 번역을 하지 않음(non-translation)으로써 문화적으로 불쾌감을 불러일으키는 내러티브를 편집할 수 있는 것이다. 또 적과 대화하기보다는 차라리 적에 대해 이야기하는 것이 낫다. 번역된 내러티브와 저작된 내러티브 사이에 본질적인 차이가 있는 것이 아니라는 것이다. 문화적 유대관계를 형성하는 것이 가장 우선시되기 때문이다. 그리고 이 관점은 '대화'(dialogue)를 의도적으로 배제한다. 하지만 대화는 우리가 세계에 대한 지식을 구성하는 또 다른 기본 수단이다. 만일 내러티브에만 기댄다면, 그것은 한 문화 속 모든 텍스트에 대한 결속을 요구하는 셈이고, 이것은 궁극적으로 집단에 대한 통제를 요구할 수 있게 된다. 베이커는 타자의 복잡한 주체성을 제한하기 위해 자신만의 내러티브를 계속해서 사용한다. 베이커의 『번역과 갈등』(*Translation and Conflict*)(2006)는 번역에 대한 이야기 보다는 얼마나 많은 나쁜 것들이 미국과 이스라엘에 의해 정당화되고 있는지를 이야기하는 책이다. 그런데 갈등의 해결책에 관해서는 아무런 언급이 없다. 하지만 만일 대화나 상황에 따라 변화할 수 있는 교환행위를 통해 지식이 생산될 수 있다고 생각한다면, 또한 왜 어린 시절 학교에 가서 공부를 해야 했는지 기억할 수 있다면, 결국 대화의 필요성을 인지하게 되고 적과도 협상, 협의 과정에 돌입할 수 있을 것이다. 그때는 자기의 신념을 강요하는 것 이상의 일, 즉, 중재 역할을 할 준비가 되어있는 누군가를 찾게 될 것이다. 내러티브의 존재에 대한 기본적인 전제와 극단적인 문화적 차이는 적극적인 중재자를 배제할 뿐 아니라 차이를 가진 집단들을 갈등관계 속에 가두어버리는 결과를 가져온다.[16] 상호신뢰, 이해, 헌신은 번역이 이루어지는 전제조건이 될 수 없다. 그것들은 장기적 목표이어야 한다.

따라서 일반적으로는 번역자들에게 번역하는 내용에 대한 어떤 신념을 가지거나 거기에 헌신할 것을 요구할 필요가 없다. 그리고 번역자들은 자신이 전하는 메시지 때문에 죽임을 당해서도 안 된다.

미주

1. 문화이론가 바바(Homi Bhabha, 1994/2004)는 이 '악마의 시' 사례를 문화번역의 문제적 상황으로 간주하였고 이것을 '이민이라는 제 3의 공간'(the third spaces of immigration)이라는 용어로 규정하였다. 그런데 놀랍게도 그는 루디시의 번역자들 혹은 그 번역자들의 잠재적 책임에 대해서는 아무런 언급이 없다.

2. 스파르타인들은 두 메신저를 밀어 떨어뜨린 것에 대한 책임이 분명 있다. 다만 여기에서 우리는 이야기를 단순화하여 논하도록 한다.

3. 로처가 그 일의 책임으로부터 완전히 아무런 책임 추궁도 없이 자유로워졌다고 할 수는 없을 것 같다. 그는 1993년 10월 독일에서 체포되었다. 디 차이트(Die Zeit)지에 따르면, 그로부터 일 년쯤 전인 1992년에 대중에게 증오심을 유발한 죄목으로 그에 대한 구속영장이 발부되었다고 한다.

4. 야코비는 아미요의 1574년판 번역본을 1768년 3월 5일 파리로부터 주문하였고 (Booy(부이) and Mortier(모티어) 1966: 121), 여기에서는 그의 1785년 문헌으로 인용하였다.

5. 헤로도투스와 플루타르크는 사건의 순서를 다르게 전하고 있음을 주목할 필요가 있다. 중요도에 대한 다른 이념적 관점이 개입되어 있기 때문이다. 플루타르크의 순서에 따르면 크세르크세르 왕을 먼저, 그 다음에 하다르네스를 만나게 되는데, 스퍼시아스와 불리스의 이야기는 이렇게 함으로써 독일철학으로 진입하게 된다.

6. 여기에서 야코비는 약간의 수정을 가했다. 곧 살펴보겠지만, 야코비의 Erfahrung(경험)은 '지식'으로 번역될 수도 있고, Glück은 '자유'로 번역될 수 있다.

7. 정당하다고? 최소한 헤겔의 눈에는 그러한 것이다. 이것은 더 심층적으로 파고들자면 단지 철학사만의 문제가 아니다. 이것은 또한 사회적 이성(social rationality)에 관련된 것이기도 하다. 뒤르켐(Durkheim)은 "사회적 행위(deeds)를 사물(things)로 간주"해야 한다고 선언함으로써 현대 사회학을 주창하였다(1893/1973: 15).

8. 터툴리안(Tertulian)은 헤겔과 루카스의 입장에 대하여, "'총체'(the whole)에 대한 헤겔의 사고는 '전체주의'(totality)의 가능성을 배제하지 않은 것처럼 보인다"고

평가하였다(1983: 207). 이에 대한 아도르노(Adorno)의 비판이 있기는 하다.

9. 헤겔은 이 공허한 주관주의(subjectivism)를 야코비에서만이 아니라 철학적 사고의 대척점에 놓인 낭만주의 철학에서도 만나게 된다. 바로 슐라이어마허에게서이다.

10. "Ist hier nur Subjektivität der Erfahrung, des Sinnes, einer Neigung sichtbar? Dem Satrapen bewiesen sie gerade ihre Verachtung, daß sie him von seiner und ihrer Erfahrung und Neigung sprachen und seiner Subjektivität ihr Wesen in der Form einer Subjektivität entegegensetzen."(1802: 2, 386).

11. "Die absolute sittliche Totalität nicht anderes als ein Volk ist"

12. 헤로도투스는 이 장면에서 스파르타인들이 좀 더 적극적으로 왕의 제안을 거절했다고 묘사한다. 스퍼시아스와 불리스는 "남자를 아끼는 것은 자신들의 관습이 아니고, 또 그것을 위하여 여기 온 것도 아니라고 말했다."

13. 민족주의자인 플루타르크는 이 대조를 그다지 조명하지 않고, 대화 속에서 드러나는 거절에 좀 더 초점을 맞춘다.

14. 이런 병렬적 대비를 워킨(Ronald Dworkin, 1995)의 문헌에서 다시 찾을 수 있다.

15. "Der Angeklagte hat in der Hauptverhandlung einen guten Eindruck hinterlassen. Es handelt sich bei ihm um eine charakterstarke, verantwortungsbewußte Persönlichkeit mit klaren Grundsätzen; seine politische Überzeugung, die him Herzenssache ist, verficht er mit großem Engagement und erheblichem Aufwand and Zeit und Energie. Einem so gearteten Manne glaubt die Kammer das Bekenntnis zur Rechtstreue, das er in der Hauptverhandlung abgelegt hat, und hat daher keine Bedenken, ihm eine günstige Sozialprognose zu stellen." "Politische Herzensache", Die Zeit 19 August 1994. http://www.zeit.de/1994/34/politische-herzenssache. 2012년 7월 검색.

16. 이러한 입장은 실제로 행동에 옮겨지기도 했다. 2003년 베이커는 자신의 출판사인 'St. Jerome'에서 이스라엘을 보이콧하기로 결정했다. 그 결과 이스라엘 출신의 학자인 투리(Gideon Toury)와 슐레징어(Miriam Shlesinger)가 퇴출된 유명한 사례를 남겼다.

John Benjamins Series
16 On Translator Ethics

John Benjamins Series

16 On Translator Ethics

제 3 장

전문가라고?

전문가라고?

번역은 형식이다.

발터 벤야민, "번역자의 과제"

번역이라는 형식

책임이 있는 사람은 대응을 한다. 그들에게 이런 질문을 한다고 하자. 이것이 왜 여기에 있죠? 누가 여기에 뒀죠? 그러면 책임을 가진 사람이 대답한다. '제'가 거기에 뒀습니다. '제' 생각에는 '제'가 거기에 둔 것 같습니다. … 그러나 번역자는 자신들이 전달하는 메시지의 내용(content)에 대해서 책임을 지지 않는다. 그렇기 때문에 그들은 메신저로서 보호를 받아야 한다. 하지만 메시지의 영향(effects)에 대해서는 책임이 있다. 이것에 대해서는 책임이 있고 저것에 대해서는 책임이 없다는 것이다. 그 경계는 문화적으로, 역사적으로, 그리고 내가 '번역 형식'(translation form)이라고 부르는 것에 의해 결정된다. 이 번역 형식이라는 것은 기본적으로 번역자가 저자가 아님을 드러내는 것이다.

몇몇 이론가들은 번역자의 저작권도 마땅히 인정받아야 한다고 주장한다. 혹은 생산된 텍스트에 대하여 최소한 지금보다 더 나은 인정을 받을 필요가 있다고 주장한다. 이 주장은 문학번역과 관련하여 제기되기도 했고(Zeller(젤러) 2000), 번역자와 저자의 관계에 관한 정치적 은유에서 제기되기도 했다(Chamberlain(챔벌린) 1988/2004). 혹은 저작권에 관한 논의(Venuti 1995: 12)나 최근 번역학 연구에서 '창조적 전회'(creative turn)이라고 불리는 포스트모더니즘 계열의 연구경향에서도 나왔다. 이 경향에 따르면 모든 것의 경계는 불분명해지고, 번역자의 주체성은 강조된다. 무엇보다도 일단 계속해서 변화해야 한다(Perteghella(퍼티겔라) and Loffredo(로프레도) eds. 2006). 이들 가운데 번역자의 저작권을 가장 강력하게 지지한 사람은 아마도 베누티(Venuti)일 것이다. 그의 논의는 저작권에 대한 낭만주의적 개념에 대한 반대로부터 시작한다. 낭만주의적 저작권 개념에 따르면 모든 창조적인 일의 공(功)은 원문의 저자에게로 귀속된다. 따라서 번역자는 파생적인(derivative) 지위만을 갖는다(Venuti 1992). 이러한 낭만주의적 저작권 개념에 대한 반발은 얼마 전에 한창 제기되었던 주류 문학 이데올로기와도 맥을 같이 한다. 바로 바르트(Barthes 1967)나 푸코(Foucault 1969)가 '저자의 죽음'(death of the author)이라고 규정한 것과 유사한 맥락이다. 바흐찐(Bakhtin)에 대한 크리스테바(Kristeva)의 1967년 독해로부터 나온 상호텍스트성(intertextuality)의 이론들도 마찬가지다. 창조된 작품의 모든 요소는 번역 가능하다는 발상이 이제 포스트모더니즘적 사고를 이루는 주춧돌과 같은 것이 되었다. 이런 관점에서 보면 번역자에게 저작권이 있다는 말은 곧 모든 저자들의 작품은 번역 가능하다고 말하는 것과 같은 맥락이다. 저자들이 그러한 것처럼 번역자들도 텍스트를 변형하고 세상에 새로운 것을 가져다 준다. 또한 번역자는 번역작업을 하면서 복잡한 인지생산 과정을 겪게 된다. 나는 이러한 논의에 대하여 전혀 문제를 제기하지 않는다. 번역자들은 저자들과 마찬가지로 작업 과정에서 주체적이고 창조적이며, 해당 텍스트에 가해지는 변화의 원인이 된다. 실증연구를 통해서도 이러한 점이 증명된다.

하지만 저작권은 다른 측면에서도 이해될 수 있다. 이것은 단순히 창조성, 독창성, 주체성 등에만 관련된 것이 아니다. 저작권은 윤리적 책임이라는 복잡한 문제와도 얽혀있다. 이것은 문학이론들이 간과한 사실이기도 하다. 여기서 나는 커뮤니케이션 행위 안에서 제기되는 책임의 측면에 초점을 맞추어 저작권을 살펴보려고 한다. 그것은 곧 형식화용론(formal pragmatics)의 관점이기도 하다. 하지만 이러한 관점에서 살펴본다는 것이 다른 측면에서 바라보는 저작권에 대한 논의가 틀렸음을 의미하는 것은 아니다. 다만 그러한 논의는 번역자들이 하는 일이 가지는 현대적이고도 사회학적인 중요한 측면을 놓치고 있을 뿐만 아니라, 하버마스(Habermas)의 표현을 따르면, 자유인본주의적 관점의 윤리(ethics of liberal humanism)를 고려하고 있지 않다는 것이다.

캐나다 사회학자인 고프만(Erving Goffman)은 저작권에 대해 매우 명쾌하면서도 설득력 있는 견해를 표명하였다. 물론 그가 보편적인 범주라고 제안한 카테고리들은 논란의 여지가 분명히 있다. 또 그의 사회학적 연구에는 여기서 내가 다루지 않을 세부적인 분석도 포함되어 있다. 그러므로 여기서 제시할 그의 용어들은 단지 내가 논의를 기초할 편의적인 지지대로서의 역할 그 이상을 하지 않음을 밝혀 둔다. 고프만은 저자(author)라는 용어를 아주 흥미로운 방식으로 사용하고 있다. 그에게 있어 저자란 발화(utterance)에 대한 책임을 가진 주된 주체(principal)이다. "발화된 말에 의해 그 지위가 수립된 사람, 발화된 말에 대하여 신념을 가지고, 그 말에 결속된 사람"(1981: 146)이라는 의미로 저자라는 용어를 사용하고 있다. 이 세 가지 기술에 대하여 곧 설명하도록 하겠다. 저자는 곧 텍스트의 실질적인 창조자라는 일반적인 개념과는 다른 의미이다. 이것이 다른 문학이론들과 그를 구분 짓는 지점이다. 예를 들어 정치인들은 본인의 연설문을 직접 작성하지 않는다. 그들은 단지 그 연설문을 재가(裁可, authorize)할 따름이다. 그렇기 때문에 그 연설문에 대한 도덕적 책임을 진다. 이러한 점은 낭만주의적 저작권 개념이나 번역에 대한 '창조적 전회'의 입장에 의문을 제기하게 한다. 창조성이 저작권의 초점이 아니다. 윤리적 책임성이 초점인 것이다. 고프만은 저작권을 모방자(animator)의 역할과 구분한다. 모방자란 그 발화를 하는 사람이기는 하지만, 누군가 다른 사람들을 대신해서 하거나 혹은 인용하거나, 간접화법 등의 방식을 사용하거나, 패러디 하거나, 혹은 연기하는 사람들을 가리킨다. 번역은 여기에 속한다. 이러한 관점에서 볼 때, 번역자가 저작권을 가지고 있다고 말하게 되면, 번역자가 모방자 이상임을 가리키는 셈이 된다. 번역자들은 발화된 텍스트로 인하여 그들의 지위가 수립되기도 한다. 또 발화된 것에 대한 신념을 가진 사람이기도 하고, 혹은 그것에 결속된 사람이기도 하다. 이 점이 바로 논의되어야 할 부분이다.

이러한 관점에서 볼 때, 일반적으로 번역자는 저자가 아니다. [이 명제에는 대단히 다양한 뉘앙스가 깔려 있기는 하다(Torikai(토리카이) 2009 참고)]. 번역자들이 저작권을 가진다, 혹은 가져야 한다는 말은 따라서 꽤나 중요한 차원을 간과하게 된다.

여기서 나는 번역자들이 저자가 아닌 증거들을 도출해내도록 하겠다. 이같은 시도는 마치 과학 교사들이 1학년 학생들에게 지구가 둥근 것을 증명해내라고 묻는 것 같은, 너무나도 자명해 보이는 것을 검증하는 일이다. 물론 문화는 물리학이 아니다. 또 지구가 평평하다고 믿는 사람들의 모임(Flat Earth Society)도 여전히 존재한다. 그러나 경험적 증거를 찾는 과정은 의미가 있을 것이다. 그렇다면 어디를 살펴야 할 것인가?

증거 1: 저자는 발화된 글에 의해 그 지위가 결정되는 사람이다.

인칭 대명사를 가지는 모든 언어에서 언어적 주체는 발화의 '나-여기-지금'(I-here-now)과 관계를 가진다. 이것은 증명을 필요로 하지 않는다. 그러나 번역하는 언어적 주체는 그들이 번역하는 동안에는 나-여기-지금을 소유할 수 없다. '나'라는 말이 나오면 그 지위는 다른 누군가, 즉, 원문의 저자가 소유한다. 이것은 우리가 사는 문화권에서 작용하고 있는 번역이라는 형식의 본질이기도 하다(Pym 2004a). 이것은 아이들이 두 개 언어를 사용하는 커뮤니케이션을 시작하면서 배워야 하는 것이기도 하다. ("엄마가 그랬는데…"라고 하는) 간접화법으로부터, ("지금 내가 하는 말은 엄마가 다른 언어로 말한 것에 대한 다른 부가적 조치를 취하지 않은 전달이야"라고 말하는 것과 같은) 번역에 이르기까지 실험의 종류는 다양하다. 나는 이러한 전환을 종종 실험하게 되는 5살짜리 아들을 두고 있다. 인칭대명사는 그 자체도 어려울 뿐 아니라, 배우기에 꽤나 까다로운 것이다. 우리는 모두 이러한 과정을 거쳐야 한다. 그저 시간이 지나면서 그 고통을 잊어버린 것 뿐이다. 아무튼 내가 말하고자 하는 바는 번역하는 번역자에게 '나'는 없다는 것이다. 혹은 '타자로서의 나'(the alien I)라 불리는 것을 사용하면 비난을 받는다는 것이다. 이 점은 번역이라 불리는 모든 것을 규정하는 특징일 것이다. 하지만 나는 이 주장의 보편성을 확신시켜줄 만한 아무런 증거가 없다. 또 이 주장과 관련한 문화적, 역사적 선각자들의 명제를 검증한 바도 없다. 이것은 단지 내가 나를 둘러싼 언어생활을 통해 확인한 것이다. 이 언어기술을 사용하는 것이 얼마나 복잡하고 어려운지를 알고 싶다면, 아이들을 키워보라고 제안하고 싶다.

아무튼 여기에서 저작권에 관한 고프만의 첫 번째 술어(descriptor)가 어떻게 응용될 수 있는지를 이야기할 수 있다. 번역자들은 번역을 할 때, 저자가 아니다. 그들의 인칭적 지위가 그들이 말하는 바에 따라 수립되지 않기 때문이다. 좀 더 정확하게 말하면 해당 담화 속에서의 그들의 지위는 그저 비(非)작가로 수립될 뿐이다. 책 표지나 제목이나 서문에서는 번역자의 정체와 창의성에 대하여 얼마든지 이야기할 수 있을 것이다. 번역작업에 대한 과정 분석이나 사후 인터뷰(post-hoc interview) 등을 통해 수많은 자료를 축적할 수도 있을 것이다. 그러나 번역할 동안에 번역자는 인칭적 측면에서의 저작권을 갖지 않는다.

이러한 것이 정말 필요한 구분인가? '타자로서의 나'라는 인칭이 필요 없는 상태도 쉽게 상상할 수 있다. 트리베디(Harish Trivedi 2006)는 'anuvad'라는 산스크리트어를 소개한다. 이것은 '번역'에 대한 대응어로 간주되지만, 말 그대로 하면 '재화'(再話, retelling), 즉, '다시 말하기'(say again)를 의미한다. 이 단어는 서방에 의한 식민지의 영향이 있기 전까지는 번역이라는 형식을 가리키는 말이 아니었다. 문어적 커뮤니케이션이 발달해있지 않거나, 호메로스의 서사시처럼 구전에 의존하는 경향이 큰 사회들에서는 번역을 필요로 하지 않는다. 그저 계속 다시 이야기될 뿐이다. 그 이야기가 한 언어에서 다른 언어로 옮아간다면, 그것은 또 다른 재화에 불과하다. 번역 형식의 발전은 메신저들에 대한 보호 규약과 역사적으로 밀접한 관련이 있을 수 있다. 하지만 내가 이러한 주장을 지지할만한 역사적 자료를 가진 것도 아니다. 하지만 어떤 경우이든지 간에 번역 형식을 갖지 않은 사회를 상상하기는 어렵지 않다.[1] 중계된(relayed) 메시지는 간접화법을 특징으로 한다. 법정 통역사들은 법정의 사무자로서가 아니라 증인으로서 선서한다. 여기에서는 타자로서의 나를 사용할 필요가 없다. 제국의 법이 복수의 언어로 제정되었을 때, 각 언어본은 서로 다른 법으로 그 효력을 발생시킨다. 이런 세상에서 번역자들은 저작권 규약에서, 번역자 신분으로서는 아닐지라도, 좀 더 두둑한 거래를 하게 될지도 모른다. 그런데 우리가 번역 형식을 필요로 하지 않는 사회를 상상하게 될 때, 바로 그 이유로 말미암아 번역이라는 형식의 존재를 제기하게 된다. 효율성이라는 단순한 이유이다. 다른 언어로 발화된 말의 위치를 명백히 밝혀야 하거나 한 언어로 다시 쓰여진 글을 바로 잡아야 한다면 소통은 더욱더 통제하기 힘들어지고 이미 존재한 것조차 의심하게 될 지도 모른다. 바로 이와 관련한 효율성 때문에, 번역자들은 자신들이 생산한 발화가 수립하는 지위로부터 배제되는 것 같다.

그러나 효율성은 단지 번역이라는 형식이 발전된 조건을 설명할 뿐이다. 이것으로는 그 형식이 실제로 어떻게 사용되는지가 거의 설명되지 않는다. 일단 번역자들이 '나'라는 인칭을 가지지 않는 것을 이해하게 되면 나머지는 그저 편리하게 잊어도 되는 문제인가?

증거 2. 저자는 자신의 신념을 발화한 사람이다.

하버마스(1990)의 형식적 화용론에서 커뮤니케이션 능력에 의해 만들어지는 세 가지의 '보편타당성 주장'(universal validity claims)을 찾을 수 있다.

1. 발화된 혹은 전제된 것의 사실성(truth)에 대한 주장
2. 규범적 올바름(normative rightness)에 대한 주장
3. 화자의 진실성(truthfulness) 내지 진정성(sincerity)에 대한 주장

이 주장들을 살펴보면 아주 명쾌하지는 않지만 저작권에 대한 고프만의 세 가지 조건을 이해할 수 있다. 그러나 이 조건들이 가진 문제점들에 대해서는 여기에서 별도로 논하지 않겠다. '진실성'은 발화된 내용에 대한 '결속'(commitment)의 의미에 가깝기는 하다. 하지만 여기서 하버마스가 의미하는 바는 단순히 저작권이며 지위에 관한 것이다. 또 이 세 가지 주장은 다문화 커뮤니케이션에 관해서는 그저 공허하고 소극적이라고 할 수 있다. 거기에는 다른 커뮤니케이션들은 공유하지 않

는 역량과 규범이 존재하기 때문이다. 이런 부분에 대한 논의도 차후로 미루도록 하겠다. 현재 맥락에서 더 흥미로운 점은 이 주장들이 번역권(translatorship)에도 내재하는 것인지를 밝히는 것이다.

메신저들에 대한 간 문화적 보호와 관련하여, (이 점은 스퍼시아스와 불리스로의 이야기로부터 얻은 교훈이기를 바란다) 번역자는 규범적인 차원에서 볼 때 번역하는 텍스트의 사실성(truth)이나 올바름(rightness), 진실성(truthfulness)을 주장해야 할 필요는 없다. 하지만 원문을 재현(represent)하는 방법에 대하여는 비슷한 주장해야 할 필요가 있기도 하다. 우리는 번역문이 참된 재현임을 주장한다. 또 수용상황의 커뮤니케이션 규범에 적절하게 들어맞는다는 주장을 하기도 하고, 재현 행위가 진실됨을 번역자가 믿고 있다고 주장하기도 한다. 이러한 주장은 사본이 어떤 문서에 대한 참된 재현임을 인증하는 것과 같다. 그 사본이 명백하게 위조된 것이라 할지라도 말이다. 번역을 이용하는 사람들은 번역에 내재된 이러한 주장을 개념적으로 이해하고 공유한다. 이러한 관점에서 번역자의 커뮤니케이션 능력은 모방적 혹은 재현적 기능에 기초하고 있다. 저작권에 대한 주장과 관련이 없는 것이다.

이 지점에서 번역자나 이론가들은 항의한다. 아니다, 번역은 사본이 아니다, 어떻게 그럴 리가! 물론 그러한 불평도 전적으로 옳다. 번역자들은 원문의 일부만을 재현한다고 주장할 것이다. 또 그 일부에 대한 가상적인 등가를 달성하기 위해서도 상당한 정도의 창조적 변환이 있어야만 한다고 주장할 것이다. 재현에 대한 이러한 주장과 함께, 하버마스의 두 번째 주장이기도 한 새로운 커뮤니케이션 상황에 대해 참되다는 명목 하에서라도, 번역가능성에 대한 내재적 주장이 제기되어야 한다. 그러므로 잠시 동안이나마 번역을 사본에 비유하는 것을 허용할 필요가 있다. 여기에서 핵심 요점은 어떠한 종류의 번역권이 도출되느냐가 아니라, 번역권에 포함되지 않는 것이 무엇이냐를 아는 것이기 때문이다. 번역이 원문의 참된 재현이라고 하는 주장 외에 번역자는 원문의 참됨에 대하여 증명할 의무를 지지 않는다. 이 한계가 바로 번역권과 저작권을 구분하는 지점이 된다. 그렇다면 이 한계는 어떻게 검증될 수 있는가?

타당성 주장에 대한 근본적인 한계는 유사번역에 관하여 제기될 수 있다. 유사번역이란 번역물처럼 보이기는 하지만 거기에 상응하는 구별된 원문이 없는 경우를 가리킨다. 즉, 번역자처럼 글 쓰기를 선택한 저자들이 있다는 것이다. 유사번역들은 새로운 지식이 제도적으로 억압되는 시기에 대량으로 발생한다. 번역이라는 재현방식으로 검열을 피할 수 있기 때문이다. 손다이크(Thorndike)는 12, 13세기 라틴어로 된 과학텍스트들을 살펴보면서 번역물로 여겨졌던 텍스트 중 상당 부분이 유사번역이었을 수 있다고 주장했다. 그 이유는 많은 작품들이 그리스나 아라비아의 저자에 의해 쓰여졌다고 간주되어 왔지만 수상하게도 원문들은 사라지고 라틴어로 된 번역물만이 존재하기 때문이다(1923: 2.26-27). 예를 들어, 바다(Adelardus de Bada)의 경우 자신의 개인적 견해를 유사번역의 형태로 위장한 바가 많다고 하였다. "나는 진리를 추구하는 이들에게 어떤 불행한 일들이 벌어지는지를 잘 알고 있습니다. 이것은 아랍을 위한 일이지 나를 위한 일이 아닙니다."(Thorndike 1923: 2.25). 나치 당수였던 데카르트가 번역이라는 형식을 활용하려 했던 첫 번째 인물은 아니었던 것이다. 저자는 지식을 번역의 형식으로 보여줌으로써 ① 공적 책임의 한계를 설정하고 따라서 핍박을 피할 수 있으며, 한편으로는 그렇게 함으로써, ② 다른 문화권, 즉, 해당 도착문화의 경쟁상대가 되거나 위협적인 지위를 가질 수 있는 문화권에서는 그 지식이 작용하고 있음을 보여준다. "우리에게는 이러한 지식이 필요하다. 왜냐하면 경쟁자들이 이미 가지고 있기 때문이다"라고 하는 논리다. ③ 그 지식에 시대적 권위를 부여한다. 저자가 아리스토텔레스인 경우처럼 저자로서의 특권을 이미 가진 것이 아니라면 말이다. 이 세 가지 논리를 모든 상황에 적용할 수는 없다. 유사번역이 존재하는 데에는 분명히 이보다 더 많은 이유들이 있다. 하지만 이 중 그 어떤 것도 저작권과 번역권 사이를 가르는 번역이라는 형식이 부재했다면 가능하지 않았을 이유들이다. 다시 말해, 원문에 대하여 이것이 참된 재현임을 주장한다고 해서 번역자들이 저자가 될 수 있다면, 유사번역이라는 형식도 존재할 수 없었을 것이다.

이 지점에 대한 고프만의 일반적인 진술은 결국 메신저를 보호해야 한다는 점을 이야기하는 그 이상으로 나아가지 못한다. "쏘지 마세요. 저는 번역을 했을 뿐이에요!"라고 말하는 것처럼 말이다. 그러나 많은 번역자들은 그들에게 전제된 저작권 때문에 실제로 박해를 받아왔다. 성경 번역자인 틴데일(William Tyndale)이나 후스(Jan Hus)가 그러했고, 그(성경, 기독교)에 반하는 입장을 가졌다는 이유 때문에는 돌레(Étienne Dolet)가, 그리고 루시디의 번역자들은 좀 더 노골적으로 이단으로 인식됨으로써 박해받았다. 데카르트도 같은 선상에서 파악할 수 있을지 모르겠다. 이 외에도 열거하자면 길다. 번역이라는 형식이 언제나 성공적인 방어기재인 것은 아닌 셈이다. 그렇지만 활용되는 방어기재임에는 분명하다.

따라서 번역자들의 창조성이라는 미명 하에 그들을 저자로 인정하려 드는 현대 번역이론가들의 진짜 문제는 그렇게 되면, 번역자들은 실제 짊어져야 하는 책무보다도 더 많은 타당성 주장을 해야 한다는 점이다. 저작권에 대한 타당성 주장이라는 명분 하에 번역자들이 화형을 당하고 총에 맞고 찔림을 당해도 이론가들은 그것을 용인할 것이란 말인가?

그럴 수 없다. 이것은 단순한 효율성의 문제가 아니다.

증거 3. 저자는 텍스트가 말하는 바에 결속된 사람이다.

번역자들은 자신들이 원문을 재현하고 있다는 믿음에 대해서는 진정성을 가질 수 있다. 그러나 결과물에 대한 그 같은 결속 의식이 원문 텍스트의 타당성에 대한 믿음으로까지 확장될 수 있는가? 어떤 경우 이러한 확장은 정상적일 수 있다. 나중에 살펴보겠지만 성경 번역자들은 전통적으로 그 텍스트가 하나님의 말씀(the Word of God)이라고 하는 집단적 믿음을 표출해왔다. 그 믿음은 어떻게 번역했느냐에 대한 끊임 없는 논쟁에도 흔들리지 않고 굳건하다. 하지만 좀 더 일반적으로는 번역자가 원문에 결속되기보다는 거리를 두는 것이 전문적인 태도라 여겨진다. 일례로 제약 설명서를 번역하는 번역자는 그 원천 텍스트를 신뢰해야겠지만, 그 신뢰는 약품 사용자들이 해당 설명서에 대해 가지는 신뢰와 본질적으로 다르지 않는 정도이다. 만일 번역이 그 원문을 제대로 재현하지 못하면 번역자에게는 책임이 따른다. 하지만 원천 설명서가 애초부터 잘못 쓰여졌거나 그 의약품과 관련하여 미리 예측되거나 경고되지 않은 부작용이 발생했을 때에는 번역자에게 책임이 없다. 이런 경우가 발생했을 때 법적 책임을 가지는 제도적 저자들이 별도로 존재한다.

하지만 여기에서 누군가 성급한 추정의 오류라는 지적을 하기 전에 조심스럽게 덧붙일 말이 있다. 지금 논의하고 있는 번역 형식이 내용에 대한 결속을 요구하는 것은 아니라고 말한다고 해서 그것이 번역자는 중립적이며, 주체자로서의 지위가 없고, 또 발화에 대한 직접적 개입이 없다는 것을 의미하는 것은 아니라는 점이다. 반대로 수많은 텍스트 비교, 과정 연구, 전범재판 후 심리 관찰 등의 결과가 보여주는 바와 같이, 번역자들은 원하든 원치 않든 자신들의 생산물에 개입한다. 따라서 중립성에 대한 주장은 근본적으로는 이념적인 구성물(a construct)에 지나지 않는다(Pym 1992/2010: 167-170). 번역자들이 쓰는 것을 언제나 믿어야 하는가 하는 문제와 번역자가 한 일이 무엇인가를 주장하는 것은 꽤나 다른 이야기이다.

그러므로 일반적으로 번역자들은 자신들이 번역하는 내용에 신념을 가지고 있다거나 그것으로 자신의 정체를 규정해야 한다는 주장을 할 필요는 없다. 그들은 번역자이지, 저자가 아니다. 또 이 점을 알리기 위해 집단서명에 나설 필요도 없다.

고프만의 설명을 번역자의 입장에서 응용한 것을 요약하자면, 번역자는 담화 내에서의 지위나 신념, 결속 등의 차원에서 볼 때, 저자가 아니다. 이 점은 우리가 속한 문화권 내에서 번역이라는 형식이 도출해낼 수 있는 결론이다.

윤리의 전제조건으로서의 책임

번역 형식에 대한 논의를 통해 번역자가 어떤 것에 대해서는 책임을 지지만, 다른 어떤 것들에 대해서는 책임을 지지 않는다는 점을 언급하였다. 이것은 우리가 하는 논의 전반에 필요한 명제이기도 하다. 이 점을 짚고 넘어가지 않으면 번역자 윤리에 대한 논의는 아무런 기초를 갖지 못할 수 있다. 번역자가 어떤 식으로든 책임을 갖지 않는다면, 또 그들의 선택에 대한 책임을 인정할 필요가 없다면, 윤리적인 문제는 거론될 필요가 없으며 그들의 작업에 지침이 될 원칙을 세울 필요도 없을 것이다. 번역자들의 입장에서 모든 번역이론은 그저 아무런 소용이 없을 수 있다. 실제로 대부분의 실무자들이 그런 주장을 하는 경향이 있다. 그렇다면 이야기는 끝난 것이다. 하지만 이론가로서, 나는 일인칭으로 이야기할 권한이 있고, 그들에게 유익이 되기를 희망하면서 그들에게 책임이 있다는 전제를 상정하지 않을 수 없다.

우리는 이 점을 다른 관점에서도 볼 수 있다. 이것을 번역 형식을 떠나 일인칭으로 말할 수 있는 번역자의 관점에서 보는 것이다. 번역자로서 나는 책임을 느낀다. 윤리적으로 내가 책임이 있다고 하든 없다고 하든지 말이다. 이런 종류의 책임은 정의하기 힘들다. 일종의 죄의식으로 해석될 수도 있다. 이것은 번역 형식만으로는 충분히 논의될 수 없다. 문제가 드러난 곳을 그저 지적할 뿐이다. 이 혼란스러운 감정은 다른 종류의 무수한 욕구와 사고, 전략 등의 맥락에서 불러일으켜진다. 이러한 감정은 나로 하여금 적당히 합리적이라 할 만한 선택을 하도록 허용하는 기준을 찾도록 한다. 마치 다른 선택의 여지가 없는 것처럼 말이다. 이러한 감정은 이성적이라는 환상과 경험적 직관에 따라 빠르고 안전한 결정을 요구한다. 그러한 윤리의식에 따른 행위는 다양한 차원의 직업관계의 핵심이라고 할 수 있는 일종의 신뢰와 존경을 가져다준다. 그렇다면 번역자로서 나는 내가 책임감을 느끼는 맥락 속에서 효과를 발휘할 수 있는 상호인간관계적(interpersonal) 윤리를 찾아야 할 것이다.

책임이 모든 윤리적 논의를 위한 전제라면, 그것은 특정 윤리적 담론을 찾아야 할 누군가의 필요로부터 도출될 것이다.

번역자로서 나는 책임을 가진다. 하지만 무엇을 위해서인가? 그리고 누구에게 대하여 책임이 있는가?

자신만의 공간에서 번역자가 갖는 책임

어떤 원칙들은 번역자와 그들을 둘러싼 사람들간의 관계를 규정할 것으로 목적으로 하기도 한다. 예를 들어, 번역자들은 의뢰인, 저자, 독자, 동료 중개자들에 대하여 책임이 있다. 이러한 원칙은 거의 언제나 단순한 명령형으로 되어 있다. 윤리강령이나 공식적 선언문, 그리고 교과서 등에서 보게 되는 바와 같다. 번역자가 무엇을 해야 하는지 말하기보다 무엇을 하지 말아야 하는지를 열거하고 있다. 예를 들어, 직업상의 비밀을 폭로한다든지, 다른 사람이 해둔 작업에 자기 이름을 쓴다든지, 원문에 없는 자기만의 생각을 추가한다든지, 마감기한을 넘기는 것 등이다.[2] 이러한 원칙들은 다른 분야의 전문서비스에도 적용된다. 하지만 이러한 원칙들은 번역자가 실제 번역을 하면서 봉착하게 되는 어려운 문제를 해결하는 데에는 도움이 되지 않는다. 만일 번역자가 직업상의 강령을 그저 따르기만 한다면 설사 실제로는 그들의 책임이라 하더라도 책임을 지지 않을 수도 있다.

그렇기 때문에 번역자들이 가진 실제적인 의문이 어디에 위치하고 있으며, 본질적으로 무엇을 가리키는지를 살펴보는 것이 방법적으로 필요한 수순이 된다.

나는 방법론적으로 번역자들의 이러한 의심이 이성적이며 의식적인 질문의 형식을 취한다고 상정하고자 한다. 내가 추구하는 윤리는 장기적이어야 하고 소통 가능해야 하기 때문이다. 그 의심은 무의식적이거나 반(semi)의식적이거나 직관적이거나 창조적이거나 영감에 사로잡히거나 비이성적인, 간단히 말해 우리가 번역이라는 행위에 대하여 부여하고자 하는 모든 특징을 가진, 어떠한 과정에 둘러싸인 아주 사소한 것에 불과할지도 모른다. 하지만 존재하는 모든 것을 기술하는 것이 아닌 윤리라는 차원은 여전히 의식적이고 이성적이다. 의심한다는 것은 인간 번역자가 기계가 아님을 증명한다. 또 결과적으로는 같은 차원의 이야기라 할 수 있는데, 윤리강령을 한 치의 오차도 없이 따르는 추상적 주체인 것도 아님을 의미하는 것이다.

이러한 의심이 일어나는 곳이 어디인지는 상당히 명쾌하다. 그것은 개별 번역자가 번역을 하기 전이나 번역작업을 하는 중이다. 윤리적 과정은 번역자가 관계적 압박으로부터 상대적으로 거리를 두고 있는 지점에서, 즉, 그래서 그들이 진짜로 책임을 져야 하는 부분에 대하여 무언가를 할 수 있을 때 시작된다. 책임은 이 부분적이고 순간적인 거리두기(distancing)로부터 그 가능성이 제기된다. 번역자가 무언가를 결정해야 한다면, 그것은 그들이 선택을 할 수 있는 위치에 있기 때문일 것이다. 이러한 의심의 공간은 번역 형식에 의해 열리기는 하지만, 그것으로 인해 전적으로 정의되지는 않는다.

의심의 공간이 요구하는 윤리

이러한 의심의 공간이 요구하는 윤리가 꼭 명쾌하기만 한 것은 아니다. 그것은 관습법(common law)이나 보상의 차원에서 정해지는 것은 아니다. 여기에는 간단한 규칙이나 공식이 있는 것이 아니다. 예를 들어 번역은 용어(terminology)가 아니다. 용어목록이나 선언적 지식(declarative knowledge)으로 구성된 어떤 위계적 원칙으로부터 해결책이 나오는 것이 아니다. 그것이 번역의 문제라고 볼 수 있는 사안이라고 한다면 거기에는 늘 번역자가 신속하게 합당한 이유를 들어 그 중 하나를 선택해야만 하는 가능한 해결책이 몇 가지 있게 마련이다. 번역자마다 서로 다른 해결책을 제시할 수도 있다. 윤리적으로는 몇 가지 해결책들이 다 유효하지만 각각의 번역자들은 대체로 하나만을 선택하게 된다. 번역자들마다 다르게 번역하고, 그 각각 선택들이 다 옳을 수도 있다는 번역의 불확정성(indeterminacy)은 선택에 대한 모종의 자유를 부여한다. 하지만 선택에는 책임이 따르고, 책임에는 번역자 윤리의 가능성이 제기된다. 번역자 윤리는 번역자들의 사고과정으로부터 일어나는 선택을 돕기 위해 혹은 방향을 제시하기 위해 존재하는 것이다. 관계적 사안들을 개념화하도록 돕고, 벌어질 수 있는 충돌을 예측하도록 하며, 만족스러운 해결책을 찾고 제안할 수 있도록 한다. 또한 논쟁이 이루어지고 결정이 내려질 수 있도록 돕는다.

번역자는 아무나가 아니다

이제 번역자가 다른 모든 사람들과 다르다고 가정해 보자.[3] 그것은 사실로 보인다. 이것은 모두가 번역자가 될 수 있는 것은 아니라는 의미를 내포한다. 하지만 인터넷만 있다면 누구나 자동번역 프로그램을 이용하여 번역 결과물을 낼 수 있는 오늘날에는 이 명제가 부분적으로만 참일 수 있다. 번역자가 다른 모든 사람과 같지 않지만 많은 사람들이 번역자가 하는 일을 해낼 수 있다. 그래서 나는 전제를 약간만 수정하고자 한다.

세상 모든 사람들이, 번역자들이 사회적으로 받아들여지고 있는 것처럼 받아들여지고 있는 것은 아니라고 가정해보자. 어떤 사람들은 번역을 잘한다고 생각되기도 하고 또 어떤 이들은 그다지 잘한다고 생각되지 않을 수도 있다. 누군가는 번역자로서 신뢰를 받기도 하지만, 어떤 이들은 온라인에 자신이 번역한 것을 올리고 굳이 인정을 요구하지 않을 수도 있다. 그렇기 때문에 어떤 사람들은 번역을 하고 또 어떤 이들은 그런 사람들의 번역을 사용한다. 전자는 신뢰받는(trusted) 것이고 후자는 신뢰하는(trust) 것이다. 생각해보면 번역자들이 가장 우선적으로 교환하는 것은 자신들에 대한 신뢰성(trustworthiness)이다. 이것은 윤리적 가치이고 다른 모든 가치들이 구성되기 위해 필요한 것이다.

물론 신뢰의 차원에서, 번역자들과 번역자가 아닌 사람들 사이의 구분은 유동적이고, 때로는 엘리트주의적인 경계를 모호하게나마 두른 채로 이루어지기도 한다. 번역자가 저자에 대하여 열등하다는 사고를 불편하게 여기는 번역자들이 있을 수 있다. 만일 그 번역자가 신뢰할만하다면, 그렇다면 그들은 어떤 통찰이나 창조성 때문에 가치가 매겨지는 것은 아니다. 이 구분은 또한 일부 번역자들의 입장에서 다른 번역자들에 대한 일종의 우월의식 콤플렉스를 유발하기도 한다. (나 말고) 다른 번역자는 신뢰하지 말라고 경고하는 것이다. 이러한 기본적인 구분은 어떤 직업적 이데올로기를 가능하게 하는 배타주의적 원칙이다.

'전문적'(professional)이라는 용어는 대단히 모호하다. 나는 이미 그것을 비인격(impersonality)의 정도와 관련을 짓기도 했다. 명백하게 규정된 윤리강령 이상의 윤리를 필요로 하지 않는 것으로 말이다. 물론 그렇게 했다고 해서 모든 전문인(혹은 직업인, professionals)들이 직업윤리와 마찬가지로 비인격적이라는 것을 의미하지는 않는다. 하지만 직업윤리에서는 각 개인의 특수성은 감추어지게 마련이다. 전문성은 일종의 비가시성(invisibility)을 포함한다. 사실상 정의에 따라 그러한 것이다. 개별적인 다양성은 그럼에도 불구하고 이 번역이라는 일(profession)에 큰 부분을 차지한다. 우리가 원하든 원치 않든 간에 말이다. 결국 의심은 개인적인 것이고 각 사람에 따라 독특한 것이다. 전문성의 차원에서는 그것이 감지되지 않을 수도 있다. 진정한 번역의 문제를 해결하는 유효한 해결책이 무수히 많기 때문에 번역자마다 서로 다른 번역을 생산하고, 그럼에도 모두 저마다 직업적인 신뢰관계를 유지할 수 있다. 혹은 그래야 한다. 콰인(Quine 1969: 96-97)은 "번역자는 다른 번역자가 한 번역에 만족하지 않는다"고 주장했다. 이것은 번역의 불확정성과 관련이 깊다. 하지만 그런 부정을 공개적으로 하면 안 된다. 번역자들이 서로를 비판하거나, 거래처를 훔쳐서는 안 된다. 그것은 전문직 직업윤리에 따라 직종의 품격을 떨어트리는 결과를 초래한다. 전문가들의 전문성이라는 것은 밖으로 보이는 외형, 공개적 담론, 이미지 등에 대단히 신경을 쓰는 것이기도 하다. 우리는 밖에서부터 보이는 여러 징후들을 참고하여 번역자의 특성을 구체화할 필요가 있다.

베버(Samuel Weber)에 의하면 전문가란 "그 주변 사람들이 보기에, 그냥 보통의 상품을 거래하고 유통시키는 것이 아니라 서비스를 제공하는 사람이다. 그리고 그 서비스는 그 사람만이 제공할 수 있는 것이다" (1987: 25).[4] 이것은 흥미로운 설명이다. 비판사회학(critical sociology)의 관점에서도 전문직은 배타적인 특징을 가지고 있다고 간주되는 것이다. 중요한 것은 당신이 무엇을 할 수 있는가가 아니라, 다른 사람들이 보기에 자신들은 할 수 없고 당신은 할 수 있다고 생각하는 것이다. 법이나 재판 사례들을 들여다 보면, 누구라도 의료적 자문을 구하고 교환할 수 있다. 하지만 공개된 인터넷에서 변호사나 의사들이 하는 자문의 내용이 함부로 유통되지는 않는다. 결국 전문직이란 온갖 의심과 다양한 선택이 가능한 실제의 내적 세계에 기초해있다기 보다는 신뢰와 효율성이라는 외적 세계에 기반해있다. 여기에서의 효율성이란 자기가 직접 번역하는 것보다 번역자를 신뢰하는 것이 더 효율적이라는 판단에 기초한다. 바로 이 지점에서 교환은 한 단계 더 나아간다. 이렇게 해서 전문직업인들은 경제적, 상징적 보상을 받고, 특정 사회적 네트워크 안에 진입할 수 있게 된다(Bourdieu 1972/ 1977). 하지만 그러기에 앞서 그들은 전문가라는 신뢰를 획득해야 한다.

하지만 이 모두가 정말로 번역자를 설명하는가? 서비스라는 측면이 실제 물질적인 상품, 문화적 산물, 번역된 텍스트보다 더 중요하게 여겨지는가? 이 질문은 생각보다 중요하다. 여기에 대한 찬성과 반대의 논의를 살펴보도록 한다.

첫째, 서비스로서의 번역. 고객들은 텍스트의 길이 때문에 비용을 지불하는가, 아니면 그 번역자를 믿기 때문에 지불하는가? 대부분의 경우는 두 가지 모두이다. 우리는 양이 전혀 고려되지 않고, 순수하게 서비스만이 고려되는 정도의 단계에 이르지 않았다. 그럼에도 전문적 배타성은 특별한 가치를 포함하는 것으로, 부가가치를 창출하는 것으로 이해된다. 이러한 가치는 다음과 같이 설명될 수 있다. 만약 전문가와 비전문가 모두 A를 B로 번역하고, 심지어 B1, B2, B3, …Bn 등으로 다양하게 표현될 수 있다고 동의한다고 하자. 그러면 전문가가 한 번역이 비전문가가 한 것보다 가치 있는 것으로 인식될 것이다. 왜냐하면 돈을 지불하는 고객의 입장에서는 전문가를 더 신뢰하기 때문이다. 같은 텍스트와 같은 작업이지만 가치가 다른 것이다. 전문가들은 단지 물품을 파는 것이 아니다. 그들은 결국 주관적으로 판단될 수밖에 없는 관계적 요소를 포함하는 서비스를 제공한다. 그리고 이 관계적 요소는 물질적 요소보다 더 중요하다. 자원봉사자나 보조 번역자들도 전문가만큼이나 효율적이고 정확하게 번역을 잘 할 수 있다. 그렇지만 그들은 배타성에서 오는 이익을 거둘 수 없다.

그렇다면 우리는 같은 작업이 서로 다른 가치를 가질 수 있다는 것을 쉽게 받아들이는 사고에 기초하여 번역자 윤리를 도출해낼 수 있을까? 우리는 자원봉사자나 보조 번역자(비전문가, 준전문가, 실습생)들을 모조리 배제해야 할까? 그들이 질 좋은 번역물을 생산했다는 것을 알고, 앞으로도 그럴 수 있음을 아는데도 불구하고? 그렇다면 번역과 함께 복수 직종에 종사하는 사람들의 경우는 어떠한가? 사실 이 점은 번역자들의 경제활동을 특징짓는 요소이기도 하다. 번역가이면서 교수이고, 번역가이면서 작가이고, 번역가이면서 가정주부이고, 번역가이면서 대외관계 관리자이고, 번역가이면서 퇴직자이고 말이다. 배타성만을 고수하는 것이 '전문' 번역가에 붙은 인용부호를 없애는데 도움이 될까?

우리는 전문성에 대한 전제를 자동적으로 공유하는 대신, 번역에 대한 좀 더 안정적이고 따라서 좀 더 현실적인 지점으로부터 출발해야 한다.

번역자의 배타성을 위한 세 가지 공간

우리는 전문성의 긍정적 효과를 부정하지 않고도 위에서 살펴본 배타성에 관한 논의를 다른 관점에서 살펴볼 수 있다. 관련 영역이 무엇이든지 간에 전문가를 만드는 구별된 자질에 초점을 맞추기보다는, 무엇이 어떤 번역자들을 전문가로 만드는가 하는 질문을 던져보아야 한다. 따라서 우리의 질문은 전문 번역가가 아니라 전문가가 된 번역자들에 관한 것이 되어야 한다.

베버의 언급과는 달리, 번역자의 전문직업적 배타성은 서비스보다도 물품 그 자체에 있다고 볼 수 있다. 다시 말해 번역자가 전문가인 이유는 그들이 번역하기(translate, 서비스) 때문인가, 아니면 번역물(translation, 상품)을 제공해 주기 때문인가?

교환가치를 가진 상품(merchandise)으로서의 번역은 물질적인 생산물(material product)이다. 이것은 교환가능한 품목이다. 번역물은 번역자들과 그것을 돈을 주고 사서 이용하는 사람들 간에 교환된다. 이것은 번역자가 존재한다는 것을 의미하므로 번역자들은 커뮤니케이션 과정의 전부는 아닐지라도 일부에 대해서 책임이 있다. 번역자들이 무엇을 번역할 것인지의 선택과정에 참여하는 경우는 매우 드물다. 또 그 지식을 사용하는 순간에 대해서도 거의 책임을 갖지 않는다. 이와 반대로 전문적 서비스라는 사고에는 이 모든 공간에 해당 전문가가 통상 존재하는 것을 전제한다. 의사는 병세의 위중한 정도를 떠나 환자에 질병을 진단하는 데서부터 건강을 회복시키는 데까지 전 과정에 책임을 가진다. 어떤 경우에는 번역자도 이와 비슷하기도 하다. 하지만 의사가 일하는 사회적 관계는 번역자의 그것처럼 간접적이거나 피상적이기만 한 것은 아니다. 의사는 그러한 관계들에 대해 좀 더 공고한 제어 권한을 가진다. 그들의 책임은 텍스트의 길이가 일곱 장인지 열 장인지에 기초하여 다르게 평가받는 문화적 산물과 다르다. 대부분의 측면에서 볼 때, 의사는 번역자가 아니다. 반대로 번역자는 여느 전문가와 다를 바가 없는 것이 아니다. 의사는 이상적으로 볼 때 모든 회복 과정에 책임을 진다. 번역자는 문화간 커뮤니케이션 과정의 일부분만을 책임진다. 의사의 책임은 좀 더 동질적인 성격을 가지는 공간 안에 함의되어 있지만, 번역자의 경우는 몇 가지 서로 다른 중요한 차이가 있는 공간이 있음으로 해서 그 책임의 정체가 복잡해진다. 이런 측면에서 번역 형식은 번역자와 저자를 구별해줄 뿐이지 번역을 둘러싼 다른 관계자들과의 차이를 구별해주는 것이 아니다.

여기 번역자의 정체성을 복잡하게 하는 세 가지 공간이 있다.

- 첫째로 앞서 필자가 번역 형식이라고 지적하여 설명한, 번역자가 번역하는 내적 공간이다. 이것은 번역자들이 번역을 가지고 직접적으로 일하는 공간이다, 의문점을 제기하고, 영감에 휩싸여 어딘가로 내달리기도 하며, 서로 다른 대안을 비교하고, 자신의 직관에 자신감을 얻기도 하는 공간이다. 또한 이후에 자신들이 책임질 결정을 내리는 공간이기도 하다.
- 둘째로 물리적 상품의 공간이 있다. 물리적 생산물들이 실제 교환과정에 제출된다. 양적 가치와 번역자의 정체에 따라 달라지는 질적 가치가 첨가된다. 이러한 가치평가는 번역의 전체를 읽거나 듣기 전에 이미 이루어지기도 한다. 그러나 달라질 것은 없다. 이 공간은 교환과정 속에 놓여 있으면서 다음 가치평가를 가능하게 하는 근거가 되기도 한다. 이것은 고객이나 수정자, 편집자, 때로는 동료 번역자, 혹은 저자들의 개입에 열린 공간이다.
- 마지막으로 대체로 가상의 단계로서 지식이 사용되는 공간이다. 이 공간에서 번역물은 읽히고 들려지고, 그것을 수용하는 사람들에 의해 해석되며, 번역으로서의 존재를 완성한다.

살펴 본 바와 같이 번역자는 이 세 공간 모두에 존재하지 않을 수도 있다. 번역자의 책임은 궁극적으로 첫 번째 공간으로부터 발생한다. 이 공간은 수많은 비전문 번역자들의 개입이 이루어지는 곳이기도 하다. 하지만 번역자들이 번역물을 생산하는 공간만큼이나 다른 공간들도 번역자의 전문성(직업)을 정의하는데 중요하다. 두 번째 공간은 물리적 상품의 공간으로, 완성된 번역물은 아직 미완성의 번역보다 당연히 교환하기에 훨씬 더 용이하다. 번역물이 가지는 물리적 유한성을 간과할 수는 없다. 즉, 번역은 서비스가 아니라 상품으로 간주되어야 하는 것이다. 세 번째, 지식이 사용되고 수용이 구체화되는 공간이다. 여기에서 번역과 비번역을 구별해야 할까? 번역물은 그것의 수용과정에서, 물론 유사번역임을 의심할 수 있는 경우도 있지만, 그것이 번역물이기 때문에 번역으로 규정되는 것이 사실이다. 번역자의 본질 때문이 아니고 말이다. 그렇기 때문에 유사번역조차도 그것이 번역이라고 믿어지는 한 번역으로 포함될 수 있는 것이다(Toury 1995). 결국 번역자의 공간은 이 전문성의 세부사항을 결정하기에 충분치 않다.

논의를 더 진행하기에 앞서서 번역이 무엇인가를 구체화할 필요가 있다.

번역: 번역하는 행위(act of translating)

'번역'이라는 용어는 과정과 산물 둘 다를 가리킨다. 번역과정은 '번역하기'(translating)라고 하면 이해하기에 더 좋다. 번역은 참으로 놀랍고도 복잡한 인지과정이며, 서로 다른 문화가 가장 친밀한 방식으로 만나고, 그 차이점들이 드러나는 곳이기도 하다. 고정된 번역물을 생산하는 것을 넘어서 번역하는 과정은 인식론의 일반 분류의 하나로 이해하는 것이 더 나을 수도 있다.[5] 우리가 매일 그러하듯 번역하기는 유의어들을 조작하는 것에 불과할지 모른다. 번역은 글쓰기가 될 수 있다. 왜냐하면 글쓰기란 결국 구어적 논의를 번역하기 때문이다. 혹은 다시쓰기(rewriting)나 인용으로부터 주석에 이르기까지 포함되는 재구성(reformulating)이 될 수도 있다. 번역하기는 또한 우리가 아는 바에 대한 다양한 변환의 산물이기도 하고, 잠재적으로 새로운 것의 의미를 내포할 수 있는 지속적인 생산이기도 하다. 그렇지만 이러한 어떤 것도 책임의 문제에 근접하지 않는다. 따라서 이것은 우리의 고려사항이 아니다.

번역: 완성된 텍스트(completed text)

모든 해석 과정은 아마도 번역적인 측면이 있을 것이다.[6] 모든 텍스트는 일종의 번역 과정으로부터 나온 산물일 수 있다. 그러나 모든 텍스트가 번역물로 불리는 것은 아니다. 최소한 그 수용이 현실화되는 순간에는 그렇다. 모든 사람이 매일 조금씩이라도 번역하지만, 그들이 모두 물리적 번역물을 생산하여 그것으로 가치교환을 하지는 않는다. 이러한 특성은 지극히 순진한 관찰인 것 같지만, 실제 번역을 사용하는 사람들이 거의 생각하지 않는 점이기도 하다. 그저 과정만을 바라보는 이들에게 이 점은 그다지 중요하지 않을 수 있다. 이런 사람들에게 번역은 책임의 문제를 논하기에는 지나치게 광범위한 개념이 된다. 일반적 과정으로서의 번역이 아닌 특정한 텍스트로서의 번역은 번역자가 그저 아무나가 아니라 책임을 지는 존재임을 이야기할 수 있는 근거를 제공한다.

번역물로 인식되는 텍스트에 주목함으로써만이 번역자의 공간을 알아차릴 수 있게 된다. 설령 이 공간이 번역의 존재를 뛰어넘는다 하더라도 말이다.

수용된 번역: 번역이라고 인식된 텍스트(text receivd as translation)

번역이 완성된 물질적 대상이라고 주장하는 것은, 그것이 원문과의 합법적인 관계(constitutional relationship)를 실현해냈기 때문만은 아니다.[7] 오히려 수용이 가지는 역할에 더 주목하고 있기 때문이다. 수용자들은 잠시동안만이라 할지라도 지금 보고 있는 것이 번역물임을 인식한다. (만약 그렇지 않다면 그것은 유사-원문(pseudo-original)이라고 해야 할 것이다. 실제로 이러한 유형의 텍스트가 많다.)[8] 이 생산물이 없다면, 그리고 이러한 물리적 개입이 없다면, 우리는 향후 어떤 행동을 취해야 할 지갈팡질팡하는 햄릿(Hamlet) 부류의 사람으로 남게 될 수도 있다. 번역은 구체적인 행위여야 하고, 그것은 구체적인 대상(object)으로 존재하며, 아직 도착하지 않은 주체들을 위한 것이다.

간단히 말해서 현실화된 번역이란 문화와 역사에 따라 다른 규범에 순응하여, 번역이라고 인식되는 텍스트를 말한다.[9] 서구세계의 번역 형식은 수용의 과정에서 온전히 작용하게 된다.

우리는 한 단계 더 나아갈 수 있다. 번역은 수용자의 입장에서 이 텍스트가 번역(translating)이라 불리는 과정을 통해 생산된 번역물(a translation)이며, 어떤 선행하는(anterior) 텍스트, 즉, 딱히 합당하지 않은 표현으로 말하자면, 원천(the source) 혹은 원본(original)이라 불리는 텍스트를 그 과정의 출발점으로 삼고 있다고 믿는 가운데 온전히 존재할 수 있다. 다시 말해, 수용자는 번역물이 선행 텍스트를 온전히 재현하고 있다고 '믿는' 것이다.[10] 환상이기도 한 이 믿음은 종종 거짓이고, 이념적으로 쉽게 조작된다. 그러나 그것이 바로 번역자가 일부 책임을 져야 하는 부분이기도 하고, 이 독특한 신뢰관계의 일반적인 본질이기도 하다.

역사적 사례 속에서 살펴본 번역자의 책임

그렇다면 누구에게 책임이 있을까? 역사 속 위대한 한 번역자가 우리에게 그 답을 말해 줄지도 모른다. 9세기 바그다드로 가서 번역자 후나인 빈 이샤크(Hunain ibn Ishâq)의 이야기를 들어 보자. Ⓐ는 헬라어에서 시리아어로 번역되고 다시 아랍어로 번역되었는데, 그는 그 몇 가지 번역본에 관하여 다음과 같이 말한다.

세르기오스(Sergios)가 이 책을 예전에 시리아어로 번역했었지만 잘 하지는 못했다. 그래서 몇 해 전 내가 그것을 마사웨이(Yuhanna ibn Masuye 혹은 Masawaih)를 위해 번역했다. 번역하면서 최대한 명확하고 자세하게 논지를 살리기 위해 노력했다. 마사웨이(Masawaih)는 명쾌한 말(clear speech)을 좋아하고 또 그 자신도 그런 식으로 말한다. 그 후로 나는 이 책을 무하마드(abu Ga'far Muhammad ibn Musa)를 위해서도 재번역하였다.

(Bergstässer(버르크스태저) 1925: 6; Badawi(바다위) 1968/1987: 34)

여기 언급된 세 가지 요소가 번역자의 책임의 윤곽을 드러낸다. 첫째, 주제 사안(subject matter)에 관한 책임이다. 이 경우 뼈에 관한 것이다. 두 번째로 특정 사람에 관계된 번역자의 책임이다. 본질적으로는 마사웨이에 대한 책임이다. 셋째, 번역자가 스스로 번역했다고 하는 바로 그 일에 대한 책임이다. 즉, 번역물 그 자체보다 더 순전히 번역자에게로 돌아가는 책임이 있다. 이 세 가지 책임에 관하여 자세히 살펴보겠다.

주제에 대한 책임

첫 번째 요소는 이전 번역자인 세르기오스에 대한 후나인의 비평과 관련이 있다. 한 번역자가 다른 번역자를 비난한다. 이러한 일은 공개적인 방식으로 이루어져서는 안 된다. 전문가 윤리규정에 따라서 그러하다. 하지만 후나인의 논평은 이해할 만 하다. 이러한 종류의 비평은 모든 수정과 재번역에 기본적으로 내포된 것이다. 그리고 후나인의 경우, 두 번 재번역하였다. 능력 있는 번역자는 능력이 덜한 번역자의 번역을 개선할 수 있다. 대가는 견습생의 실수를 고칠 수 있다. 그리고 만일 번역자들이 자신들의 번역에 대하여 실질적으로 책임을 진다면, 또한 그러한 실수들을 스스로 고치거나 제3자에 의해 고치도록 해야 한다다면, 다른 번역자들의 번역을 수정했다고 주장하는 것이 엄청나게 잘못된 것은 아닌 것 같다. 물론 그런 경우에도 비판하는 사람은 "업계에 해"를 끼치지 않도록 주의해야 할 것이다. 모두가 그 실수를 알아볼 수 있고, 옳으냐 그르냐의 차원에서 수용할만한 근거를 댈 수 있다면, 수정이나 재번역은 어떤 윤리적 문제도 불러일으키지 않는다. 문제를 알았으면 고쳐야 한다.

이러한 실수는 원천(source)텍스트나 목표(target)텍스트[11], 혹은 비언어적 차원(뼈라는 주제 사안의 실제에 비추어 상응하지 않는 것들)에서 발견하게 될 수도 있다. 모든 번역자들은 이런 상황을 끊임 없이 마주하게 된다. 불변의 현상이라 할만하다. 번역 전에도 존재하고 번역 후에도 존재한다. 그러나 다시 한번 말하지만 이런 종류의 문제는 윤리적으로 대단한 문젯거리가 되지 않는다. 그렇다, 번역자는 주제 사안에 대해 충실해야 한다.[12] 그래서 그게 어쨌다는 것인가?

고객에 대한 책임

후나인의 이야기에 담긴 두 번째 요소는 번역자와 고객의 관계와 관련된다. 후나인이 뼈에 관한 텍스트를 재번역한다는 것은 첫 번째 번역을 개선하는 문제라기보다는 해당 고객의 요구를 충족하느냐의 문제이다. 마사웨이라는 그 고객은 번역방식에 대해 "최대한 명확하고 자세하게"라고 요구사항을 분명히 밝혔다. 그렇다면 번역자의 책임은 고객을 만족시키는 것이고, 후나인은 그렇게 했다고 말한다.

번역자는 목표언어의 특성에 따라 목표상황에 맞춰 그리고 그 번역을 의뢰했거나 거기에 비용을 지불하는 사람의 요구에 부합하도록 번역할 필요가 있다. 고객이 해당 번역의 본질과 기능을 수립한다. 하지만 주목할 점은 후나인은 고객의 요구가 충족되었을 때에만 고객을 언급한다. 세르기오스의 경우에 대해서는 어떤 지침이 있었는지를 말하지 않는다. 무하마드를 위해 번역한 번역본에 대해서도 아무런 언급이 없다. 후자의 경우, 우리는 최소한 후나인이 일종의 상식화된 규범에 맞춰 번역하였을 것이라는 점은 이해할 수 있다. 따라서 역으로, 마사웨이를 위해 한 번역은 그러한 규범에서 다소 거리가 있다고 볼 수도 있다. 만일 모두가 언제나 '명쾌한 말'을 원한다면 왜 굳이 그런 언급을 포함했겠는가? 따라서 이 점은 두 가지 다른 규범 사이의 긴장이 있음을 엿보게 하는 것 아닐까? 이 긴장이 가상의 것이라 할지라도[13], 번역자는 의뢰자의 요구를 만족시키기로 작정하고 있음을 볼 수 있다. 이런 관점에서 그러한 특정한 요구사항이 있는 경우, 번역자는 고객에게 분명히 책임이 있다.

물론 모든 고객들이 같은 방식의 요구를 하지 않는다. "명쾌한 말을 좋아한다"는 이 마사웨이는 누구인가? 그는 바그다드를 다스리던 네 명의 칼리프(caliph)의 전담 의사였고, 그 도시의 병원장이었다. 바다위(Badawi)에 따르면,

> 후나인(번역자)은 마사웨이(고객)에게서 의학을 배우길 원했다. 마사웨이는 그를 호통쳐 보내 버렸다. "너는 너희 민족(시리아)이 노상 하는 일이나 계속해라." 그 일은 환전을 가리킨다. 이 일로 해서 어린 후나인은 그리스어와 아라비아어를 진지하게 공부하기 시작했다.
>
> (1968/1987: 34)

이 이야기를 토대로 보면 마사웨이라는 고객과 후나인이라는 번역자는 딱히 친한 사이는 아니라고 추정할 수 있다. 오히려 그들의 관계는 불평등한 사회 권력을 가진 두 직종의 현실을 반영한다고 볼 수 있다. 바다위는 번역자 후나인이 자신의 고객의 요구사항을 언급할 때 일종의 아이러니한 태도를 취하고 있음을 간파했다. 차분한 태도로 아무것도 모르는 척 가장하고 사회적으로 부여된 의무를 이용하는, 소크라테스식의 역설이다. 어쩌면 그것이 마사웨이라는 고객을 향한 책임이

었을지도 모른다. 조용한 자기 희생과 복종.

후나인은 환전꾼 집단의 출신으로, 뼈를 직접 다룰 수 있는 직종으로 진입하는 것을 거부당했다. 그도 결국 재능 있는 의사이자 안과학의 선구자가 되었다고는 한다. 하지만 처음에는 의사로서의 전문적 지위를 획득하는 기회로부터 배제되었다. 그가 할 수 있는 것은 결국 기호를 교환하는 것이었다. 즉, 뼈들의 이름이 그것이다. 어린 후나인은 언어적 교환을 배웠다. 그 기호들이 실제로 어떻게 작용하는지를 배울 수가 없었기 때문이다. 결국 그는 번역자가 되었다.

우리는 고객에 대한 책임이 곧 번역자의 열등함과 연관된다고 결론을 지어야 할까? 책임과 열등함은 동일한 것인가?

직업에 대한 책임

세 번째 번역에 대해 언급하면서 후나인은 고객은 언급했지만 그 방법에 대해서는 언급하지 않았다. 바로 이 맥락에서 우리는 ① 이번에는 번역자가 고객과 대립적인 상황에 있지 않았고 ② 번역자가 이전 고객, 즉, 마사웨이가 부과한 개념과 방법에 동의하지 않았던 갈등을 해소했다고 가정해볼 수 있다. 후나인이 좀 더 나이가 들고, 자신에 대한 확신이 좀 더 분명해지고, 자신만의 규범에 따를 능력을 좀 더 확보하게 되었을 때, 그 재번역이 이루어진 것이다. 간단히 말해 그는 더 많은 책임을 지고 있었고, 덜 열등했다. 번역권(translatorship)에 복종이 개입될 필요가 없었던 것이다.

번역자와 고객의 관계에는 특정한 양상의 대칭구조가 수립되기 마련이다. 한 사람은 번역하고 다른 한 사람은 지불한다. 이러한 대칭이 둘 간의 권력관계의 기초를 이룬다. 대립이나 의혹이 있는 경우, 번역자들은 고객에게 머리를 수그리는 경향이 있다. 물론 이 관계를 규율하는 법은 없다. 번역자가 고객에 의존해 있다고 한다면, 고객도 번역자에게 의존해 있을 것이다. 번역자가 좀 더 지배적인 역할을 하는 상황을 어렵지 않게 상상할 수 있을 것이다. 그들이 문화간 커뮤니케이션에서 전문가로서 작용하고 있는 상황이다. 언어전문가로서, 번역자는 커뮤니케이션 관련 사항에 대하여 일종의 자문 역할을 할 수 있다. 무엇을 번역해야 하고, 왜 번역해야 하며, 어떻게 번역해야 하는지 모든 세부사항에 대해 고객에게 묻기보다는, 번역자가 고객을 대신하여 이런 질문의 상당부분을 스스로 결정한다. 마사웨이는 텍스트가 어떻게 번역되어야 한다는 점에 대해 말했지만, 두 번째 고객인 마하무드[abu Ga'far Muhammad ibn Musa, 기하학의 창시자인 알 카와리즈미(al-Khwãrizmi)에 버금가는 과학자]는 그러한 결정을, 좀 더 나이가 든 상태인 후나인의 재량으로 남겨두었을 것이다. 진정한 전문가가 되어가는 번역자로서 후나인은 신뢰할만한 가치가 있었을 것이고 자신의 모든 결정에 대하여 책임을 질 수 있었을 것이다.

이 두 극단적 사례들 사이에, 즉, 노예 번역자와 대가 번역자의 사이에서 우리는 실무적 위계의 원칙을 포착할 필요가 있다. 극단적인 사례 자체는 윤리학의 사안이 되기에 적절하지 않다. 노예 같은 번역자는 사실상 기계이고, 기계는 윤리적 원칙을 필요로 하지 않는다. 반면 완전히 독자적인 번역자는 고객도 수용도 필요로 하지 않는다. 따라서 이 경우에는 번역자의 윤리가 아닌 책임에 마주하게 된다. [이 독자성(주권, sovereignty)에 대해 다음 장에서 살펴보겠다.] 번역자의 책임 영역은 두 극단 사이 어딘가에 있으며, 번역자의 전적인 열등성이나 절대적 우위를 전제하지 않는다. 지금 내가 이 양 극단 사이에서 내놓고자 하는 주요 원칙은 충분히 단순하다. 번역자가 덜 열등할수록 자신의 결정에 대해 더 많은 책임을 진다는 것이다.

이것이 번역에만 특정한 원칙인가? 전혀 그렇지 않다. 언급한 바와 같이 이것은 모든 사람들이 자신에게 부여된 자유의 정도만큼 책임을 진다는 논리적 원칙에 다름 아니다. 그렇지만 주목할 점은 여기서 우리가 말하는 자유는 상당히 소극적인(negative) 함의를 가진다는 것이다. '자유'는 열등성이 없음을 의미한다. 돈을 받는 노예로부터 상대적으로 거리가 멀어졌음을 의미할 뿐인 것이다. 이러한 자유는 금지된 것이 아닌 이상 이론적으로는 모든 것을 할 수 있는 독자적이고 주체적인 개인에 관한 것이 아니다. 이것은 그저 다른 누군가를 대신하여 행동을 취할 능력이 있음을 의미할 뿐이다. 표면상으로 그 누군가의 이익을 위해 더 나은 것을 생산함으로써 말이다. 다시 말해 번역자는 번역자로서 행동할 자유가 있는 것이지 개인으로서의 자유가 있음을 말하는 것이 아니다.

그 두 번째 고객이 후나인에게 번역 방법을 결정하는 책임을 주었을 때, 그것은 후나인이 최고의 번역자이기 때문에 그렇게 한 것이지, 그가 번역이라는 사안과 관련하여 어떤 특정 선호를 가진 개인이기 때문인 것이 아니다. 최고의 전문가로서, 후나인은 최종 생산품에 대하여 책임을 진다. 전문성 그 자체가 후나인의 이름과 번역문에 비현실적인 확신을 부여하고, 따라서 사람들은 후나인이 투자할 만한 번역자라고 신뢰하게 된다. 개인으로서의 후나인이 논점인 것이 아니다. 바그다드의 칼리프들이 후나인의 의학 번역에 대하여 후하게 지불하고자 할 때조차도 그 번역의 무게가 금으로 환산되었던 것이지 번역자의 무게가 환산되었던 것이 아니다(Makdisi(마크디시) 1990: 245).

우리는 매우 미묘한 의혹이 일어나는 공간에조차 전문가로서의 주체성이 개인으로서의 주체성을 억압해서는 안 된다는 것을 잘 안다. 전문가라는 말은 신뢰와 확신을 불러일으키는 가면이고, 이상적으로는 다른 이들에게도 같은 태도를 요구한다. 그런데 그 전문성의 틈새로 그 사람의 개인성을 들여다 볼 수 있는 것도 사실이다. 후나인은 자신의 번역이 그것의 가치로 인해 금과 교환되는 것을 배웠을 것이다. 동시에 그는 바로 그 순간에도 개인이었다. 그는 부자였기 때문에 특별히 두꺼운 종이를 주문해서 사용했다고 한다. 이야기의 진실성을 얼마나 신뢰할 수 있는지는 모르지만 전문가라는 가면이 개인으로서의 그 사람 전체를 다 가릴 수 있는 것은 아니다.

이제 우리는 일반적 위계에 대한 두 번째 원칙을 도출할 수 있다. 하지만 이 원칙으로 인해 번역자가 자신의 개인성과 전문성을 조화시킬 수 있는 안정적인 관계를 수립할 수 있다고 주장하는 것은 아니다. 후나인이 첫 번째에 대해서는 주제 사안에 관련한 책임을 가졌다고 할 수 있고, 두 번째에 대해서는 특정 고객에 책임이 있었다면, 세 번째 경우에 그는 전혀 새로운 차원에서 책임을 지게 되었다. 즉, 번역자의 전문성, 모든 번역자와 그들이 점유하고 있는 간 문화적 공간에 대하여 지는 책임이다. 전문 번역자로서 볼 때, 그 자신의 개인적 공간에서 그가 내린 결정은 모든 전문 번역가들의 이름으로 내린 결정이었다. 그 공간 안에서 개인은 전 업계를 대표해 결정을 내리게 되는 셈이다. 각 개인, 모든 결정, 모든 상황에 적용되는 강력하고도 추상적인 원칙에 입각해서 말이다. 이러한 추상적 원칙은 내가 보기에 전문가 집단에만 해당하는 것이다. 이 세 번째 차원은 고객에 관한 것도 사안에 관한 것도 아니고, 원천 내지 목표 문화권에 따라 의무라고 간주되는 규범이나 전략에 관한 것도 아니다. 그것은 이 직업의 간 문화적 측면과만 관계가 있다.

번역자의 '충실성'을 전제하는 모든 논의들 속에서 아무도 이 전문성에 대한 책임을 이야기하지 않았다. 왜 여기에 대해서는 조용한 것인가? 이것은 후나인이 세 번째 번역을 설명할 때 그가 사용한 침묵과 같은 종류의 것이 아니다. 그 침묵 속에서 작업의 품질은 그 자체로 이야기될 필요가 있다. 누가 의심하겠는가? 이 세 번째 유형의 책임은 다른 책임을 배제하지는 않는다. 이것이 대단히 새로운 이야기는 아니다. 번역자는 오직 번역을 하는 사람이고, 번역을 떠나서는 목소리를 가질 수 없는 사람이다. 그 번역에 뭔가 기대치 않았던 것, 불편하게 하는 것, 혹은 개인적 성향에 따른 중재라고 볼 만한 것이 없는 이상 그 번역은 신뢰할만하다고 가정하고 있는 것처럼, 번역자도 신뢰를 받을 자격이 있는 사람이다. 만일 신뢰할만하게 보이기를 원한다면, 침묵하라. 이론화하지 말고, 자신의 의혹을 표출하지 말고, 특히 번역자 집단에 속한 것이 아닌 사람들에게는 말이다. 그러한 것은 전문성이라는 가면이 가진 비겁한 측면이다.

어떤 전문가 집단은 좀 더 용기가 있다. 더 이성적이기도 하다. 자신의 선택의 이유를 공개적으로 표출하는 위험을 감수하는 사람들은 누구나 사안에 대한 단순한 책임과 관련하여 대립을 조장하기 쉽다. 신성모독에 해당하는 내용을 정말 번역해야 할까? 혹은 어떤 고객에 대한 모독에 해당하는 것을? 번역자는 장사치가 될 수 없는가? 윤리적 논의는 이러한 위험을 내포한다. 논쟁을 가시화한다. 왜냐하면 내적인 의구심을 바깥으로 꺼내 보이게 하는 것이 그 본질이기 때문이다. 전문성의 가면 그 자체는 윤리강령을 보면 된다. 논제로서의 윤리학은 그것이 가진 틈새를 뚫고 이야기해야만 한다.

그 틈새 속에서 우리는 전문 번역가들의 윤리(ethics of professional translators, 배타적이고 추상적이고 궁극적으로 억압적인)와, 번역자의 윤리(translator ethics)라 부르고자 하는 것 사이의 차이를 발견한다. 그렇게 함으로써 보다 활발한 논쟁과 문제제기, 그리고 앞으로 우리가 좀 더 자세히 살펴볼 자원봉사 번역자들에 대하여 열린 논의를 진행할 수 있기를 바란다.

업데이트: 기술민주화 시대 번역자의 전문성

번역 실무자들(translation professionals) 중에는 학자들이 자신들을 돕기 위해 존재한다는 오만한 생각을 가지고 있는 경우가 종종 있다. 이론, 연구, 교육의 유일한 목적이 번역이라는 직업의 향상이라는 것이다. 만일 우리가 어떻게 번역하는가에 대한 방법을 알고자 한다면, 번역의 최고 전문가들이 어떻게 하는가를 연구해야 하는 것이다. 또 옳은 결정이 무엇인가를 알고자 한다면, 오랜 경력을 가진 실무가와 인터뷰해야 한다. 그래서 수많은 훈련생들과 연구자들은 일종의 무언의 합의를 하고 있는데, 자신들이 실무 전문가들을 지원하고 있는 체 하는 것이다. 정작 그 실무자들은 그런 지원이 아무 쓸모가 없다고 주장하고 있는데 말이다.

이런 합의에 대한 도전은 번역의 본질적인 불확정성을 수용하는 담론들에 의해 미약하게 나마 이루어진다. 만일 번역자들 모두가 마음에 의구심을 가진 채 작업을 하며, 모두 다르게 작업하고, 또 저마다의 다른 해결책을 제안한다는 것을 보인다면, 실무 전문가들이 가진 집단적 아우라에 의문을 제기할 수 있다. 그러나 그러한 도전은 대부분의 실무자들이 이미 충분히 겪어가는 일이다. 최소한 저마다의 창조성을 강조하고 있다는 차원에서 그러하다. 실제로 그들은 창조적이다. 번역의 불확정성 자체에 대하여 그다지 큰 반발이 있었던 적이 없다. 그런데 최근 더 급진적인 도전이 등장했다.

2009년에 제정된 "번역자, 전문용어학자, 통역자 인증에 관한 퀘벡 주령"(Ordre des traducterus, terminologies et interpétes agréés du Québec, OTTIAQ)에서 퀘벡에서 번역자라 불리기 위해서는 이 법이 정하는 바에 따른 회원이 되도록 했다.

> 이 직종의 명칭을 사용하는 데 대한 제약이 적절치 못했기 때문에, '인증'이라는 수식어를 추가하는 것이 아니라면 그간 누구라도 자신을 번역자, 전문용어학자, 통역자라고 일컬을 수 있었다. 이것은 이중의 명명 체계를 만들어 대중에 혼란을 줄 뿐 아니라 사회적 위험을 내포한다.
>
> (OTTIAQ 2009: 4)

상기 명령은 이 업계에서 있을 수 있는 기만과 위험으로부터 대중을 보호할 책임을 거론하고 있다. 그리고 논리적으로는 '인증 번역자'와 '번역자'라는 명칭 사이의 혼란을 제거할 것을 목표로 하고 있다. 앞으로는 번역자(회원)와 비번역자(다른 모든 사람들) 사이의 구분만 있을 뿐이다.

이것은 전문성이 배타성에 근거하고 있음을 급진적으로 표현하고 있는 사례이다. 특별한 훈련이나 인증 없이 번역물을 생산해온 상당수의 보조전문가, 생계의 큰 부분을 번역에 의존하고 있었을 수많은 이들에게 역효과가 있었을 것이 분명하다. 이 명령에 따르면 번역자는 전문가 협회에 소속된 회원들만이 번역자이다. 의사나 변호사, 건축설계사, 회계사 등과 마찬가지로 번역자들도 인증을 거쳐 배타적 직업 단체에 소속된 경우에만 자신들의 서비스를 교환할 수 있는 것이다.

우리가 이런 명령에 따르자면 번역자 윤리(translator ethics)는 그와 같은 직업 단체 회원들만을 위한 것이 된다. 그렇다면 우리 윤리는 그러한 단체에 의해 구체화되는 직업윤리(code of ethics)와 동일한 것이 된다. 그렇게 되기를 원하는가? 그렇게 하면 어떤 결과가 벌어질까?

다시 한번 학자들과 실무자들 간에 맺어진 그 오랜 무언의 합의를 고려해보자. 이 합의는 대체로 다음과 같은 방식으로 작용한다. 학자들은 '전문 번역'(professional translation)이라는 개념을 상정함으로써 전문 번역자(professionals)들에게 타당성을 부여한다. 전문 번역자들은 교육과정을 이수하는데 동의함으로써 (물론 늘 그런 것은 아니다) 학자들에게 타당성을 부여한다. 어떤 국가들의 경우에는 대학에서의 교육이 번역자라는 직업단체의 회원이 되는 유효한 기준이 되고 있기도 한다 (Chan(챈) 2008, Pym et al. 2012). 따라서 우리 학자들 중에는 번역 과정 연구에서 다음과 같은 결론에 도달하기도 한다.

> 전문 번역자들은 번역물의 텍스트적 특징이나 전반적인 번역전략, 커뮤니케이션 목적 등에 대하여 더 민감하게 의식하는 것을 보여준다. 따라서 전문 번역

자들은 자신들의 번역전략이나 번역원칙, 자신만의 번역이론들을 사고발화기법(think-aloud protocol)에 따라 훈련생이나 비전문가들에 비해 구체화할 수 있었고 …

(Dimitrova(디미트로바) 2005: 14)[14)]

훌륭한 연구에 대한 참으로 훌륭한 요약이다. 실제 연구결과에 대해 나는 아무런 이의가 없다. 게다가 이런 유형의 연구는 상당히 유익해 보인다. 신참과 전문가 사이의 차이를 구체화한다면, 바로 상기 연구요약이 말하는 바와 같은 점들을 포착하게 될 것이고, 그 점에 기반하여 훈련생들을 교육할 수 있다. 그러나 이 연구는 전문 번역자라는, 보편적으로 균질하고, 같은 실제를 공유하는 집단을 가정하고 있음을 주목할 필요가 있다. 또한 연구대상이 400명이 채 되지 않음에도 스스로를 '전문' 번역가로 칭하는 333,000명의 모든 사람을 대표한다고 보고 있다. 실제 연구를 자세히 들여다 보면, '전문'이라는 값(value)의 조작적 정의가 사실 대단히 다양하고, 참여번역자 일부만이 배타적 직업 단체의 회원이었다. 즉, 번역자들 중 일부가 연구자에게 자신의 데이터를 주기로 동의했고, 그 대가로 연구자는 해당 번역자들이 어떤 식으로든 전반적인 업계를 대표한다고 본 것이다. 같은 종류의 무언의 합의가 실제 교육과정에도 반영된다. 최소한 직업 단체들이 관련 학위를 인정해주고, 따라서 그들만의 배타적 담론을 학문기관을 통해서도 일부 재생산하는 것이다. 교육자들을 자신들의 수문장(gatekeeper)으로 효과적으로 탈바꿈시키는 것이다.

이 같은 내재적 합의는 번역의 불확정성을 능가하는 어떤 개념으로 도전되어야 한다. 그러한 의문은 앞서 베르만(Berman)에 의해 제기되었다. 그의 경우 직업적 전문가들의 상업성을 위대한 문화적 사명이라는 윤리 아래 두었다. 그러나 우리가 제기하는 의문은 어째서 퀘백령이 십여 년 전이 아니라 정확히 2009년에 그들이 인증하는 일부만이 번역자로 칭할 수 있다는 결정을 내렸는가에 대한 이유와 훨씬 더 연관이 있다.

-경고-

이제 일반 대중이 이용할 수 있는 자동번역 어플리케이션(application)이 일견 유용해 보인다. 왜냐하면 외국어로 쓰여진 것들에 대한 일반적인 이해를 도모하기 때문이다. 하지만 그러한 소프트웨어를 통해 생성된 텍스트는 진정한(true) 번역이라고 볼 수 없다. 즉, 그러한 텍스트들은 전문(professional) 번역가들에 의해 수정되어야 한다. 대중을 보호해야 할 책임에 따라 OTTIAQ는 번역이 필요한 모든(all) 경우에 인증된(certified) 번역자에게 의뢰할 것을 권고한다.

(OTTIAQ 2010)

여기에는 사고의 왜곡이 있다. '진정한 번역'이란 전문 번역자에 의해 수정됨으로써 가능해진다는 것이다. 그렇다고 이 말이 수정자(reviser)를 가정하고 있는 것도 아니다. 그렇다면 전문적인 번역자의 수정이 번역을 '진정한' 번역으로 만든다. 결국 '인증된 번역자'가 전부 해야 한다는 것이다. 그렇다면 번역기술은 용인될 수 있다는 것인가, 그럴 수 없다는 것인가?

지금의 세계에서 기술에 대항하는 싸움은 이미 졌다. '번역자'라는 명패를 독점하고자 하는 퀘벡의 시도는 성공적이지 못하다. 최소한 아직까지는 성공적이지 못하다. 그 직접적인 이유는 아마도 기술적이기보다는 정치적인 이유에서일 것이다. 하지만 기술은 여전히 강력한 요인으로 존재하고 있다.

무료 온라인 번역기는 이제 조악하나마 거의 모든 사람이 번역물을 생산해낼 수 있도록 그 가능성을 열어 놓았다. 기계번역 시스템이 이제 데이터 기반으로 만들어지고 있기 때문에 그 품질도 사용자들의 증가와 함께 향상될 것이다. 그것은 상당히 고무적인 일이다. 기계번역은 수용 가능한 품질의 번역을 생산해낼 수 없다고 전문 번역자들이 점잖게 주장할 수 있는 시대는 지나가고 있는 셈이다. 기계번역기들이 학습하는 시스템으로 변모해가고 있기 때문이다. 미래에는 어려운 일들은 기계번역의 몫이 될 것이다.

동시에 온라인 소셜네트워킹 시스템들은 많은 분야별 전문가들로 하여금 공동번역(collective translation process)에 자원하여 참여할 수 있도록 하고 있다. 이러한 방식은 협력번역(collaborative translation), 공동체 번역(community translation), 크라우소싱(crowd-sourcing), 사용자 기반 번역(user-based translation), 일반인 번역(lay translation), 시민 번역(citizen translation) 등 다양한 이름으로 불리고 있다. 앞으로도 더 많은 이름이 만들어질 것이다. 많은 번역들이 온라인에서 자원한 이들에 의해 이루어지고 있다. 경우에 따라서는 해당 분야의 주제 사안에 대하여 탄탄한 경력을 가진 사람들에 의해서이다. 집단 수정 방식으로 인해(페이스북(Facebook)의 경우 선호하는 번역에 투표), 온라인 데이터베이스에 의한 기술적 지원에 따라, 그리고 무료로 번역할 준비가 되어 있는 수 많은 사람들 덕분에, 번역자 윤리는 전문 번역자들 그 이상을 고려해야 하게 됐다.

살펴본 바와 같이, 이러한 기술에 대한 전문 번역자들의 반응은 여전히 대체로 부정적이다. 기계번역이 야기한 끔직한 재앙과도 같은 해프닝이 회자된다. 누구나 번역할 수 있다는 주장에 대해 여전히 오만한 미소로 응수한다. 기계와 대중은 전문지식의 성역을 침투해 들어올 수 없다고 여전히 확신한다.

어떤 측면에서 볼 때, 비인증(non-certified) 번역자들이 있어서는 안 된다는 주장은 한때 일반 신도들에게는 글쓰기 기술을 가르쳐서는 안 된다고 했던 종교적 계급의식과 닮아 있다. 우리는 또한 뉴스 서비스가 일부 인증된 전문가들이나 면허를 받은 미디어 기관에 의해서만 제공될 수 있는 나라들을 떠올릴 수도 있다. 글쓰기는 결국 일반 대중에게 허용되었고, 뉴스는 이제 인터넷 블로그와 동영상 서비스의 일이 되어 버렸다. 커뮤니케이션이 민주화된 것이다. 이러한 현상이 이제 번역의 영역에서도 포착되고 있다.

번역의 민주화가 커뮤니케이션의 질과 사용자 기만에 있어 심각한 문제를 불러일으킬 것이라는 것은 의심할 여지가 없다. 우리는 좀 더 표준화된 번역자 인증 체계나 번역자의 수준을 사용자들에게 알릴 수 있는 보다 효과적인 방법이 필요하다. 중고차의 품질이 이제 의무화된 표준화 형식으로 표시되고 있는 것처럼 말이다(Chan 2008 참조). 그렇지만 역사를 두고 볼 때, 인증된 번역자들만이 번역 일에 종사하고 있는 것은 아님을 알 수 있다. 대부분의 전문 번역자들보다 더 나은 분야별 지식(area knowledge)을 가진 준전문가(paraprofessional)들과 기술 발전을 창조적으로 포용할 수 있는 길을 모색할 필요가 있다(Holz-Mänttäri 1984). 그러한 연대 속에서 전문 번역자들은 전문 번역자들만의 특별한 기술을 제공할 수 있게 된다. 그리고 퀘벡주령이 실은 기본적으로 인지하고 있는 것처럼 점차, 기계장치나 아마추어들의 작업을 수용하게 될 것이다.

언어를 가지고 할 수 있는 일에는 다섯 가지가 있다. 말하기, 듣기, 쓰기, 읽기, 그리고 번역하기이다(Campbell(캠벨) 2002). 이제는 모든 사람이 이 다섯 가지 모두를 할 수 있는 권리가 있음을 인식할 필요가 있다. 번역자 윤리는 사람들이 번역하는 것을 막지 않는다. 번역자 윤리는 사람들이 그것을 더 잘 할 수 있도록 도와야 한다.

자원하여 번역하는 주변적 전문가들이 많아진다고 해서 책임, 신뢰, 완성된 번역물에 대한 우리의 고집을 양보해야 한다는 것이 아니다. 반대로 우리가 논의해온 대부분의 것들이 협력적 번역의 영역에 이상하리만큼 잘 들어맞는다.

스퍼시아스와 불리스는 페르시아를 향한 임무를 가지고 스파르타를 떠났을 때만 해도 전문 메신저들이 아니었다. 그들은 그저 순수한 명분에 따른 임무를 부여 받았다. 하지만 임무를 마칠 때가 되었을 때 그들은 그 직종의 대표자로서의 지위를 획득하였다. 무임 혹은 낮은 번역료를 받으며 일하는 것은 오랫동안, 직업적 보상이 있는 번역 일에 도달하게 하는 일종의 디딤돌과도 같은 과정이었다. 상황은 크게 다르지 않다. 예를 들어 중국 같은 경우, 이곳의 젊은 번역자들은 정부의 억압이 있기 전 순식간에 미국영화나 비밀 웹사이트 등을 창의적으로 번역한다. 그들의 헌신은 단지 문화적 명분만을 위한 것이 아니라 가까운 장래에 중국 문화 속에서 자신들의 지위를 확보하기 위한 일이기도 하다. 미국성서공회에 의한 조직된 번역팀들의 경우도 마찬가지이다. 이들은 도착언어공동체에서 확보된 훈련 받지 않은 번역자들로, 도착문화에 가장 효과적일 수 있는 번역을 생산해왔다. 이들이 한 번역은 전문 번역 자문(professional translation consultant) 혹은 아마추어이자 코디네이터이자 훈련관이자 성경학자이기도 한 선교사들이나(Stine(스타인) 2004: 62), 교회에서 훈련을 받은 중재자들에 의해 그 타당성을 검증받았다. 이 중재자들은 해당 번역의 잠재적 독자와 그 작업을 재정적으로 후원한 기관 모두에 신뢰를 받을 만한 최종 생산물을 확인할 수 있도록 훈련을 받았다. 페이스북의 신속한 로컬라이제이션의 경우, 타당성 검증도 훨씬 더 민주적이다. 잠재적 번역자들, 해당 분야 전문가들을 중심으로 투표를 진행하여 결정된다. 이것은 품질을 통제하지 않는 방식으로 믿을 만한 품질에 대한 전문 번역자들의 우려를 불식시킨다. 나는 기계번역과 자원봉사 번역자, 전문 수정자나 검토자들의 역할을 고려하여 미래의 로컬라이제이션 작업 흐름도를 재구성하였다<도식1>. 도식의 왼쪽 상단으로부터 시작하여 볼 때, 먼저 텍스트가 번역메모리(translation memories, TM)에서 활용될 수 있는 방식으로 조각조각 나뉜다. 조각화 된 텍스트들은 기계번역 시스템(machine translation system)을 거치게 된다. 그 결과는 자원봉사자들과 보조전문가들[크라우드 번역(crowd translation)]에 의해 검토된다. 그 결과가 전문 번역자들에 의해 다시 검토된다. 문체를 점검하고 교정되며 편집양식과 도식 등 초기 단계에서 제거되었던 것들을 다시 제자리에 삽입한다. 이렇게 함으로써 현지화된 콘텐츠(localized content)가 생산되는 것이다. 중요한 점은 기계번역의 결과가 자원봉사자들에 의해 검토되고, 그것이 다시 전문 번역자들에 의해 수정되고, 전문 편집자들에 의해 편집된다는 것이다. 번역의 품질은 초심자에게 있는 것이 아니라 전문가에게 돌려진다.

모든 지배적 사회 집단은 자신들을 지배적 위치로 올려준 기술에 변화가 발생하는 것을 저항한다. 그 기술을 자신들에게 유리한 방식으로 활용할 방안을 찾을 때까지는 말이다. 어느 정도 지위가 확고해진 종속적 계급도 변화에 비슷한 방식으로 저항한다. 훨씬 더 고집스럽게 저항할 수도 있다. 그리고 결국 새로운 세대에 의해 흔들리고 만다. 전문번역자들은 전문영역 내 지배적 지위와 다른 직종에 관련해서는 부차적인 지위라는 이 두 가지 역할로 특징지어진다. 그들은 여전히 자신들이 특화된 생산과정을 판다고 생각한다. 따라서 그들은 기계번역이나 자원봉사자들과 결합되는 것을 반대한다. 점차 그들은 자신들이 파는 것은 그들의 허가, 품질보장에 대한 신뢰, 책임 등임을 알게 될 것이다. 번역물 생산에 관여하는 그런 종류의 서비스는 번역기술에 대한 전반적인 변화에 비추어 보조적인 역할이라고 할 수 있다.

〈도식1〉 자원봉사 번역자들(crowd translation)을 포함한 로컬라이제이션 작업흐름도 (Carson-Berndsen(카슨-번센) et al. 2010: 60 재구성)

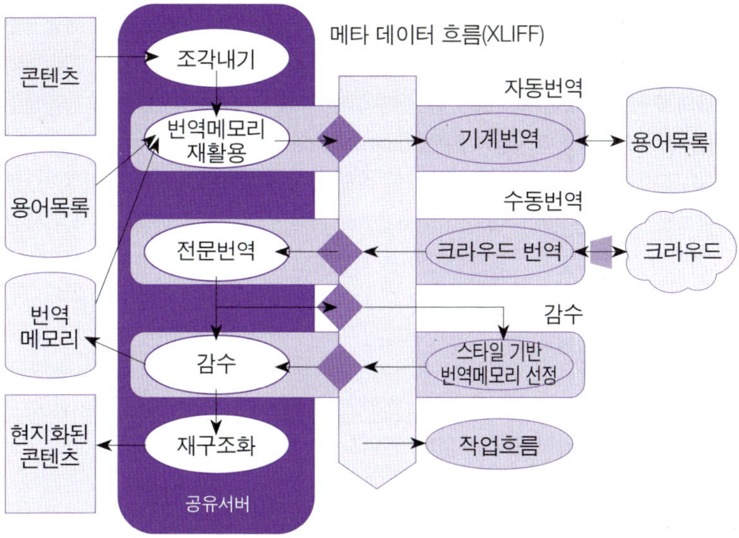

미주

1. 또 다른 경우는 번역 형식이 다른 기능들과 섞이는 경우이다. 예를 들어 법정에서 사건의 양 당사자 사이에 번역자나 재진술자(repeater)들이 앉은 경우이다.

2. 물론 어떤 강령들은 대단히 효과적인 작업지침을 주고 있기도 하다. 유럽표준(European Standard) EN-15038(2006)을 예로 들면, 번역회사들은 모든 번역물의 수정에 대하여 번역자가 아닌 다른 제3자를 통해 되어야 할 것을 규정하고 있다(5.4.3). 중국 국가번역표준(Chinese National Standard for Translation) GB/T19363.1(2003)도 이와 유사한 수정 방식을 제안하고 있지만 의무적으로 부과하고 있지는 않다. 하지만 중국표준에 따르면 번역자와 번역회사 직원들은 "적절한 복장을 갖추고 공손한 언어를 사용하고 고객의 문의에 대응해야 한다"고 규정하고 있다(4.2.2). 주목할 것은 두 기준 모두 번역회사에 대한 규정을 이야기하고 있다. 개인 번역자가 아니고 말이다.

3. 이러한 방식으로 논의를 출발한다고 해서 그 제안과 반대되는 입장을 결국 주장할 거라고 생각할 필요는 없다. 번역자는 사실, '딱히 누구라고'(nobody in particular)도 할 수 없다(Pym 1992/2010: 53).

4. 또한 베버는 같은 문헌에서 "그만이 줄 수 있는 서비스를 제공한다는 차원에서 전문직은 그 종사자들에게 특별한 권위와 지위를 제공한다. 그들은 자신들의 '영역'에서 독점적 역량을 가진 것으로 간주된다"고 하였다. 르페브르(1992b: 14)는 '문학시스템'(literary system)을 논하는 부분에서 베버의 이 단락을 인용하였다. 르페브르가 본 문학시스템에 종사하는 전문가란 비평가, 교육자, 번역자이다.

5. 서레스(Serres 1974: 9)는 "우리는 그 대상을 이해한 사람들의 변환체계(translaformation system)를 통해 알 뿐이다."라고 말했다. 또한 그는 번역이 텍스트 영역에서 작용하는 변환시스템이라고 했다.

6. 나는 '번역적'(translative)이라는 형용사와 '번역한'(translational, 때로는 '번역된')이라는 형용사를 구분한다. 전자는 과정으로서의 번역의 자질들을 가리키고, 후자는 번역이라는 과정을 거친 산물임을 가리킨다.

7. 프랭크(Armin Paul Frank 1992: 371)에게 이 '합법적인 관계'(constitutional relationship)란 번역자의 구체적인 행위를 통해 실현된다. 바로 번역자가 그날 하

루 일과 안에 해당 번역을 할지 말지를 결정하고, 또 그 번역된 결과를 완성된 것으로 간주할지 말지 결정하는 가운데 실현되는 것이다. 여기서 완성되었다는 것은 꼭 완벽하다는 것을 의미하는 것이 아니라 그 번역자의 작업 조건(working condition) 아래서 생산 가능한 최선의 결과물로 출판을 허용할 수 있음을 의미한다.

8. 유사-원본(pseudo-original)은 번역적 과정에 의해 생산되었지만 수용자들의 공간에서 번역으로 인식되지 않는 텍스트를 말한다. 이러한 텍스트들은 완전히 번역된(translational) 것이 아니다. 우리가 매일 보는 텔레비전 뉴스들은 상당 부분 번역되었지만, 번역물로 수용되지 않는다.

9. 투리(Toury 1985: 20)는 번역 코퍼스에 무엇이 포함될 수 있는가를 제안하였다. 그에 따르면 '번역'은 번역이라고 제시되었거나(presented), 그렇게 간주되는(regarded) 모든 도착어 발화(utterance)를 의미한다.

10. 이 원칙은 구트(Gutt: 1991/2000: 186)의 개념에 가깝다. 그는 '직접 번역'(direct translation)은 완전한 해석적 유사성을 가정한다고 했다. 그러나 여기에서 나는 꼭 유사성이 개입되어야 한다고 주장하지는 않는다. 원문의 선행성, 타자로서의 나, 번역의 완성 여부가 내가 논의하고자 하는 바를 충분히 설명할 수 있다.

11. 원천(source)텍스트와 목표(target)텍스트라는 말은 제대로 이해되지 못하고 있다. 이 표현은 적절한 것이 아니고, 그 사용방식도 부적절하다.

12. 질(Daniel Gile: 1995: 59)에 따르면 "절대적 충실성의 규칙은 원문의 메시지나 정보가 목표언어텍스트에서 언제나 재표현되어야 한다."

13. 후나인의 번역 방법은 직역(word-for-word)과 거리가 있다는 것이 관련 문헌 대부분의 견해이다.

14. 디미트로바(Dimitrova)는 Jääskeläinen(재스켈래이넨), Künzli(퀸즐리), Tirkkonen-Condit(티코넨-콘디트) 등의 저술을 인용하였다. 나는 그저 이들을 믿을 수밖에 없다.

John Benjamins Series

16 On Translator Ethics

제 4 장

중재자

중재자

맥락과 요인

앞서 후나인(Hunain)의 사례를 통해 살펴본 여러 종류의 책임을 우리는 어떻게 공식화할 수 있을까? 그가 했던 얼마 안 되는 발언들은 그다지 체계적이지 않다. 우리가 번역의 맥락(context of a translation)이라고 부르고자 하는 모든 요소를 언급하고 있지도 않다. 하지만 이런저런 각종 이론서들에서 볼 수 있는 혹은 온갖 상자와 화살표들로 무장함으로 일견 완벽해 보이는 앞장의 <도식1>과 같은 것들 속에서 우리는 어떤 기대를 할 수 있을까? 대체 누가 어떤 상자들에 무엇을 쓰고 있다는 말인가? 번역의 맥락에 대한 이차원의 구식 모델들에 대해서는 누구나 알고 있다. 번역자를 문화권, 의뢰인들, 시니피앙과 시니피에, 지시물들, 행위들, 발신자와 수신자, 때로는 심지어 우주나 두 개의 세계라는 맥락 속에 위치시키는 것들이다. 그러한 이차원의 모델에서 간 문화적 공간이 명시되는 경우가 거의 없다. 번역자들에 대한 언급도 매우 드물다. 제2 혹은 제3의 역자인 보조 번역자들에 대한 언급은 더욱 없다. 그저 감수자나 편집자가 이따금씩 언급될 뿐이다(그런 점에서 <도식1>은 꽤 잘 된 도표이다). 이런 것들이 번역의 '맥락'(context) 혹은 '번역 문화'(translation culture, Prunč(프룬크) 1997, 2000)[1]를 구성한다. 만일 이런 번역 맥락이나 번역 문화의 요소들을 모두 고려해 논의할 수 있다면, 우리는 누가 무엇에 대하여 책임이 있는가를 명확하게 이야기할 수 있을 것이다. 그러나 그러한 접근은 전일주의적(totalitarian) 윤리의 망상이다.

우리가 번역의 맥락을 고려할 때, 즉, <도식1>과 같은 번역과정에 관련한 어떤 상자들과 화살표들을 그려 넣을 때, 과연 우리가 고려해야 할 모든 것이 포함되었다고 확신할 수 있을까? 목록화된 모든 요소가 동등하게 중요할까? 모든 것이 실제로는 같은 크기일 수 없음을 잘 알지 않는가? 화살표들은 전부 정말로 한 방향으로만 향하는가? 모든 행위나 흐름이 이렇게 마술처럼 동일한 정도로 중요할까? 전기처럼 전달과정에서 손실되는 것은 없을까? 전달과정에서 상당량의 에너지가 손실되지 않을까? 이차원의 모델은 이러한 점을 나타내기에 적합하지 않다. 이 모델은 일종의 사회학적 접근으로 각 행위자(actor)의 관련 요인(agency)나 그것들의 다른 행위자들에 미치는 영향들에 대한 엄청난 양의 전제들을 깔고 있다. 그렇기 때문에 이 모델은 권력관계의 비대칭이나 의존성 혹은 참여로서의 번역의 작용을 간과한다. 참여로서의 번역의 작용이란 메시지를 손실 없는 선형적으로 내보내기만 하는 것이 아니라 커뮤니케이션의 형태와 방향을 적극적으로 변화시키는 것이다. 또한 이 모델은 견해의 충돌을 해소할 수 있는 기준을 제시하지 않는다. 상자와 화살표들은 그것이 아무리 많든지 간에 다른 많은 것들을 배제할 수밖에 없다. 그렇다면 이 모델이 윤리적 사고에 어떤 도움을 줄 수 있을까? 우리는 그 행동의 차원에 대하여 아무런 관심이 없는 누군가에게 어떻게 특정 행동을 취하라고 제안할 수 있을 것인가? 번역자에게 세상을 구하라고 요구하는 것은 어린 아이에게 책을 읽으라고 요구하는 것과 같다.

번역에 대한 이차원적인 모델들 혹은 그것에 수반되는 담론들은 권력의 사회적 그리고 심리학적 작용을 적극적으로 은폐한다. 후나인은 번역자로서의 자신의 작업에 관련이 있다고 여겨지는 세부사항들을 진술하고 있다. 그러나 그는 너무 관련이 깊어 방해로 여겨지기도 하는 일들, 예를 들어 그가 번역자가 되기 전 의사 마사웨이(Masawaih)와의 사이에서 있었던 일 등에 대해서는 언급하고 있지 않다. 각각의 상자에는 과거가 있다. 각각의 화살표들은 어떤 것에 대한 반응으로서 발생한 것이다. 도식적인 맥락들은 대개 다른 사람들이 주목해주기 원하는 요인을 조명하고자 고안된 것이다. 어쩌면 이것이 현재의 많은 이론들이 윤리에 관심을 덜 기울이는 상황에 대한 설명이 될 수 있다.

이러한 문제점들을 생각할 때, 정말로 모든 요소들을 고려해야만 할 것인가? 분명히 각각의 커뮤니케이션 행위는 그것의 특정 권력관계와 연계하여 여러 맥락 요소들을 저마다의 위치에 고정시킨다. 모든 경우에 다 적용되는 하나의 맥락 모델을 만들기보다는 각각의 사례가 그것의 관련 인자들을 포함한 맥락을 드러내도록 할 수도 있다. 후자의 방식을 채택하기 위해 필요한 것은 한 요인이 다른 요인에 어떻게 영향을 미치는가를 예리하게 이해하는 것이다. 이러한 영리한 접근에서 우리는 그 요소들간의 권력관계를 하나의 체계를 형성하는 접합 요소로서 바라볼 수도 있다. 이 체계라는 개념 또한 지나치게 쉽게 전제되고 있는 개념이기도 하다.[2)]

이 기본을 절대 잊어서는 안 된다. 이름값 하는 철학과정들을 살펴보면 인과관계에 대한 고전적인 사고가 어떠하였는지에 관심을 기울이는 것을 볼 수 있다. 좀 더 정확하게 말하자면 아리스토텔레스의 4원인론(four Aristotelian causes)[3)]에 관심을 가진다는 것이다. 이것은 마치 시험에 대비하느라 열심히 외웠다가 곧장 잊어버리는 암기노트와도 같다. 이 이론이 번역에 관한 사회동역학(social dynamics) 모델을 수립하는데 도움이 될 수 있다. 지금의 번역이론에는 이런 유형의 모델이 부재하다.

네 가지 원인

아리스토텔레스의 4원인론이 인기가 있는 이유는 그것이 가진 다차원의 범주 때문만은 아니다. 그 네 가지 차원을 동시에 고려한다는 것은 쉽지 않지만, 인과관계를 파악하는 과정이 다원적 방향성을 가지고 인간적 측면에 대한 고려를 포함하기 위해 필요한 일이기도 하기 때문이다. 아리스토텔레스가 흥미로운 이유는 그보다 더 단순한 모델들을 극복하고 있다는데 있다.

다음은 4원인론이 중세 시학(medieval poetics)에 기여한 역할과 번역에 대한 가능한 적용, 그리고 현대 번역학 이론과 관련된 것들을 분류한 것이다. (Pym 1998에서 번역의 역사에 4원인론을 적용한 것 참고).

- 질료인(Causa materialis): 창조자가 무엇을 만들기 위해 사용하는 재료. 물리적인 원인. 번역에 있어서는 원문과 용어목록, 번역 메모리, 온라인 데이터베이스 동. (언어학과 언어공학의 영역).
- 목적인(Causa finalis 혹은 causa ut): 그 작업의 존재를 정당화시키는 것. 그것의 효용(utilitas). 번역의 결과물. (목적 분석 또는 스코포스이론의 영역, 또는 번역이 도착문화에 어떻게 작용하는가에 관한 가능한 사회학적 접근).
- 형상인(Causa formalis): 재료에 가해진 창조적 행위의 조직. 번역으로 수용할 수 있도록 하는 번역 형식과 전통적인 번역규범. (역사적-기술적 연구의 영역).
- 동력인(Causa efficiens 혹은 causa quod): 창조자, 번역에 있어서는 번역자. (아주 최근까지도 번역학 연구자들에게 거의 관심을 끌지 못한 영역).

이 네 가지 용어로 구성된 구조를 더 단순화해야 해야 할까? 프랑스 번역가이자 비평가인 트리콧(Tricot)은 아리스토텔레스의 4원인론은 재료(matter)와 형식(form)의 2원인론으로 압축할 수 있다고 보았다. 또 4원인보다도 더 많은 원인을 발견하려고 노력하는 이들도 있다. 숫자에 너무 연연하지 말자. 그것이 핵심은 아니기 때문이다. 중요한 것은 우리에게는 2개의 원인보다 더 많은 원인이 필요하다는 것이다. 그 이유는 다음과 같다.

트리콧은 아리스토텔레스를 플라톤화(Platonized)하고 있다. 여기서 나는 철학자들이나 그들을 번역한 사람들을 교정하려 하는 것이 아니다. '플라톤화'하는 것이 효과가 있다면 어찌하겠는가? 그런데 문제의 발상은 책임과 인자에 대한 우리의 물음과 이상하리만치 잘 연결된다. 트리콧 식 아리스토텔레스의 주장은 이것이다. 궁극 원인(내가 보기에는 '번역의 목적')은 아직 실현되지 않은 형상인(formal cause: 번역 형식)일 뿐이다. 동력인(번역자)은 그 형상인에 의해 사용되는 매개체일 뿐이다. 그러므로 모든 것은 결국 형식(form)과 재료(matter)로 되돌아간다. 트리콧 식 아리스토텔레스는 "건강에 영향을 미치는 것은 의사의 행위가 아니라 의사의 생각", 즉 "건강이라는 이상"이라고 말한다(1953: 22n).[4] 그래서 모든 번역의 목적은 추상적인 번역 형식 안에 이미 있는 것일 수 있다. 이것은 내가 거부해왔던 환원(reduction)식 사고이다. 왜냐하면 번역자와 저자 사이의 기본적인 구분이 역사적으로 많은 다른 목적들에 기여해왔기 때문이다. 우리가 플라톤화된 아리스토텔레스를 따른다면, 번역 형식(형상인)과 우리만의 특정한 재료, 즉 원문과 관련 데이터베이스(질료인)만을 가질 수 있을 것이다. 그렇다면 책임은 오직 형식과 재료이기만 할 수 있을 것이다. 사람들은 어디에 들어가야 하는가? 인간이라는 요인(human agency)은 어디에 있는가?

우리는 "번역을 생산하는 것은 번역자의 행동이 아니라 번역자의 생각 안에 있는 번역 형식, 다시 말해, 번역이라는 이상(the idea of translation)이다"라고 정말로 말할 수 있을까? 그런 점에 있어서 번역이 의학을 그렇게 쉽게 대신할 수 있을까? 후나인의 이야기에서 그는 의사가 아니었다. 그는 자유를 보장받을 수 있는 그 직종에서 처음에는 배제되었다.[5] 나아가 번역에 대하여 그가 가지고 있던 생각은 의사이자 고객인 마사웨이에 의해 통제되는 목적인의 권력관계나 무엇에 대하여 누가 책임을 지는가에 대한 일반적인 사회규범과도 결합되지 않았다. 이처럼 하나의 번역 형식에 대하여 하나의 목적과 역사적 규범이 대립하는 것으로 환원하는 것은 절대적이고 자주적인 전문 번역자(sovereign professional translator)를 전제로 한다. 이러한 번역자들은 번역을 둘러싼 모든 생산관계를 주도하고, 하나의 불변하는 번역 형식에 의해 그 지위가 확고해진다. 마치 번역자가 권력을 가진 유일한 사람인 것처럼 말이다.

재료를 마주하는 유일한 형식으로서의 번역자, 절대적 번역자를 가정하는 것은 번역이론에 심심치 않게 등장한다. 예를 들어서 독일의 이론가 베르미어(Hans Vermeer)는 명시적으로 번역자 개인을 다루었다. 이러한 방법이 일반 이론을 끌어내는 데 더 용이하기 때문이다(1989: 30). 그는 번역자를 변호사와 엔지니어와 동등한 차원에 두었다(40). 번역자를 하나의 존경받는 전문가로 만들었다(76). 이 전문가는 번역적 방식(translatory way)으로 행위하는 전문가이다(handelt translatorisch)(42). 번역이 다른 목적이나 다른 직종과 갈등할 수 있다는 사실과는 별개이다. 이러한 절대성은 주요 윤리적 사안들을 회피한다. 결국 이미 전제된 바대로 번역자가 실제로 절대적이고, 관련 모든 당사자들과의 관계를 제어할 수 있다면, 해결책이 필요한 무슨 문제가 더 있겠는가? 4원인론은 이런 종류의 가장 최신 이론보다도 이미 세 가지의 원인을 더 말하고 있다.

이제 나는 단 하나의 원인만을 주장하는 모험을 시도해보고자 한다.

원천 중시

질료인의 신봉자들은 전통적으로 원천텍스트나 그것을 둘러싼 모든 것들에 특권을 부여했다. 여기에는 언어와 문화, 세계, 그리고 번역자가 반드시 존중해야 하는 모든 선행 사건들이 포함된다. 이러한 접근에 가장 잘 들어맞는 방법은 언어학과 전문용어론, 문화간 대조연구 등이다. 역설적으로 이러한 범주에 속하는 덜 전통적인 신봉자들 중에는 해체주의자들이 꽤 많다. 번역에 대한 원천의 지배력(hegemony)는 거부하지만, 그것을 선행하는 텍스트성(textuality)의 확장으로 보는 것이다. 독해방식으로서의 해체주의는 창조적 변형(creative transformation)으로서의 번역의 본질을 주장하면서도 동시에 방법적으로는 번역자가 아닌 다른 모든 중요한 것에 특권을 부여한다(Pym 2010a: 108-110 참고).

쉬운 원본을 노골적으로 무시했던 베르만(Antoine Berman)도 이 같은 이론가에 속한다. 베르만의 논의는 단순한 방식으로는 아니었지만, 원천에 특권을 부여했다. '번역의 순수목적'(the pure aim of translation)의 개요를 짜는 데 있어서, 그는 모든 원인을 하나의 형식으로 묶어내는 것을 절대적 주권(a sovereignty)으로 보았다(1985: 83). 그러나 베르만은 이 목적을 문자(the letter)에 대한 정확성과 충실성의 차원에서 정의했다. 이 두 원칙을 절대적 주권을 가진 번역자가, 마찬가지로 절대적인 원천 텍스트와 관련하여 반드시 준수해야 할 의무로 보았다. 베르만은 형식주의자임에도 불구하고 원천에 특권을 부여했다.

그렇다고 해서 베르만의 윤리를 언어학과 같은 것으로 환원할 수 있다는 것은 아니다. 그에게 있어 정확성과 충실성은 "타자를 타자로 받아들이는 것"(receiving the Other as an Other, 1985: 88)을 의미한다. 따라서 베르만에게 번역을 한다는 것은 "외국인에게 언어적으로 그 자리를 열어주는 것"을 의미한다(89). 타자와의 이러한 관계가 4원인론에 대하여 어떤 의미를 가질까?

여기 너무 자명해서 대개 놓치게 되는 것이 있다. 질료인(the material cause), 즉, 원천 텍스트 등은 베르만의 논의에서 타자(the Other) 혹은 외국인(Foreigner)이 된다. 즉, 사람이다. 이러한 의인화(personification)를 어떻게 이해해야 하는가? 여기에 원천텍스트의 작가가 관련된 것 같지는 않다. 베르만은 그가 집(home), 해외(abroad) 혹은 다른 어딘가에 남아 있다고 보았다. 뼈에 관한 책의 저자인 갈레노스(Galen)는 바그다드로 들어갈 꿈을 꾼 적이 없다. 저자에 관하여 우리가 가진 것은 텍스트, 즉 물리적인 사물뿐이다. 이 베르만이 말하는 타자 혹은 외국인은 부재한 사람을 재현(represent)하는 텍스트적 대상(textual object)일 뿐이다. 그 외국인은 그저 상징으로서 존재하는 것이다. 베르만이 외국인을 환영하는데 부심했다는 데는 의심할 여지가 없다. 그러나 몇 차례 살펴보았다시피 그의 논의는 실제의 외국인들에게 체류허가증(carte de séjour)을 내주는 것과 아무런 관련이 없다. 살과 피를 가진 (외국인) 저자는 집에 머물고 있는 것이다. 이러한 상황에서는 외국인들에 대해 이와 다르게 행동하는 모든 사람들에게 자기민족 중심적이라는 딱지를 붙이는 것은 쉬운 일이다. 이것은 꾸며낸 윤리학이다. 양방향의 권력관계가 이상하리만큼 부재하다. 베르만의 논의는 외국의 문화가 도착문화에 그 텍스트를 강요하는 상황에 대해 고려하도록 고안된 것이 아니다. 그는 식민주의 권력이 자신들의 텍스트를 피식민지로 내보내는 것을 고려하지 않는다. 대신에 그는 도착문화측의 절대적 주권을 전제하고 썼다. 또한 규범적으로 번역자 역시 절대적 지위 안에 위치해있다고 전제하고 있다. 마찬가지로 그의 논의에는 번역이 진정한 다문화 · 다언어 사회의 발전을 가로막는 수단적 정책이 될 수 있음을 고려하지 않았다. 프랑스의 문학 정치(literary politics)가 프랑스 언어 전체에 대하여 행한 것처럼 말이다. 이런 상황에서 번역은 윤리적으로 합법화된다. 동시에 프랑스 영토 내에서 다른 언어를 사용하는 것은 불법화된다. 베르만은 외국인들을 환영한다. 하지만 어디까지나 자신이 단일언어적 기착지(monolingual inn)에서 주인 행세를 할 수 있을 때까지만 그렇다. 결국에는 독자들의 수용능력을 넘어서는 난해한 텍스트를 생산하는 문자 그대로의(à la lettre) 신중한 번역이 부재한 상황이 된다. 만일 타자에 대한 사회적 편견을 변화시키고자 한다면, 텍스트 내 사회적 개입이 필요하다. 그런데 이러한 목표는 종종 문학적 엘리트주의와 대립한다.

베르만이 의인화된 질료인을 강조하는 것은 번역이 존재하기 위해 필요한 다른 인자들에 대해 침묵하기 위해서이다. 고객도 없고, 교환도 없고, 이야기할 독자층도 없고, 따라서 아무런 권력관계가 성립하지 않는 것이다. 이 모든 것이 결국엔 원천 텍스트를 중시하는 입장으로 수렴된다. 거기에는 아무런 현실 맥락이 없다.

목적 중시

베르만의 최선의 노력에도 불구하고 1980년대 유럽은 그와 대립되는 노선이 우세했다. 이러한 경향은 독일어권의 스코포스(광범위한 차원에서 '목적'을 의미하는 그리스어) 이론으로 대표된 이 이론은 명칭이 말해주다시피 도착문화권을 기점으로 하여 번역에 의도된 기능 혹은 목적에 우선순위를 두는 입장이다. 이것은 아리스토텔레스가 제안한 목적인에 잘 들어맞는 이론인 것 같다.

먼저 나는 널리 퍼져 있는 오해를 풀고자 한다. 스코포스 이론은 과거 프랑스에서 이야기되었던 아름답기는 하나 원문에 충실하지 못한 번역을 의미하는 '벨장피델'(belles infidèles)과 혼돈되어서는 안 된다. 이 입장은 수용하는 (도착)문화권의 우위성을 주장하며 외국 텍스트를 개선할 것을 요구한다. 혹은 최소한 최선의 부분만을 선택적으로 받아들이려 한다. 고전의 경우 권력관계는 명백하게 도착문화권 쪽에 있다. 그러나 스코포스 이론에서의 목적이라는 문제는 좀 더 미묘하다. 유진 니다(Eugene Nida)[6]가 이미 1964년에 지적한 것처럼 번역하는 방법은 해당 번역이 수용문화권에서 해야 할 기능으로부터 확정된다. 예를 들어 그 번역의 목적이 대중적인 보급과 전달을 겨냥하는 문화상품의 제공이라면, 벨장피델 전통의 번안(adaptive) 전략이 효과적일 것이다. 할리우드 영화 제목들을 생각해 보라. 원문을 급진적으로 변형시키는 경향이 있지만 상업적 완성도에 있어서는 충실하다. 반면에 번역의 목적이 수용자로 하여금 이국적인 외국의 작품을 접하게 하는 것이라면, 베르만의 문자적 번역(à la lettre)이 정당화될 것이다. 목적인(the final cause)으로 인해 질료인(the material cause)이 왜곡되는 것이 정당화될 수 있는 것이다. 목적인을 중시한다는 것으로 목적(purpose, skopos) 자체가 무엇인지를 알 수 있는 것은 아니다. 단지 번역과 관련된 다른 모든 요소가 목적으로부터 유래한다는 것이다. 목적인은 따라서 맥락 속에서 다른 모든 요소를 선별하고 지배하는 것이다.

목적인이 가지는 이 논리적 탁월성이 스코포스 이론의 기초를 이룬다. 스코포스 이론은 최소한 1980년대 형성되었다(베르미어는 1978년으로 보기도 함). 베르미어는 "번역자의 윤리적 의무는 번역의 목적을 양심적으로 이행하려고 노력하는 것이다"고 하였다(Vermeer, 1989: 77).[7] 누가 이것을 부정하겠는가? 이 목적의 본질을 무엇일까? 여기에 답이 있다. "번역자의 가장 중요한 의무는 의도된 정보를 최선의 방법으로 전달하는 것이다"(1989: 68).[8] 그런데 이 '의도된 정보'가 무엇인지, 예를 들어, "누가 의도한?" 등에 관한 무수히 많은 질문들을 제기하지 않는다면, 최선의 방법이 무엇인지도 알아낼 수 없다. 최선이라는 것에 대해서도 마찬가지다. 누구를 위해 최선인가? 여기에 대해 베르미어는 자신이 선호하는 바를 숨기지 않는다. '최선'이란 '번역가의 눈에'(aus der Sicht des Translators) 최선을 의미한다(1989: 68). 번역자의 윤리적 목적은 번역자가 보기에 가능한 최선의 방법으로 행동하는 것이다. 그런데 이런 결론은 우리에게 그다지 유익하지가 않다. 어떤 번역자가 주어진 사안에 대하여 최선이라고 생각되는 것을 의식적으로 행하지 않겠는가? 이런 상황을 상상해 볼 수 있다. 어떤 번역자가 일련의 용어들에 대해 사전을 찾아봐야 한다는 것을 알지만 찾아보지 않기로 결심했다고 하자. 왜냐하면 마감기한을 맞추는 것이 더 중요하기 때문에 그만한 시간이 없다고 판단한 것이다. 이것은 해당 상황 아래 번역자가 최선이라고 생각한 합리적 결정이다. 다른 어떤 결정을 내릴 수 있겠는가? 여기에서 번역자가 뭘 잘못했다고 할 수 있겠는가? 여기에서 번역자들은 피고인도 되고 재판관도 된다. 결국 베르미어의 윤리학이란 번역자가 하는 모든 행위는 다 윤리적이라고 말하는 데까지 이르게 된다. 번역자가 그렇다고 판단한다면 말이다. 그렇다면 여기에서 번역자의 윤리에 관해 뭔가 의미 있는 이야기를 하려면, 그저 누가 번역자가 될 수 있는가의 정의를 제한하는 것뿐이다. 베르미어나 특별히 홀츠-맨태리(Holz-Mänttäri, 1984)에게 있어 번역자라는 용어로 지칭되는 사람들은 전문가들을 가리킨다. 따라서 그들은 간 문화간 커뮤니케이션에 관한 한 그 내용에 대해서는 아니더라도, 완벽한 결정권, 자주권을 가졌다고 할 수 있다. 그들이 어떻게 전문가가 되었을까? 아마도 베르미어와 홀츠-맨태리와 같은 교수나 전문가에 의해 훈련 받았을 것이다. 결국 이것은 궁극적으로 자기 이해에 봉사하는 기관 윤리(self-serving institutional ethics)일 뿐이다. 목적인을 강조하는 입장은 궁극적으로 동력인(efficient cause)에 관한 이상주의, 즉, 절대주권의 전문 번역자(sovereign professional translator)를 이야기하는 논리로 빠지게 된다.

이 같은 사고는 스스로를 전문가라고 생각하는 모든 전문가들, 즉, 업종 자체를 추켜세우는 유익이 있다. 또한 이것은 번역자들이 자신들의 전문성을 발휘하는 모든 상황을 포괄할만큼 충분히 추상적이다. 그렇다면, 목적인에 의한 윤리학은 번역자들 자신의, 스스로 안에 있는 목적을 평가할 수 있는가? 만일 A라는 번역자가 X라는 목적을 달성하려고 한다면, 그는 그렇게 해야 할 것이다. 마찬가지로 역량 있는 B라는 번역자가 동일한 상황에서 Y라는 목적을 달성하고자 한다면, 또 그는 그렇게 해야 할 것이다. 이 목적을 다른 목적보다 선호하는 것에 대해 어떤 기준이 적용될 수 있겠는가? 두 번역자가 둘 간의 차이를 해소하고 협상하기 위해 사용할 수 있는 기준이 무엇인가? 베르미어의 윤리는 대단히 가변적이어서 결국에는 이 공허한 '목적'을 넘어서는 아무런 제안을 하지 않는다. 그의 윤리는 번역자들에게 세상 모든 자기 확신을 부여한다. 그리고는 그들을 저버린다.

목적인으로는 전문직의 파워게임에 진입할 수가 없다. 예를 들어, 후나인이 메사웨이의 견해에 동의하지 않았던 것은 곧 번역자와 고객이 같은 의견을 공유하지 않는 상태를 말한다. 이때, 우리는 베르미어를 따라 번역자가 옳다고 가정해야 할까? 다른 직종들이 가진 상식을 무시하는 것만으로 전문성(professionalism)을 획득할 수 있다고 생각하는 것은 아닐 것이다.

(번역이라는) 형식 중시

스코포스 이론의 변이 이론 가운데 번역자를 절대적 주체로 만들지 않는 것이 있다. 아마도 번역자 훈련에 더 관심을 가지는 듯한 노르트(Christiane Nord)는 번역자의 목적이 일반적으로는 고객(client), 좀 더 엄밀하게 말하면, 의뢰인(initiator)에 의해 정해진다고 말한다. 전반적인 목적(global Skopos)이 "번역자의 분별(discretion)이 아니라 의뢰인의 결정(decision)에 의해 정해진다"고 보는 것이다(1988/1991: 9). 따라서 종속적인 존재라고 할 수 있는 번역자는 다른 직종의 기준을 적용하고 따라야 한다. 후나인이 메사웨이의 바람에 따라 자신을 복종시킨 것은 옳은 선택이었다. 그렇다면 이 해결책은 일관성 있는 윤리적 사고에서 기인한 것인가?

지금까지는 노르트의 접근이 베르미어의 접근만큼이나 내용이 없는 것 같다. 우리는 여전히 잠재적으로 모두 좋다고 할 수 있는 일련의 목적들을 상대해야 한다. 단지 이번에는 그 목적들이 고객들 쪽에 줄 서 있을 뿐이다. 베르미어의 번역자들이 단지 전문 번역자이기 때문에 옳다고 한다면, 노르트의 의뢰인은 단지 그들이 번역료를 지불하는 의뢰인이기 때문에 옳은 것이다. 번역에 관련한 결정의 논리와 요인은 번역자의 경우는 훈련에 의하여 의뢰인의 경우는 돈에 의하여 결정되는 것이다.

다행히 노르트에게는 다른 것들이 더 있다. 노르트는 역사-기술적(historical-descriptive) 연구의 입장에서 번역방법의 다양성에 관심을 가지고 있다. 투리(Toury, 1980)에서 체스터만(Chesterman, 1994a)에 이르는 다른 많은 연구자들과 마찬가지로 노르트는 번역의 역사를 의뢰인과 번역자, 수용자 사이의 관계와 그들의 기대를 지배하는 일련의 사회적 규범과 원리로 보았다. 노르트에게 있어 지배적인 요소는 관습(convention)이나 규범(norm)이다.[9] 이것은 넓게 보아, "번역이 어떻게 되어지기를 기대하는 바"라고 할 수 있다(1991: 99). 매 순간 목적인이 그러한 것처럼, 여기 각각의 역사와 문화 맥락마다 달라지는 또 다른 원인이 있다. 즉, 가변적인 규범이 특정 번역에 대한 포괄적인 원인이 되는 것이다.

이러한 사고는 다양한 규범들에 대한 분석으로 인해 윤리에 대한 진지한 성찰이 가로막힐 만큼 대단히 상대적이다. 노르트는 "모든 문화에 적용될 공통의 번역 강령은 존재하지 않는다"고 강조한다(1991: 92). 이것이 지금의 상황일 수 있겠다. 그러나 향후에도 꼭 그래야 할 필요가 있는가? 동시에 노르트는 의뢰인과 독자가 기대하는 바를 얻게 되어야 한다고 제안한다. 같은 맥락에서 헤르만스(Hermans)는 역사적 규범의 상대성을 다음과 같이 강조한다. "번역자들이 자신들에게 기대되는 바를 행할 때, 그들은 작업을 잘 마쳤다고 인정받게 된다"는 것이다(1991:

166). 그럴 것이다. 말이 되는 말이다. 그러나 이것을 윤리와 혼동해서는 안 될 것이다. 이치에 맞지 않은가? 이 기술적 자연주의(descriptive naturalism)에 따르면 번역의 최종 목적은 타인들의 기대에 부응하는 것이다. 이것은 적어도 권력관계와 번역자가 해야 하는 결정의 요인 문제를 해소한다. 상황을 바꾸는 것이 불가피한 것이 아니라면 현상유지(status quo)를 넘어서야 하는 어떤 특별한 동력도 존재하지 않는 것이다. 그 모든 기대와 규범들 속에 간 문화 공간에서 작용할만한 기대와 규범들을 어떻게 찾을 수 있을까? 변화가 없다면 규범의 역사적 변화를 어떻게 이야기할 것인가? 즉, 번역의 원칙이 변화하는 것을 어떻게 설명할 것인가? 형상인(formal causes)에 대한 무비판적인 동의와 맥을 같이 하는 기술적 자연주의는 결국 공허한 윤리로 이어지는 것이다.

좋은 교육자인 노르트는 역사적 기술에만 그치지는 않는다. 번역자와 의뢰인 사이에서, 좀 더 정확하게는 번역자와 규범 사이에서 의견 불일치가 발생했을 때, 노르트는 갈등을 해결할 수 있는 매우 실질적인 방법을 제안한다. "전문 번역의 세계에서, 즉, 훈련을 끝낸 상황에서, 번역자가 만약 규범에 따르지 않을 것이라면 그 일이 독자에게 알려야 한다. 즉, 독자들의 기대가 어그러지고 있음을 독자들이 알도록 그 점을 공개적으로 언급할 필요가 있다"(1991: 107). 만일 번역자 기대를 충족할 수 없거나 그렇게 하지 않을 경우, 그러한 차이를 밝혀야 한다. 독자나 의뢰자들을 속여서는 안 된다. 이러한 것이 고백의 윤리(ethics of confession)라 불리는 것의 기초를 이룬다.

목적인을 중시하는 접근과 마찬가지로 형상인의 윤리는 그 어떤 명시적 행위도 비난할 수 없다. 후나인이 마사웨이의 기대에 따라 번역할 권리가 있고, 마사웨이는 자신의 기대를 명시적으로 이야기할 권리가 있다. 후나인은 그의 기대를 말할 권리이자 의무를 가진다. 모든 행동은 목적과 형식, 심지어 타당성까지도 얻게 된다. 모두가 분명한 설명에 궁극적으로 만족한다면 말이다. 이 해결책은 심지어 번역자들에게 일말의 결정 요인을 부여한다. 바로 고백할 능력을 획득한 것이다. 이러한 것은 자신들의 목소리를 낼 기회가 거의 없는 일군의 언어 작업자들, 즉, 번역자들에게는 일종의 위안이 될지도 모른다. 그런데 번역자에게 독립적인 목소리를 주는 것은 사실, 번역 형식을 넘어선 차원의 원인을 제기하는 셈이다.

번역자 중시

번역자의 윤리가 해당 국가의 특정 시기에 작용하는 규범이나 표준에 적극적으로 대립할 수 있는가? 노르트나, 좀 더 포괄적으로 말해, 기술적인 번역연구(Descriptive Translation Studies)의 입장에서 볼 때는 게임의 규칙이 분명하게 명시되어 있기만 한다면 모든 것이 허용된다. 그러나 로렌스 베누티(Lawrence Venuti)를 위시한 미국을 중심으로 한 실증주의적 이론의 한 분파는 이런 법칙에 도전한다. 이전 장에서 살펴보았듯이 베누티는 유창한(fluent) 번역을 생산하라는 요구 혹은 그렇게 하고자 하는 욕구에 도전한다. 유창한 번역은 도착언어 안에서 물처럼 흐르고 쉽게 소비된다. 독자로 하여금 이국성에 거부감을 느끼게 하지 않는다.

> 번역된 텍스트는 그것이 산문이든 시, 소설, 논픽션이든 출판사나 비평가, 독자들에게 유창하게 읽힐 때 수용 가능한 것으로 판단된다. 유창한 번역 텍스트는 언어적으로나 문체상으로나 불거져 나온 어떤 특이성이 없이 투명하다. 그런데 번역된 텍스트에게 있어 그러한 특이성이란 외국 작가의 성향이나 의도 또는 그 외국 텍스트가 가진 핵심적인 의미를 드러내는 형체(appearance)이다. 그것이 없다면 번역은 번역으로 보여지지 않고, 사실상 '원문'이 된다.
>
> (Venuti 1995:1)

베누티에 따르면 우리는 유창성의 지배(regime of fluency)에 저항해야 한다. 유창한 번역전략은 외국 텍스트를 자국화하는 노동을 조장한다(1992: 5). 이러한 입장은 이국의 차이를 환영하고 수용할 것을 주장한다는 점에서 베르만의 입장과 맥을 같이 한다. 또한 유창성의 전략은 자민족중심주의와 제국주의가 모든 번역행위에 부과하고자 하는 극단적이고도 문제 많은 전략의 전형이다(1991: 127). 이것은 결국 비평의 규범이 되고, 따라서 형상인(formal causes)이 된다. 베누티는 번역 형식에 대한 대안적 관점을 제안한다. 그러나 그의 비판은 여기서 그치지 않는다.

베르만과 달리 베누티는 원천 텍스트를 하나의 사람으로 간주하지 않는다. 그의 입장에서 유창한 번역이 유해한 이유는 번역자 자신들의 지위와 가장 관련이 깊다. 왜냐하면 그 전략으로 인해 "번역자들의 노동이 가려지기" 때문이다(1992: 1). 중개자의 비가시성(invisibility)이 일반화되는 것이다(1995). 만일 독자가 지금 자신들이 번역물을 읽고 있다는 사실을 의식하지 못한다면 번역이라는 직종의 가치를 평가할 이유가 없게 될 것이다. 따라서 유창성의 지배는 많은 번역자들이 겪는 끔직한 직업 조건을 설명한다. 그런 상황 때문에 유창하지 않은 번역, 즉, 저항적인 번역이라 부를 만한 번역전략의 필요가 정당화된다고 말한다. 번역자를 저자와 같이 볼만한 가시성을 부여하는 것이다(1995: 7-9). 앞서 이미 살펴본 바와 같이, 이러한 논의의 상당 부분은 슐라이어마허(Schleiermacher)의 전반적인 주장과 맥을 같이 한다. 다만 베누티에게서는 저항적(이국화) 번역이 더 강력한 조국(fatherland)을 건설하는데 유용하다는 직접적인 제안이 없을 뿐이다. 우리 시대를 지배하는 표준과 목적에 항거할지 여부, 자신들에게 부과된 억압으로부터 해방을 추구할지 여부는 이제 번역자 자신들에게 달렸다. 베누티는 번역자들에게서 혁명의 주체를 찾고 있다.

베누티의 주장에는 때로는 일관성이 결여되어 있기도 하지만[10] 그럼에도 잘 짜여져 있고 비교적 혁신적이다. 그것은 슐라이어하머의 주장에 대한 단순한 재선언이 아니다. 베누티의 윤리는 번역자를 동력인(efficient cause)으로 끌어들였을 뿐 아니라 번역자가 권력망의 제약에 맞설만한 충분한 이유가 있다는 논리를 깔고 있다. 그런데 그 번역자는 어떻게 그런 큰 힘을 얻을 수 있었을까?

무엇보다 질료인에 대한 몇몇의 지지자들이 그러한 것처럼, 베누티의 번역자는 원천 텍스트를 복수(plural)의 대상으로 본다. 의미적으로 불안정하고 역사적 변화에 끊임 없이 노출된, 따라서 번역자의 적극적인 해석을 필요로 하는 대상으로 본다. 그러나 발터 벤야민(Walter Benjamin)이나 데리다(Jacques Derrida), 폴 드망(Paul de Man), 베르만(Antoine Berman) 등과는 달리, 이 혁명적인 번역자들은 원천 텍스트를 중시하지 않는다. 번역이 과거로부터 이어져온 가치있는 무언가라는 인식이 없다. 이국이 거기 있을 뿐이다. 목표문화 안에서 윤리적으로 타당한 방식으로 생산되도록 대기 중인 글 한 조각일 뿐이다. 베누티의 논의에서 중시되는 것은 질료인이 아니다. 저항적 번역자가 저자나 원천 텍스트에 대해 열등하다는 사고가 전혀 없다.

베누티의 번역자는 고객의 어떤 요구와도 전적으로 결별한다. 번역자가 무엇을 어떻게 번역할지를 결정한다. 여기에서의 저항은 전적으로 경제적인 측면이 있다. 베누티는 묻는다. 왜 출판사가 번역권을 가지고 로열티를 받는가? 번역자 자신들이 저작권법에서 더 나은 입지를 점해야 한다. 지금까지의 지배적 규범이 억압적이었기 때문에 번역자들은 저항해야 한다. 지금까지 자신들이 억압받는 줄도 모르고 있었던 번역자들도 마찬가지다. 그리고 이러한 계급투쟁의 최선의 결말로서, 언젠가 번역자들 스스로가 자신들의 주인이 되는 그 날이 올 것이라는 것이다.

나는 베누티의 윤리적인 입장의 많은 부분에 대체로 동의한다. 내가 서양의 번역 형식(Western translation form)이라 부르는 그것이 번역자들에 대한 강압적인 비가시성을 촉진했다는데 동의한다. 영어권 문화들이 외국에 대해 훨씬 더 개방적이어야 하고, 작금의 국제적인 출판관행은 문화를 단일화하는데 기여하고 있으므로, 따라서 반대해야 한다는 점에 대해서도 동의한다. 또한 나는 번역자가 해야 할 역할이 있다는 데에도 동의한다. 만약 번역자에게 어떤 책임이 있다면, 그것은 그들이 무언가의 원인이거나 혹은 원인이 될 수 있기 때문일 것이다. 그렇게 될 수 있는 잠재력이 비가시성에 의해 저해되고 있다면, 번역자들은 번역 형식으로 그것을 깨야 한다. 번역이라는 직종의 제도화를 통해서 말이다. 번역이라는 직업에 대한 대안적 담론을 제시해야 한다. 베누티는 정말로 그렇게 멀리 가고 싶은 것일까?

먼저 베누티가 말하는 저항적 번역자라는 것이, 예를 들어 베르만이 추구하는 것 같은, 직역주의자, 엘리트 번역자와 그 실제에 있어서 구별이 될 수 있는지 분명치가 않다. 지금까지의 논의의 추이를 보면, 두 방식 모두 비상업적 부류에 속한다. 둘 다 번역지원을 받거나 학계에 속하려는 경향이 있다. 동시에 베누티는 훌륭한 노동조합 리더로서, 경제적 보상이 사회적 인정에 상응하기를 요구한다. 여기에서의 문제는 저항적 번역이 더 나은 사회적 혹은 상업적 인정을 받는 유일하거나 최선의 방법인지에 대한 보장이 전혀 없다는 점이다. 번역자들이 무엇을 번역하든지 간에 그들이 텍스트에 대해 주석을 달거나 서문을 쓰거나 가르치거나 혹은 번역 이론가가 되면 분명히 가시적 존재가 되지 않는가? 베누티는 이 점에 대하여 할 이야기가 거의 없다.

둘째, 베누티는 번역자의 노동이 가려지는 것을 비난하는 바로 그 텍스트에서(1992: 1), 번역자들에게는 자신들을 보호할 능력이 없으며, 그들 자신이 그들의 초라한 실재(obscure existence)의 원인이라고 말하고 있다. 논리적으로는 완벽하다. 만일 번역자가 자신들의 해방의 원인이 될 수 있다면 반대로, 자신들의 예속의 원인이 될 수도 있는 것이다. 한편 베누티는 탁월한 혁명가로서, 그 불쌍한 번역자들이 이러한 상황을 묵인한 채 살아가도록 내버려 두기를 원치 않는 것이다. 그는 대학 이론가들의 개입(intervention)을 통해 번역자들이 깨어날 수 있다고 제안한다. (여기서 베누티는 이 개입이라는 용어에 대단한 정치적인 확신을 가지고 사용한다.) 탈구조주의(poststructuralism)와 그 영향을 받은, 예를 들어 심리분석, 마르크시즘, 페미니즘과 같은 많은 이론적, 정치적 담론들이 번역을 재검토하도록 할 수 있다는 것이다(1992: 6).[11] 여기에는 모종의 연대(solidarity)에 관한 주장이 있다. 베누티의 유창하지 않은 번역자들은 상대적으로 읽기 어려운 텍스트들을 생산해낼 것이다. 동시에 대학은 교수나 이론가들이 바로 그러한 어려운 텍스트를 읽도록, 또 학생들이 그렇게 할 수 있도록 가르치는 것 때문에 그들에게 비교적 넉넉한 급료를 지불한다. 이 상호계몽의 관계는 외국 문화에 대한 민감성을 가진 지식인 집단을 창출할 수 있고, 그것은 아마도 긍정적인 방향으로 미래에 영향을 미칠 수 있다. 여기 동력인으로서의 혁명적 주체는 그렇다면, 번역자가 아니다. 변화의 인자(agency)는 상업적 교환을 전제하는 전문 직업과의 관계가 불분명한, 지식집단 전체로 확장된다.

베누티의 목적에는 동의하지만, 그만큼 행동에 대한 그의 제안에 대해서는 회의적이다. 저항적 번역이라는 것이 내게는 모호하고 불충분해 보인다. 이론적인 개입에 대해서는, 그것이 문학번역자들의 텍스트적 실천에 지나치게 초점을 맞추고 있다는 점과, 문화적 엘리트주의의 위험을 내포하고 있다는 데에서 재고의 여지가 있다. 또한 그의 논의는 번역자들이 가지는 실제적인 역할에 대하여 근거를 제시하지 않은 채 너무 많은 가정을 하고 있다.

책임과 다원적 원인론

지금까지 원인이라는 문제에 저마다의 대답을 시도하는 이론들을 살펴보았다. 우리는 번역자와 맥락 요소들을 연결시키는 다양한 원인관계가 있음을 확인했다. 사물(텍스트), 고객의 지시, 현재의 번역 규범, 혹은 번역자들의 작업 조건 등이 그것이다. 물론 우리는 각각의 원인 유형에 어떤 우선순위를 매길 수 있을지 혹은 책임들 간의 상대적 위계를 어떻게 정할 수 있을지에 관해 추상적인 논의를 계속해갈 수 있다. 마치 우리가 번역자들이 선택을 좌우하는 결정 요인들에 대한 아무런 실제 데이터 없이 그러한 사안들을 정할 수 있는 것처럼 말이다. 그러나 나의 요지는 이러한 이론들이 전적으로 그릇되었다고 할 수 없다는 것이다. 번역은 언제나 다양한 원인에 따라 존재해왔기 때문이다. 번역자의 책임은 적어도 우리가 살펴본 4가지 원인들 위에서 발생한다. 물론 번역에 다양한 원인이 존재함을 인식하는 것만으로는 이론들 간에 상충하는 점을 해결하거나 번역자가 효과적인 결정을 할 수 있도록 하는데 충분치 않다. 하지만 우리의 논의를 계속해나가는 데 필요한 물꼬를 여는 것은 사실이다.

그렇다면 이러한 다원적 원인론은 결국 일종의 전면결정론(all-out determinism)을 시사하는 것인가? 그렇지 않다. 하나의 번역에 대하여 복수의 원인이 존재한다고 해서 그 모두가 동시에 같은 최전방에서 발생하거나 혹은 모두가 서로를 강화하는 것은 아니다. 반대로 다양한 원인이 존재한다는 것은 많은 것들이 동시에 고려되어야 함을 의미하기 때문에, 오히려 번역의 생산에 필요한 적절한 조건을 창출하는데 어려움을 제공할 수 있다. 번역은 아무 때나 아무 데서 쉽게 일어나는 일이 아니다. 이것은 누군가가 번역을 하기를 단순히 원하는 것의 문제가 아니다. 모든 번역은 일련의 필요한 요소들이 결합된 맥락 속에서 일어난다. 번역해야 할 무언가가 있어야 하고, 그렇게 해야 할 사회적 이유가 있어야 하고, 그 번역의 성격이 어떠해야 한다는 데 대한 기획, 시간과 공간, 돈, 그리고 지적 기술 등이 있어야 한다. 이 모든 것이 함께 있어야 번역이 생산된다.

어떤 원인이 있으면 그에 따른 어떤 결과들이 도출된다는 것은 의문할 여지가 없다. 그렇다고 어떤 원인들이 함께 작용한다고 해서 그 결과가 철저하게 결정된다고 생각할 수도 없다. 그 어떤 목표 텍스트도 해당 원천 텍스트에 대한 필연적인 번역문은 아니다. 번역자는 늘 의문을 가질 것이다. 번역자가 둘이면 무언가 논쟁할 거리가 항상 생길 것이다. 재번역은 언제든 가능하다. 다원적 원인에 따른 최종 결과는 무엇이 벌어지고, 벌어져야 하는지를 결정하지 않는다. 다원적 원인론이 가지는 이론적 함의는 다른 데 있다.

다원적 원인론은 일종의 자기발견적 효과(heuristic efficiency)를 제공한다. 이 개념을 통해 번역이 생산되는 조건을 구성해내고, 그렇게 함으로써 왜 주어진 상황 속에서 특정 선택이 다른 것보다 더 용이한 것인지 혹은 어떤 해결책은 왜 실제에 적용하기에 어려운지 등을 이해할 수 있도록 한다. 또한 상황에 따라 그러한 어려움이 변화하는 것을 감지할 수 있도록 해준다. 이런 점을 염두에 둔다면 그 누구도 특정 번역방법이 보편타당한 선택이며 혹은 모든 상황에서 유효하다는 등의 주장을 할 수 없게 된다. 복수 원인론의 관점에서 보면, 모든 번역자나 이론가를 원천 중심이냐 혹은 목표 중심이냐로 나누고 어떤 선택이 다른 것에 비해 언제나 우위에 있다고 보는 시각은 타당성이 결여된 이분법에 매달리는 마니교(Manichaeism)적 사고와 다를 것이 없다. 일단 복수 원인론을 받아들이고 나면, 윤리적 사고는 지난 시절 계속되어온 이항대립의 논리보다는 조금 더 정교해지고, 훨씬 더 맥락적이 된다. 또한 전혀 불분명하거나 무작위적인 것도 아니게 된다.

이상적 순간

복수 원인론은 이상적 순간에 대한 고전적 사고를 끌어들인다. 여기서 이상적 순간이란 사회적 카이로스(καιρος), 개입하기에 적절한 조건이 형성된 때, 즉, 시의적절한 타이밍을 가리킨다.[12] 이러한 사고는 사회적 원인론에 대한 몇몇 현대적 접근에서도 등장한다. 이것은 가장 취약한 고리, 최약체(the weakest link)로 개념화한 사고의 기초이다. 레닌(Lenin)이 1917년 러시아에서 왜 자신의 혁명이 벌어졌는지를 설명하면서 이 개념을 사용했다. 또한 이것은 알튀세르(Althusser)가 과다결정(overdetermination, 1965: 93-11)이라고 명명한 개념을 설명하는 기초를 제공하기도 했다. 이는 사회란 일단 경제적 기초가 변하고 나면 그 전체가 자동적으로 불가피하게 변화된다는 단순 원인론을 교정하는 개념이다. 사회적 인과관계가 그렇게 직접적이기는 어렵다.[13] 루카치(Lukács)가 인간을 그들을 둘러싼 조건에 반응하는 존재로서 이야기하면서 비슷한 표현을 했다. "선원이 돛을 올려 바람에 응하기 위해서는 개입하겠다는 결단, 실제적인 적용, 이상적 순간이 필요하다"(1976-81, 2: 378).

이상적 순간이라는 개념에 주목해 볼만하다. 알튀세르가 그려낸 이미지에 따르면 세계는 다양한 조건을 선보이고 바람은 온갖 방향에서 불어오며 배들은 저마다 크기가 다양할 뿐 아니라 목적지도 무수히 다양하다. 하지만 이것들은 그 어느 것도 성공적인 행동을 가져오지 않는다. 그것이 번역이든지 혁명이든지 간에, 이상적인 순간에 적극적으로 개입하지 않는다면 말이다. 이상적인 경우라면 선원은 바람, 배, 목적지, 이유 등 조건이 좋을 때에만 돛을 펼칠 것이다. 동시에 이상적인 번역자는 상황이 좋을 때에만 번역할 것이다. 혼혈(Blendling)이자 부분적으로는 전령이기도 한 번역자는 부분적으로는 또한 선원과도 같아야 한다.

하지만 이상적 순간은 그저 이상적인 것이다. 바람이 그다지 좋지 않은 상황에서도 많은 여정들이 시작된다. 최적의 상황과는 거리가 먼 상황에서도 많은 번역들이 시도된다. 이상적 순간은 아마도 완벽한 번역만큼 찾기 힘들 것이다. 바람이 약간 나쁘다고 해서 여정을 시작할 수 없는 것은 아니다. 선원은 그저 더 열심히 노를 저어야 한다. 번역자 또한 현재의 조건과 이상적인 조건 간의 차이를 이해하고, 그 틈새를 막는데 필요한 분량의 노력을 기울여야 한다. 이상적 순간에 대한 진단은 개입할지 여부를 결정짓는 요소인 것이다. 조건이 아직 이상적이지 않다면 우리는 더 열심히 일함으로써 그것을 보상해야 한다. 언젠가는 성공할 날이 올 것이다. 민주주의의 원칙을 독재적 부족 국가에 번역해 들이고 싶은가? 아마 노력을 대단히 해야 할 것이다. 현 지도자를 제거하는 전쟁을 감수하는 정도의 노력이 필요할지도 모른다. 마치 지금 미국이 이라크에서 하고 있는 것처럼 말이다. 이상적 순간에 대한 이러한 고전적 해석은 지적 판단을 중시하는 입장에서 다음과 같은 조언을 할지 모른다. 너무 열심히 해서 스스로를 위험에 빠뜨리지는 마라. 역사가 어떻게 흘러왔는가를 보라. 적기를 기다리라. 그리고 나서 우아하게, 기술적으로 개입하라. 민주주의가 성공한 순간이라는 것은 보편교육과 견실한 중산층, 그리고 부족 사회에 대한 시민 사회의 우위가 확정되었을 때로 이해될지 모르겠다. 열심히 일하거나 오래 기다려라? 이것은 서로 다른 성향과 문화가 어떻게 위기에 대처하고 노력을 기울이는가와 관련이 있다.

일단 모든 것이 고려되고 개입이 이루어지고 나서, 만일 배가 가라앉거나 번역이 만족스럽지 않다면 우리는 어떻게 해야 하는가? 누가 비난을 받아야 하는가?

이상적 순간이라는 이 개념에 대한 논의를 좀 더 이어가야 할 필요가 있다.

나는 번역해야 하는가

선원은 결코 바람이 부는 방향이나 선주의 지시 혹은 항해에 작용하는 나머지 다른 요인들에 대해 책임을 질 수 없다. 비슷하게 번역자도 원천 텍스트와 의뢰인, 현재의 규범들, 그리고 작업 조건들에 대하여 전적인 책임을 질 수 없다. 선원의 책임이 닻을 펼치는 결정과 함께 시작되는 것처럼 번역자는 번역하기로 결정하는 순간부터 책임을 가지게 된다.

따라서 궁극적인 윤리적 질문은 "어떻게 번역해야 하는가?"가 아니라 "번역해야 하는가?"가 된다. 여기에 대한 대답은 지금, 여기에서, 이 사람을 위해, 이 조건 아래서 번역을 할 것인지 거부할 것인지로 이야기할 수 있다. 따라서 번역자 윤리에 대한 간단한 명제는 이것이다. 번역자들은 우선 번역을 하겠다는 결정에 대하여 책임이 있다.[14)]

나는 이 명제에 단서를 달아 다음과 같이 다시 질문할 수 있다. 번역자는 언제 그러한 결정을 내릴 '능력'을 가지는가? 사실 모든 번역자들이 고객의 요구를 거부하거나 번역할 때와 장소를 정할 수 있는 능력을 가진 것은 아니다. 재정적으로나 정치적으로나 지적으로나 능력면에서 그리고 직업인으로서 그런 능력을 확보하고 있지 않다.[15)] 번역자는 간 문화적 관계를 규율하는 온갖 종류의 바람 속을 홀로 헤쳐갈 수 없다. 뼈에 관한 갈레노스(Galen)의 저서를 처음으로 번역한 세르기오스(Sergios)와 마찬가지로, 번역자들은 해당 텍스트를 번역하기에 필요한 역량을 번역하는 그 시점에 반드시 보유하고 있는 것은 아니다. 그럼에도 그들은 번역자들로 남는다. 혹은 후나인(Hunain)처럼 번역자는 의뢰인의 바람에 맞춰야만 한다. 그렇다면 절대적 결정권자로서 한 것이 아니었던 결정에 대하여 어떻게 번역자 홀로 책임을 가진다고 할 수 있겠는가?

(복수로서) 번역자들의 윤리

같은 원칙을 복수로서의 번역자들에 적용한다면 어떻게 될까? 우리가 스스로를 집단의 차원에 놓고, 간 문화간 공동체의 구성원으로서의 번역자의 힘에 대하여 묻는다면 어떠한가? 많은 사람들이 번역자들의 서비스에 의존해 있다면 그들은 상당한 사회적 능력을 확보할 수 있을 것이다. 또 희귀 언어일수록 그 언어들을 번역할 능력이 있는 간 문화인들은 잠재적으로 더 많은 힘을 가지게 될 것이다. 해당 커뮤니케이션이 좀 더 기술적일수록, 그러한 기술을 통제할 수 있는 이들에게 잠재적으로 더 많은 힘이 부여될 것이다. 텍스트가 난해할수록 난해한 텍스트를 다룰 수 있는 이들에게 잠재적으로 더 많은 힘이 갈 것이다. 특정 커뮤니케이션 상황에 대하여 특정 번역자 집단이 더 많은 경험을 축적한다면, 그 번역자들은 번역에 관련한 결정을 하는데 있어 더 많은 재량을 확보할 것이고, 관련 커뮤니케이션에 대하여 조언할 수 있게 될 것이다. 이러한 상황이 증가하는 것은 번역자들이 하는 작업과 그들의 지적능력에 대한 신뢰가 높아지는 것을 기반으로 한다. 신뢰를 통해 번역자들은 결정능력을 확보하게 되고, 그것을 통해 책임감을 부여받게 된다.

모든 번역자들이 모든 번역행위에 대하여 결정할 수 있다고 전제하는 것이 순진한 생각인 만큼 우리는 결정 요인들을 집단적으로, 각각의 경우를 다원적 원인이 작용하는 특정 맥락 속에서 파악해야 한다. 베누티의 논의에서 본 것처럼 번역자들의 이상은 자신들의 작업에 대해 주인(masters)이 되는 것이다. 윤리의 역할은 이러한 주도권이 실제로 존재한다는 것을 전제하는 것이 아니다. 그 대신에 그것이 실제 존재할 때 무엇을 해야 하는가를 제안하는 것이다. 윤리적 담론은 부분적으로는 모든 번역자들이, 그들의 일에 착수하기 전에, 정말로 번역해야 하는가를 스스로에게 물을 수 있는 힘과 정직성이 있는 그 날을 가설적으로나마 그려내는 것이다. 그리고 그 가설은 다원적 주체성을 전제한다.

아리스토텔레스의 원인론은 인간 상호관계의 복잡성을 드러낸다. 그리고 그 복잡성을 우연성이 아닌 윤리로서 통합한다. 또한 특정 업종에 기반한 윤리학으로 일반의 행복에 기여할 수 있는 길을 제안하기도 한다. 아리스토텔레스의 논의 안에서 우리는 추상화된 개인만이 아니라 구두수선공, 석수, 정치인, 의사, 금속공예인, 그리고 철학자 등 다양한 직업인들을 만나게 된다. 목표는 직종에 따라 달라지기도 한다. "의사는 건강이란 무엇인지를 결정함으로써 일을 시작하고, 건축가는 무엇이 집인지를 결정함으로써 일을 시작한다. 그들은 그런 방식으로 자신들이 취하는 행동의 이유와 절차의 원인들을 깨달아 간다"[『동물의 부위』(*On the Parts of Animals*) 617-619]. 이 다원적 윤리학은 다양한 직업인들과 저마다의 미덕들 사이의 관계를 규정한다. 또한 그것은 불평등한 사회적 집단과 직종간의 교환을 핵심 주제로 한다. 또한 상업적인 측면을 배제하지도 않는다. 번역자 윤리는 이 복잡한 관계들의 맥락 속에 있다.

업데이트: 번역사회학과 혁명적 주체

이 책의 불어판(초판)이 출판된 이후 번역학자들은 20세기의 이론 경향에 맞춰 행위 결정 요인이라는 문제에 관심을 돌렸다. 이른바 번역사회학(Translation Sociology)을 표방하는 가운데 제기된 행위자 연결망 이론(Actor-network theory)은 사회적 관계들을 각 단계에서 어떻게 구성되는가 하는 점에 대한 중요한 질문을 제기한다. 또한 그 이론에서 번역이라는 말이 이론화 과정에서 어떻게 사용되는가를 보는 것도 흥미롭다. 동시에 학계 내 조금 다른 영역에 속하는 소위 '대화의 철학'

(philosophy of dialogue)이라는 이름으로 알려진 전통이 레이게(Arnaud Laygues)의 논의 안에서 번역자 윤리와 연결되고 있다. 여기서 나는 잠깐 멈추고, 이 두 접근이 번역자들의 결정 요인들에 대하여 어떤 이야기를 할 수 있는가를 살펴보려고 한다.

칼론(Callon)과 라투르(Latour)는 사람들이 사회적으로 접촉하는 상호작용을 설명하면서 번역이라는 단어를 사용한다.

> 번역이란 힘의 이름으로 말하거나 행위하는 데 합의하거나 그렇게 하도록 허용한 행위자의, 일련의 협상과 모의, 설득, 계산, 폭력 행위 등을 말한다. 번역자들은 다음과 같이 말한다. “너의 이해(interests)가 곧 우리의 이해다.” “내가 원하는 것을 해라.” “내가 없이 너는 성공할 수 없다.” 여기서 번역자가 말한 ‘우리’에 포함되는 다른 행위자들은 번역자를 자신들의 주인이나 대변인으로 삼은 단일한 열망을 가진 존재로 이해된다.
>
> (Callon and Latour 1981/2006:12-13)

이 저자들은 후에 이와 같은 접근을 수많은 다른 사회적 실제에 적용하였다. 이러한 접근은 학자들이 다른 사회적 행위자들과 상호작용하는 방식이며 집단적 주체성을 구축하고, 스스로를 포장하는 방법이다.

상기 발췌에서 나의 흥미를 끄는 부분은 번역자가 사회적으로 우월한 지위를 점하고 있다고 명백히 가정하고 있다는 점이다. 이 특권적 주체는 다른 행위자들에게 공통의 열망을 가지도록 강요함으로써 일종의 폭력을 행사할 수 있다. 그렇게 함으로써 번역자들은 각종의 지도자들이 그러하듯이, 권력자의 지위에서 다른 행위자들을 대신해 말하는 것이다.

번역에 대한 우리의 담론에서, 우리가 대체로 다루고 있는 이언어간(interlingual) 번역자들이 처한 상황은 조금 다르다. 그들은 “다른 사람의 이름으로 말한다”고 할 수 있고, 그들 또한 다른 이들에게 자신들을 필수불가결한 존재로 만들 수 있다. 그렇지만 언어간 번역자들을 사회의 대변자, 지도자로 생각하는 데에는 아무래도 무리가 있다. 우리의 번역자들이 이런 종류의 폭력을 이런 정도의 특권을 가지고 행사할 수 있다고 가정하는 사람은 거의 없을 것이다. 오히려 그 정반대의 가정이 더 빈번하게 이루어진다. 우리가 일반적으로 아는, 언어 작업자로서의 번역자들은 대체로 복종적인 성질을 가진다고 이해된다. (예를 들어, 번역자의 아비투스에 대한 Simeoni(시메오니) 1998 참조).

번역자에 대한 이러한 관점의 차이는 칼론과 라투르가 번역자들에게 '우리'를 형성할 능력이 있다고 본 데서 가장 극명해진다. 그들은 번역자가 다른 사람들의 목소리를 집단 정체성으로 통합하여, 결국 그들을 통제할 수 있는 능력이 있다고 보았다. 사회 지도자들은 '우리'를 형성한다. 그러나 언어간 번역자들은 서구의 번역 형식의 본질에 따라 바로 그것을 할 수 없도록 금지 당한다. 저자들은 어떤 한 곳에 있지만 번역자들은 다른 곳에 있기 때문에, 양자가 '우리'라고 말할 수 있는 통합된 '우리'는 없다. 번역자들은 저자들의 목소리에 온전히 책임을 가지는 것이 아니다. 나치주의자였던 데커트(Deckert)조차도 그가 번역한 그 미국인 전문가에 대하여 책임을 갖지 않는다. 사실 데커트와 그 미국인 연설자의 경우와 같이 저자와 번역자가 담론적 차원에서 공동의 정체성을 가진다 하더라도, 번역자의 행위는 여전히 기본적인 서구 번역 형식에 따라 이루어질 것이다.

이론가들은 번역이라는 용어를 자신들이 좋아하는 의미대로 사용할 수 있다. 나는 어떻게 사용하는 것이 다른 방식의 사용보다 더 낫다고 말하고 싶지 않다. 여기에서 이야기되고 있는 두 가지의 사용방식이 가지는 차이는 그럼에도 불구하고 논의해볼 필요가 있다. 왜 일부 이론가들은 번역이라는 개념을 이언어간 번역이라는 협의의 개념으로부터 잠재적으로 모든 사회적 상호작용을 번역으로 보는 광의의 개념으로 나아가려 하는 것일까? 이렇게 극명한 차이를 보이는 이유가 무엇인가? 한 가지 이유는 아마도 이언어적 번역자의 관점을 견지하는 순혈(straight) 번역의 이론가들에 대한 일종의 좌절감 때문일 수 있다. 우리는 한때 번역자가 세상을 바꿀 수 있다고 생각했다. 그러나 이제는 과연 그럴까 의심한다. 그래서 우리는 이제 새로운 주체를 이론화하고 있는 것이다. 바로 혁명적 주체로서의 '번역자'이다.

혁명적인 주체란 급진적이고 긍정적인 변화를 가져올 것이라 여겨지는 주체이다. 마르크스주의에 따른 혁명적 주체는 프롤레타리아(proletariat)이다. 따라서 노동자들이 공산품을 구매하기 시작하면, 혁명적 주체는 이제 다른 곳에서 찾아야 한다. 제 3세계, 세계 다른 어딘가의 하위계층, 여성, 성 정체성, 청년층, 문화적 혼종, 혹은 과학자들(행위자 연결망 이론뿐 아니라 알튀세르에게도 중요한 핵심 인물군), 혹은 궁극적으로는 이론가 자신들에게서 말이다. 변화를 위한 이상적 순간을 상상하는 것, 즉, 그러한 역사적 주체가 혁명적 주체로서의 역할을 활성화하는 순간 또한 중요한 일이다.

그렇다면 이언어간 번역자들이 혁명적 주체로서 간주되는 것이 가능한가? 베누티(Venuti)가 그런 비전을 꿈꾸었던 것 같다. 『번역자의 비가시성』(*The Translator's Invisibility*)에서 번역자들을 향해 쓴 '행동의 촉구'(Call to action)라는 장에서 그는 현 상황에 맞설 수 있는 결정적인 새 번역방법을 구상한다. 여기서 타도해야 할 상황이란 "문화적 타자들과의 관계 속에서 영미권이 가지는 자기만족이다. 이것은 국외적으로 제국주의적이고, 국내적으로는 외국혐오적 자기만족이다"(1995: 17). 번역자들이 작업 방식을 바꾸면 이러한 것들이 변할 것이다.

부버(Buber)와 마르셀(Marcel), 레비나스(Lavinas) 등으로 이어지는 대화의 철학도, 비록 저잣거리의 우두머리나 혹은 위대한 지도자 같은 종류는 아니더라도 혁명적 주체를 추구한다. 1차 세계대전 이후 합리주의에 대한 비관과 공포 속에서 부버와 마르셀은 사람들이 서로 관계를 맺는 근본적인 문제로 회기하였다. 그들은 사물(thing)이 아니라 사람(person)인 개인적 주체를 존중할 필요가 있음을 역설했다. 부버에서 우리는 '나와 너'(Ich-Du, I-Thou)가 주요 개념으로 등장하는 유명한 구절을 찾을 수 있다. 여기에서 그는 또 다른 중요한 세계인 '나와 그것'(Ich-Es, I-It)의 개념을 병치시키며 윤리적 관계의 기초를 제안한다. 프랑스 이론가 레이게(Arnaud Laygues)는 이 차이를 다음과 같은 방법으로 이야기한다.

> 번역할 텍스트에 대해 소리 없이 질문을 던지는 번역자를 생각해 보라. 그 번역자는 이런 질문을 할지 모른다. "이 텍스트는 무슨 의미지?" "저자는 무슨 이야기를 하고 있는가?" 이러한 질문은 '나와 그것'(I-It)이라는 기본적인 개념을 제기한다. 번역자는 객관적 대상인 텍스트와 부재한 저자를 두고 작업한다. '그것'(It)으로서 생각하는 것이다. 그렇게 번역이 끝나고 나면, 다른 번역이 또 올 것이다. 한 번역작업을 마치고 나면 다른 작업이 들어오는 것처럼 말이다. 번역자는 번역료를 지급받고 수단화되며 부분적 존재로서 전문화된다. 이러한 관계 속에는 부버식의 관계(a Buberian relationship), 즉, '나와 너'(I and Thou)의 관계가 없다. 단지 서비스의 제공만 있을 뿐이다. 이것은 윤리가 될 수 없다. (2001:316)

레이게에게 있어 책임이 요구되는 대상은 텍스트나 고객이 아니라 좀 더 친밀한 관계에 대한 것이다.

> 이제 '너 무슨 말이야?'라고 질문하는 두 번째 번역자를 상상해 보라. 여기에서 '나'(I)는 단수이면서 친밀한 '너'(You)를 부른다. [종교적이거나 구식인 '당신'(Thou)이 아니다.] 여기서 '너'는 텍스트 속의 혹은 텍스트를 통한 저자를 의미한다. 텍스트는 더 이상 객체가 아니다. 주체이다. 여기에서 '나와 그것'(I-It)이 '나와 너'(I-You)로 변한다. 여기에서는 진정한 윤리적 관계가 창출될 수도 있다. 번역자의 '나'는 완전하고 전인적인 존재가 될 수 있다. 직업인으로서가 아

니라 관계에 온전히 참여한 존재이다. […] 이 개념을 더 확장해 보면, 같은 종류의 윤리적 관계가 번역자를 둘러싼 상황을 구성하는 모든 사람들(공동 번역자와 출판사, 독자)에 대하여 추구될 수 있다.

(2001:316-317)

레이게가 여기서 추구하는 것은 '우리'가 아님을 주목할 필요가 있다. 공동체라는 의미에서의 우리, 침묵하는 당사자를 대신하여 말하는 대리인으로서의 우리, 행위자 연결망 이론이 비판하는 번역적(translative) 주체로서의 우리, 혹은 이론가에 의해 행동할 것을 촉구받은 우리가 아니다. 레이게는 대화 과정에 더 관심을 두고 있다. 꼭 동등한 존재들간의 대화일 필요는 없다. (부버식의 원전에서는 기도, 신과의 대화를 의미했다.) 만일 사람들이 다른 사람들과 이런 방식으로 관계를 맺을 수 있다면, 만일 번역자가 이와 같은 인간화된 대화의 차원에서 작업할 수 있다면, 거기에서는 아마도 풀뿌리 혁명의 주체 같은 존재가 찾아질지도 모른다. 우리는 문화간 관계를 바닥에서부터 변화시킬 수 있을지도 모른다.

혁명적 주체로서 번역자에게 기대를 걸어 보는 것이 최악의 선택은 아닐지도 모른다. 경제활동이 세계화가 되고 이민이 증가하는 시대에 이언어간 커뮤니케이션은 문화권력의 분배와 유지의 핵심 요소이다. 번역자들은 그러한 핵심 요소 안에서 작용하는 핵심 행위자일지도 모른다. 주요 불평등의 문제가 계급이나 인종, 종교보다는 문화간 관계와 관련된 시대에, 번역자는 진보를 위한 핵심 동인(agent)이 될 수 있을지도 모른다. 그런 도박은 아주 일리 없는 것은 아닐지도 모른다.

그런데 어떤 내기를 하든지 간에 먼저 형식에 대한 지침을 확인할 필요가 있다. 번역자들에 대하여 혹은 그들이 작업할 때 어떤 방식으로 사고하는지에 대하여 무엇을 알고 있는가? 아마도 매우 적을 것이다. 333,000명이나 되는 그들, 즉, '전 세계 전문 번역자와 통역인'에 대하여, 우리가 경험적 과정 연구를 진행하기 위해 섭외할 수 있는 연구 대상은 400명이 채 되지 않는다. 또한 우리가 가진 것을 다양한 번역 코퍼스로부터 추출된 '경향성'(tendencies), 때로는 '번역 보편소'(universals of translation)라는 이름으로 포장하기도 하고, 또는 '번역적 행위의 법칙'(laws of translational behavior)이라는 말로 위태롭게 합성하기도 한다(Toury 1995). 그런 논의들에 대해 자세히 살펴보는 대신에 (물론 다른 연구들에서 내가 이미 시도하기도 했다. Pym 2005a, 2005b, 2007b, 2008a, 2008b 참조) 이렇게 요약해보고자 한다. 관찰된 모든 경향성들이 가리키는 바는 숙련된 번역자들은 위험을 회피하려는 경향이 있다는 것이다. 다채로운 번역 문제들을 마주하면서, 번역자들은 점차 안전하게 번역하려는 경향이 커지는 것이다. 그들은 생략하고 일반화하고, 명시화하고, 단순화하고, 규범에 따르고, 합리화한다. 번역자들이 자신의 번역과정을 표현하며 상상 속의 인물을 상정하여 말하는 경우는 거의 없다. 대부분 사물, 즉, 텍스트와 대화한다. 사실 번역자들이 누군가와의 대화를 상상한다면, 그것은 고객과의 대화일 가능성이 높다. 위험을 줄이기 위한 목적으로서 말이다(Künzli 2004 참고). 번역자들은 불확실한 미래에 내기하려 하지 않는다. 위험을 감수하지 않으려는 혹은 할 수 없는 집단적 성향 때문에 그 어떤 이상적 순간도 기다리지 않을 수 있다. 대신에 그들은 언제나 그렇듯 열심히 작업할 것이다. 스퍼시아스와 불리스, 데카르트 그리고 루시디의 번역자들과 같이, 다른 주체들에 의해 이미 결정되어 버린 것이 아니라면, 번역자들은 혁명을 준비하는 부류라고 보기 어렵다.

물론 어떤 번역자들은 여전히 용기 있는 행동을 할 능력을 가지고 있기도 하다.

미주

1. 프룬크(Prunč 2000:59)는 번역문화란 번역분야의 모든 상호작용의 행위의 틀을 잡는 규범과 관습, 기대와 같이 가변적인 것이라고 정의한다.

2. 이븐 조하르(Even-Zohar)에게 있어 '체계'란 관계망에 좌우되는 일련의 관찰가능한 전제들이다(1990: 27). 즉, 특정 관계가 존재한다는 가설을 받아들이고, 그 관계로부터 영향을 받는 요소들을 모아보는 것이다. '체계'라는 용어의 사용과 관련하여 제기되는 주요한 문제는, 사람들이 언어, 문화, 사회, 국가, 문학 등과 같은 일련의 요소들을 가정하고, 그 관계를 발견하려고 노력한다는 점이다. 두 번째 문제는 모든 관계에 권력관계가 포함된다는 점을 잊어버린다는 것이다.

3. Physics(물리학) II 3, 7. 여기에서 나는 아리스토텔레스에 대한 중세시대의 이론과 저작들을 참고했다(참고: Minnis(미니스) 1984/1988).

4. 트리콧은 논의를 다음과 같이 더 심화시켰다. "따라서 아리스토텔레스는 플라톤식 사고의 원인론으로 돌아간다. 하나의 유일한 차이만이 존재하지만 그 차이는 핵심적이다. 바로 형식은 지각되는 것에 따를 수 밖에 없고 논리적 작용을 제외한 다른 어떤 것에 의해서도 구별되지 않는다는 것이다."(Metaphysics 22n).

5. 일시적인 배제이기는 했다. 후나인은 결국 의사가 되었다(Salama Carr(카) 1990: 26-27).

6. "[원문요소에 대한 고려에 더하여] 번역자가 가진 목적 또한 번역의 유형을 결정하는 중요한 요인이 된다. 물론 번역자의 목적은 저자의 목적과 일반적으로 유사하거나 혹은 최소한 양립 가능해 보인다. 그러나 꼭 그런 것은 아니다. 예를 들어 파나마 인근 카리브해에 위치한 산 블라스 섬(San Blas)에 사는 이야기꾼들은 청중을 즐겁게 할 목적만을 가지고 있을 것이다. 그러나 그들의 이야기를 번역하는 인류학자들의 목적은 산 블라스 섬의 인성구조(personality structure)에 대한 통찰을 제공하는 것일 것이다."(Nida(니다) 1964/2003: 157).

7. "Die ethische Verpflichtund des Translators besteht darin, zu versuche, das Ziel nach besten Wissen und Gewissen Möglichst zu realisieren."

8. "Die optimale Vermittlung der intendierten Information ist oberstes Gebot einer Translator."

9. 노르트가 '관습'(convention)이라는 용어를 사용했다는 점에 주목할 필요가 있다.

10. 베누티의 주장은 번역자의 비가시성을 문화적 교환상의 불균형성, 즉, 영어를 원어로 하는 텍스트의 번역보다, 다른 언어에서 영어로 번역하는 번역이 훨씬 적다는 점을 이야기 하는 부분에서 특히 설득력이 약하다(1995: 12-17).

11. 베누티가 말하는 대학 이론가들의 개입은 심지어 대학의 정책을 바꾸는 데까지 이른다. 예를 들어 미국 문학전공 학생들은 현재 두 개의 외국어를 배우도록 되어 있는데 하나면 충분하다는 것이다. 또 언어적, 문화적 차이의 협상 문제를 고민해볼 수 있는 과정이 필요하다고 주장한다(Venuti 1998: 105).

12. 카이로스의 개념은 B.C. 4~3세기 경의 그리스 철학자들인 고르기아스(Gorgias), 이소크라테스(Isocrates)들에게서 발견된다. 그들에게 구어적 담화(spoken discourse)는 복수의 즉각적인 요소들에 대한 반응으로써 생산되며, 이런 의미에서 문어적 담화론(written discourse)보다 우위에 있다. 구어적 담화는 대화 중인 사안, 청자, 형식, 화자의 주체성 등에 따라 다르게 이루어진다. 간단히 말해, 구어는 커뮤니케이션 상황마다의 특수성에 좀 더 연결되어 있다.

13. 이 점은 번역을 수용사회의 조건에 대한 표현으로 바라보는 마르크스주의적 접근에 있어서는 중요하다. 마르크스주의적 접근은 생산관계(relation of production)만이 유일하게 작용하는 원인으로 본다. 나의 관점에서도 생산관계의 중요성을 인식한다. 하지만 그것들은 번역의 맥락으로 제한된다고 본다.

14. 역사가에게 있어서, 번역을 하게 만든 결정과 그 결정을 돕거나 저해한 조건들을 이해한다는 것은 왜 그 번역이 다른 방식이 아닌 이러한 방식으로 이루어졌는가를 이해하는 것이다. 반면 번역비평의 입장에서 어떤 텍스트가 번역하기 난해하거나 거의 불가능해보이는 것은 아직 바람이 좋거나 이상적인 때를 만나지 못한 배와 같다.

15. 나는 다른 곳(1992/2010)에서 장기적으로는 그간 번역을 결정해온 결정적 인자들이 정치적, 경제적 힘에 의해 도전을 받게 될 수 있다고 제안했다. 이제 나는 그러한 힘들은 일반적으로 '무엇'을 번역할지(what to translate)에 대한 동기에 상응한다는 점을 추가하고 싶다. 번역학은 안타깝게도 그러한 내용의 역학을 간

과하는 경향이 있다. 예를 들어 얼마나 많은 책들이 번역되었는지를 세지 않고, 그 책들에 무엇이 들어있는가를 결코 묻지 않는다. 또한 그 특정 내용이 전파되는 것에 관심을 가지는 이들이 누구인가에도 관심을 두지 않는다.

John Benjamins Series

16

On Translator Ethics

제 5 장

선교사들

선교사들

협상불가능 한 것

성미 급한 이론가들은 해결하기 어려운 문제에 봉착하면 종종 '협상'(negotiation)이라는 개념을 만능열쇠 삼아 내세운다. "의미는 협상되어야 한다"든지 "타자와의 관계는 끊임 없는 협상의 과정이다"라든지 혹은 "충성심은 모든 당사자들간의 협상을 통해 얻어진다" 하는 식이다. 나도 협상이라는 개념이 가장 난해한 번역문제(translation problem)를 해결하는 데 도움이 된다는 주장에 동의한다. 그러나 문제 해결이 그렇게 간단하지만은 않다. 어떤 종류의 협상이 필요한지, 그것을 진행하는 방식은 무엇인지 등을 알아야 한다. 나는 그 동안 특정 상황맥락 속에서 이루어지는 이 협상이라는 교환을 다양하게 분석함으로써 협상이 실제로 어떻게 이루어지는지 보고자 했다. 그저 모든 난제들이 마법처럼 사라지게 하는 블랙홀 같은 개념으로 그 단어를 사용하기보다는 말이다. 다음 장에서 협상 이론을 본격적으로 검토해볼 것이다. 하지만 이번 장에서는 많은 이론가들의 바라는 바를 거슬러 모든 것이 협상될 수 있는 것은 아님을 보이고자 한다.

협상 불가능한(non-negotiable) 문제들은 최소 두 가지 종류가 있다(Pym 1993a: 48 참고). 하나는 대단히 사소한 문제들이다. 이 경우는 협상하는 수고를 감수해봤자 그 차이가 별 볼 일 없는 경우들이다. 대부분의 번역 문제들이 여기에 속한다. 초보자의 눈에는 심각한 문제로 여겨지지만 경험이 많고 마감시한은 촉박한데다 양적 기준에 따라 번역료를 지급받고 있는, 위기관리(risk-management) 전략을 적절히 구사할 줄 아는 숙련된 번역자들에게는 별 문제가 아닌 것들이다. 다른 한 편에는 주관적으로 대단히 중요하게 여겨지는 문제들이 있다. 어떤 사람들에게는 너무나도 중요한 문제로 여겨지기 때문에 도저히 절충되지 못하는 사안들이다. 어떤 협상에서든 우리는 그런 사안들을 존중해야 한다. 그것으로 인해 협상의 범위가 축소된다고 해도 말이다.

협상불가능한 문제들 가운데 중요한 부분들은 신앙의 문제일 수 있다. 예를 들어 중세 스페인에서는 여러 '종교 간 논쟁'(interfaith disputations)들이 있었는데 그것들은 사실 종교적 타자들의 추방을 정당화하기 위한 전시(展示)재판이었다. 이러한 논쟁들 중에는 코란의 정확성을 논하려는 시도도 있었다. 그러나 이슬람교도들은 그런 논쟁에 휘말리는 것을 고집스럽게 거부했다. 자신들의 신성한 경전인 코란의 유효성에 대해서는 논쟁의 여지가 없다고 보았기 때문이다. 클루니(Cluny) 수도원장은 이슬람교도들과 논쟁할 전기를 마련하고자 1142년에서 1143년에 이르는 기간 동안 코란을 라틴어로 번역하라고 지시했다. 기독교도로서 그들과 무엇에 대하여 논쟁해야 하는지를 알고자 함이었이다. 하지만 번역만으로는 충분치 않았는지 코란 번역본에 첨부할 이교(異教)에 관한 책도 집필했다. 이 책에서 수도원장은 아랍인들을 향해 그들의 경전도 논의의 대상이 되어야 한다고 했다. 그런데 역설적이게도 그 글은 라틴어로 집필되었다(Kritzeck 1964 참고). 이러한 이념적 줄타기는 대단히 위태로운 것이었다. 왜냐하면 논리적으로 기독교인들 자신의 경전 역시 동일한 방식의 검토의 대상이 되도록 열어주어야 하기 때문이다. 결국 공개 토론은 열리지 않았다. 그들에게도 어떤 것들은 협상하기엔 너무 중요한 것이었기 때문이다.

종교 문헌의 번역을 윤리적 논의를 대상으로 삼을 때에는 신자들의 신앙을 수용해야만 한다. 만일 번역자들이 해당 텍스트를 신의 말씀(the Word of God)이라고 믿는다면, 그런데 그 번역자들과 협상하기를 원한다면, 일단 그들의 믿음을 존중해야 한다. 만일 신자들이기도 한 그 번역자들이 자신들의 과업은 해당 텍스트를 모든 사람들에게 알리는 것이라 여긴다면, 그러한 목적을 받아들여야 한다. 그들과 협상하기를 바란다면 말이다. 광범위한 차원에서의 윤리는 종교적 다양성에 대한 불관용의 문제나 개종 강요, 타자의 인간성 말살, 종교와 관련된 다른 고약한 만행들에 관하여도 말할 수 있고, 말해야 한다. 그러나 협의적 차원에서의 번역자 윤리가 관심 가져야 할 점은 협상의 대상으로 열려있지 않은 종교적 신념들을 존중해야 한다는 것이다. 다른 이들의 믿음을 존중하는 것은 그 믿음을 꼭 지지하지는 않더라도 가능한 일이다.

번역 이론가이자 성서학자인 유진 니다(Eugene Nida)의 연구가 바로 종교 문헌의 번역에 관한 이런 점들을 논의한 경우이다. 니다를 비판하는 사람들은 그의 번역이론이 역사 속에서 기독교가 보여준 과도한 점들을 내포하고 있다고 주장한다. 예를 들어 십자군 전쟁이나 종교재판, 집단학살 내지 문화적 말살, 제국주의적 자본주의의 정당화 등의 사례들을 모아다가 니다에게 내보일 수도 있다. 모두가 니다의 번역이론 자체가 비윤리적이라는 주장을 뒷받침하는 것처럼 보인다. 그리고 비판자들은 이어서 번역자들이나 이론이 아니라 기독교를 정죄하기 시작한다. 그렇게 되면 비판자들은 결국 국지성(regionality)이 보장하는 구체성을 상실하고 보편적 차원을 논하게 된다. 그것은 번역적 행위라는 특수성을 훨씬 넘어서는 일이다. 또한 같은 사안에 대하여 다른 한편에서는 기독교가 전파됨에 따라 자국어의 사용이 활발해지고, 표준화되며, 따라서 해당 언어들의 사멸을 막는데 크게 기여하였다는 점을 주장할 것이다. 문예진흥과 보건서비스, 인간제물 의식의 근절, 민주적 사회참여의 독려, 근대화, 타자의 고통과 근심에 대하여 공감과 연민의 윤리를 진전시켰다는 주장과 함께 말이다. 이 같은 긍정적 측면이 부정적 측면을 상쇄하는가? 이 질문은 나폴레옹이 끼친 해악이 그들의 군대가 전파한 프랑스 혁명의 이상을 능가하는가 라는 질문과 다르지 않다. 다행스럽게도 이 질문에 답하는 것은 우리의 할 일이 아니다.

니다의 중요성

내가 1979년 처음으로 번역이론을 공부하게 되었을 때 영어권에서 이름이 잘 알려진 학자는 세 사람에 불과했다. 지금 읽어도 여전히 탁월한 번역에 대한 언어학적 통찰을 내놓은 존 캣포드(John Catford), 이 세상 모든 책을 다 읽은 것처럼 보이는 스타이너(George Steiner), 주장하고자 하는 개념을 깜박 속아넘어가도록 명료하게 설명했을 뿐 아니라 풍부한 사례와 당대의 언어학적, 인류학적 지식들을 동원하여 제시한 유진 니다(Eugene Nida), 이 세 사람이었다. 니다의 이론은 요약하기 쉽다. 등가에는 두 가지가 있는데, [그 중 형태적 등가(formal equivalence)는 후에 형태적 대응(formal correspondence)으로 불림] 역동적 등가(dynamic equivalence)가 형태적 대응보다 일반적으로 더 낫다는 것이다. 니다의 이론은 그것이 가진 명료성과 일반적 적용 가능성 때문에 그가 주요 독자로 삼은 성경번역자들을 넘어서 번역학계 전반에 큰 영향을 미치게 되었다. 그의 국제적 영향력은 좋은 쪽으로든 나쁜 쪽으로든 대단했다.

니다의 신앙적 이데올로기가 그의 이론을 저해하지 않았음에도 불구하고, 그의 이론은 명료했기 때문에 표적이 되기도 쉬웠다. 번역 전략을 기본적인 두 가지로 축소했기 때문에 그 어떤 경험적 검증에서도 살아남기 어렵다. 대부분의 번역문제들은 두 가지 이상의 해결책을 요구하는 경우가 많다. 그의 이론은 거기서부터 삐걱거리기 시작한다. 더욱이 니다는 번역자의 절대적 주체성을 가정하여 다른 원인들에 얽매이지 않고 독자적으로 결정을 내릴 수 있는 존재로 상정한다. 그러나 이러한 가정은 이분법적 논리와 마찬가지로 오래가지 못했다.

하지만 니다의 연구를 우리 논의의 맥락에서 재고해 보아야 할 몇 가지 중요한 이유가 있다. 먼저 그가 가정하는 절대적 번역자는 신앙이라는 외적 원인에 대한 충성에 의해 권한을 부여받았다는 점이다. 이것은 일반적이지 않은 결정 요인이 된다. 둘째, 그 번역 주체는 발신 언어나 수용 언어 안에 위치해 있는 것이 아니기 때문에 간 문화적 위치를 점할 수 있다. 셋째, 번역의 성공은 출발 텍스트에 기초하여 판단되는 것이 아니라 수용되는 시점(moment of reception)에 발생하는 효과에 의해 판단된다. 대부분의 언어학자들과 사실상 모든 번역이론이 생산 시점에 주목하고 있을 때 니다는 수용 시점을 주목한 것이다.

연합성서공회(United Bible Societies)는 이 세 가지 요소, 즉, 특별한 결정 요인, 간(間)언어적 공간(interlingual space), 그리고 효과적 수용이 협력적 번역방식 안에 제도화된 사례이다. 이 기관의 번역은 번역기술과 성경지식을 훈련 받은 번역 자문(translation consultant)들의 지도 아래, 도착문화의 비전문가들에 의해 이루어진다. 이러한 번역 방식이 니다의 초기 핵심 이론적 저작에서는 명시적으로 다루어지지 않았지만, 그의 이론을 이해하는데 도움이 된다. 도착어 측의 구성원들은 역동적 번안(dynamic adaptation)과 수용 시점의 효과에 우선순위를 둔다. 협력적 번역 방식이 주는 간어적 공간은 도착어권 구성원들과 번역 자문들로 나누어진 양 측을 한 데 모은다. 오늘날의 관점에서 보면, 이것은 크라우드소싱(crowdsourcing)이나 자발적 번역과 비슷하다. 니다의 이론과 번역모델은 경제적 대가 이상의 동기로 수행하는 모든 번역 프로젝트에 관련을 지을 수 있다. 좌파 혹은 우파라는 차원의 범지구적 사회운동이든지 생태계를 위해서든지 지식 혹은 정치 권력을 위해서든지, 그리고 물론 자신의 종교를 위해 자원하여 번역하는 이들이 관심을 가져볼 만한 이론이다.

여기서 내가 가장 흥미를 가지는 점은 이론적으로나 실제적으로나 번역에 공동체가 참여할 가능성을 상정하고 있다는 점이다. 그것은 성경번역에 관한 관심을 넘어서는 것이고, 니다 이론이 가지는 윤리적 측면을 재고해 봐야 할 타당한 이유가 된다.

세 가지 비판

번역이론가 중 많은 이들이 니다를 비판했다. 물론 니다를 비판한 이론가들 중에는 그다지 훌륭하지 않은 이론가들도 있었다. 그들의 비판은 거의 항상 니다의 역동적 등가에 관한 것이었다. 마치 니다가 제안한 합당한 번역방법으로 그 한 가지만 있는 것처럼 말이다. 니다는 그렇게 말하지 않았다. 다만 그는 양극단을 허용했기 때문에 결정에 대한 선택의 폭을 좁힌 셈이다. 그러나 역사적 맥락을 두고 볼 때 니다와 그의 공동저자들은 단어에 대한 충실성이라는 절대적 이상(형태적 대응)에 반대했고, 의미 혹은 정신(spirit, 역동적 등가의 기저에 깔린 믿음)의 전달을 옹호했다. 역사적으로 볼 때 그의 이론이 혁신적인 이유는 다른 이들이 '번안'(adaptation)으로 보거나 '다시쓰기'(paraphrase)라고 간과해버린 것 혹은 오늘날의 시각에서 로컬라이제이션(localization)이라고 불리기도 하는 것들을 (물론 이러한 것들은 니다가 실제 제안하는 것들과 상당히 거리가 있는 것이지만) 정당화했다는 데 있다. 역동적 등가에 대한 니다의 주장은 그가 누구를 설득하고자 하느냐에 따라 저서마다 달라진다. 니다가 역동적 등가만을 고집했다고 일반화하는 것은 근시안적이고 불공평하다. 니다의 이론적 공헌은 다양한 번역선택지들이 논의될 수 있는 범위의 개념적 공간을 열었다는 데 있다. 그래서 나는 니다에 대한 근시안적인 비판에 맞서 그의 공헌한 바를 옹호하고자 한다.

여기서 나는 니다의 이론에 대한 세 가지 비판적 견해를 살펴보고, 거기에 니다가 했을 법한 답변으로 대응하고자 한다(Stine 2004 참고). 첫 번째 비판은 종교적 텍스트에 익숙한 번역자들이 하는 일반적인 불평이다. 두 번째 비판은 프랑스 이론가이자 번역가인 앙리 메쇼닉(Henri Meschonnic)이 한 것으로, 그는 원본 히브리 성경의 언어적 형식에 대한 충실성을 강조했던 사람이다. 세 번째는 베누티(Venuti)로 그는 기독교 선교 자체를 정면으로 반대했다. 나는 세 가지 모든 경우에 대하여, 각각의 사례에서 니다의 방대한 저술들로부터 유추하여 니다의 입장을 옹호하고자 한다. 그리고 니다의 접근에서 발견되는 윤리적 측면을 살펴볼 것이다.

성경 번역자들의 비판

성경번역에 관한 논문집에서 한국인 번역가 황(Y. C. Whang)은 니다의 이론들을 설명하면서 역동적 등가에 대해 여섯 가지 반론을 펼쳤다. 실무 번역가들이 전형적으로 제기하는 반론이다. 막다른 골목에 이르게 되는 논쟁을 끝내기 위해 그들이 제시하는 근거는 다음과 같다. 하나씩 살펴본 후 가능한 대답을 시도하겠다.

비판 1. 독자의 반응을 확인할 수 없다

번역의 목적이 제1언어의 독자들이 보였던 반응과 제2언어의 독자들이 보이는 반응을 동일하게 하는 것이라고 한다면, 번역자는 전자의 반응과 후자의 그 것이 동일한 것을 어떻게 확증할 수 있는가?

(Whang 2004: 52)

가능한 대답 1

확증할 수 없다. 신앙고백, 개종, 정경(正經, canon)에 무엇을 포함시킬지 여부 혹은 그것이 마음에 들었는지 여부 등과 같은 몇몇, 비교적 구체화시킬 수 있는 경우를 제외하고는 그 반응을 확인할 수 없는 것이 일반적이다. 광고에서 그 핵심은 상품이 판매되느냐 마느냐이다. 그 목적을 달성하기 위해 브랜드를 구축하는 데에는 많은 방법들이 있겠지만, 그 효과는 궁극적으로 숫자로 측정된다. 마찬가지로 성경의 판매권수, 구원받은 신자들의 수, 또는 목숨을 잃은 선교사들의 수는 실제로 셀 수 있다. 그런 비슷한 것이 여기에도 작용하고 있다. 질적 정체성을 확인하기 위한 실증적 방법이 부재하다는 점을 염두에 둔다면, 모든 문장 하나 하나에 반응이 동일한 지 여부를 꼭 확인해야 할 필요가 절박해 지는 것은 아니다.

가능한 대답 2

모든 읽기 행위는 부분적으로 잠재 독자가 어떻게 반응할까 하는 점에 대한 해석이다. 중요한 것은 이 잠재 독자이다. 잠재 독자를 협의적으로 정의한다면, 해당 텍스트를 읽는 번역자 자신이라고 할 수 있다. 번역자들은 어떤 독자나 작가들과 마찬가지로 텍스트를 독해하는 과정에 참여한다. 독해된 내용을 좋아하든 싫어하든 말이다.

비판 2. 대화가 불가능하다

기능적 등가를 달성하기 위해, 번역자는 먼저 번역되어야 할 텍스트(Vorlage)

와 원문 수용자 간의 대화를 상상해야 한다. 그리고 번역문과 번역문의 수용자들 간에 기능적으로 동일한 대화가 구축될 수 있는 최선의 번역방법을 찾아야 한다. 그렇다면, 번역자는 원문과 그 수많은 독자들 사이의 대화를 어떻게 포착할 수 있는가? 그것은 현실적으로 불가능하다.

(Whang 2004: 52)

표면적으로 볼 때, 이 두 번째 비판은 첫 번째 비판과 동일하다. 따라서 동일한 답변을 해도 무방할 것이다. 그러나 주목할 점은 황이 앞서 반응(response)이라고 했던 것을 대화(dialogue)로 바꾸었다는 점이다. 이 변화는 그의 비판적 관점이 사실상 행동주의(behaviorism, 자극과 반응)로부터 해석학(hermeneutics, 텍스트가 지속적인 생산적 해석에 열려있다는 것으로 보는 관점)으로 전환되었음을 의미한다. 황의 용어들 가운데 해석학적 전통에 놓여 있다고 볼 수 있는 또 다른 예는 포를라게(Vorlage)의 사용이다. 물론 이 용어를 여기에 사용해야 할 이유는 별로 없어 보인다. 해석학에서 이 용어는 대개 특정되지 않은(unlocated) 선행 텍스트를 가리킨다. 이 점을 통해 또 다른 답변이 가능하다.

가능한 대답: 대화는 끝이 없다. 행동주의적 상호작용은 대체로 유한하지 않다. 그 대화는 인간과 텍스트 사이의 대화를 말하는 것이 아닐 수 있다. 번역은 그런 끊임 없는 대화과정에서 한 걸음 더 나아간 행위이기만 한 것은 아닐 수도 있다.

비판 3: 의미는 어디에 있는가?

번역의 부담이 작가가 전하는 의미로부터 수용자의 반응으로 넘어간다면, 번역자는 텍스트의 의미를 어디에서 찾을 수 있는가?

(Whang 2004: 53)

자명한 대답

텍스트에서 찾을 수 있다. 텍스트를 대화적 교환의 관점에서 본다면, 독자로부터 저자를 급진적으로 분리해낼 근거가 거의 없다. 저자의 의미는 특정 반응을 얻기 위한 시도로서 구성되었고, 독자의 반응은 저자의 시도에 대한 반응을 시도하는 것이라고 이해될 수 있다. 이러한 상호작용은 여전히 유효하다. 아무리 많은 것이 역사적으로 축적되고 함축되고 이상화되었더라도 상호작용은 계속된다. 그러므로 왜 굳이 저자와 수용자 중 누군가 혹은 이쪽 아니면 저쪽을 선택해야 하는가?

비판 4. 너무 어려운 일이다

황은 성경을 역동적인 방법으로 번역할 때 겪는 어려움을 요약한 드 바르드(De Waard)와 니다의 글을 언급한다. 원천 텍스트가 쓰여진 시점과 오늘날 사이의 엄청난 간극, 원저자들과의 상의가 불가능하다는 점, 성경 언어들의 다른 용례를 찾는 것이 제한적이어서 그 문체 양식(stylistic patterns)을 검증하기가 어렵다는 것이다(De Waard and Nida 1986: 186). 황은 역동적 등가가 그렇게 어렵다면 "극단적 직역 방식을 사용하는 번역의 문제점을 지적하는 정도의 제안을 했어도 충분했을 것이고, 거기에 대한 해결방법을 제시하는 것이 필요했을 것"이라고 말한다(Whang 2004: 54).

대답

드 바르드와 니다는 실제로 직역방식의 문제점들을 지적하고, 그러한 문제들을 극복하는 일련의 전략들도 제시한다. 바로 거기에서 역동적 등가라는 전략이 등장하는 것이다. 비록 등가 효과(equivalent effect)라는 까다로운 개념으로 지칭되기는 하지만 말이다.

이번에도 황의 주장은 증거가 결여된 극단적 흑백논리를 전제하고 있는 것처럼 보인다. 성경번역과 관련된 상대적 난점들에 대해 말하자면 조금만 거리를 두고 생각해도 성경번역이라고 하는 작업은 그야말로 정신 나간 짓이다. 이 번역자들은 1세기 혹은 (구약을 염두에 둔다면) 그보다 훨씬 더 오래된 중동 문화권의 이야기들을 포스트모던 시대 도시인들에게 혹은 밀림 속의 부족민들에게 읽혀서 모종의 효과를 거두겠다고 나서고 있는 것이다. 이런 번역자들에게 그 번역에는 난점이 많으므로 그만두라고 하는 것은 결코 설득력이 없다.

비판 5. 비교가 불가능하다

> 니다와 테이버(Taber)는 수용자들의 반응을 비교하는 것이 번역에 대한 새롭고도 더 나은 접근이라고 제안했지만, 그들의 논의 안에는 그 실제적인 비교 방법을 언급하고 있지 않다.
>
> (Whang 2004: 54)

이 비판 역시 첫 번째와 두 번째 비판을 반복하는 것처럼 보이기 때문에 또 다시 같은 대답을 할 수 있겠다. 그럼에도 이 비판은 흥미롭다. 니다의 모든 저작은 다양한 사례들로 가득 차있다. 하지만 반응을 비교할 수 있는 실제적인 방법은 없는 것 같아 보인다. 왜 그럴까?

오늘날 우리는 성경 텍스트에 대한 치밀한 문헌학적 작업의 결과로 여기에 대한 독자의 잠재적으로 반응이 어떠할 것이라는 점에 대해 상당히 많은 이야기를 할 수 있게 되었다. 또한 성경의 유표적(marked) 텍스트가 무표적(unmarked) 텍스트에 대하여 어떤 작용을 하는지 혹은 제한된 상호텍스트성(intertextuality) 혹은 구(old)정보에 대한 신(new)정보의 작용 등에 대해서도 대체적인 아이디어는 형성할 수 있게 되었다. 이것들은 다 기술적이고 언어학적인 것들로 개론서에서 찾을 수 있는 내용들이다. 그러나 이 같은 연구를 통해 얻어진 정보가 독자 반응 그 자체를 의미한다고 주장할 사람은 없을 것이다. 실상은 성경번역의 현대적 제도 안에서 문헌학자들과 신학자들이 공인한 일련의 반응을 구성한 것이다. 그런데 그 반응은 새로운 잠재 독자들의 반응과 내적으로 대비가 될 수밖에 없다. 서로 다른 위치에서 독해(reading position)하고 있기 때문이다. 그 대비는 1세기 중동지역 신자들과 2천 년이 지난 오늘날을 사는 다양한 배경의 개종자들 사이의 것이 아니라, 소규모의 공인된 번역 자문단과 그 보다 규모가 훨씬 큰 도착어권 번역자들, 즉, 자발적으로 성경번역 작업에 참여한 이 번역자들과의 사이에서 보여지는 대비이다. 여기가 바로 대화가 이뤄지는 지점이고 비교가 이뤄지고 협상되는 지점이며 외부의 참여를 차단한 채 기관내적(in-house) 논쟁이 벌어지는 지점이다.

대답

협력적 번역과정은 번역 자문들과의 상호작용을 포함하여, 그 자체가 비교와 대화의 장이며, 그것은 세기를 넘나들며 이뤄지는 것이 아니라 바로 지금 현재에 일어나는 과정이다.

비판 6. 역동적 등가는 번역자가 하는 일이 아니다

> 나는 심리적으로 나 자신을 독자가 아닌 저자의 위치로 상정한다. 번역자는 무의식적으로 자신을 저자의 대변자로 규정한다.
>
> (Whang 2004: 54)

이 비판은 앞선 논점들을 대부분 놓치고 있다. 황은 다른 많은 이론가들이 그러하듯 번역을 일 대 일의 사건(affair)으로 가정한다. 외로운 번역자 한 사람이 밤에 저자의 흔적을 찾아 텍스트를 샅샅이 뒤진다. 따라서 여기에 '무의식적 (정체성) 규정'이 개입된다. 그러나 성경번역 작업은 대부분 그러한 방식으로 이루어지지 않는다. 자원하여 성경번역에 참여한 번역자들 가운데 자신을 표면적으로 신성시하거나 혹은 신적 영감을 받은 저자로 여기는 경우는 거의 없을 것이다. 따라서 번역자가 자신을 저자와 동일시 하는 보편적 규정과 니다가 논의하는 번역작업은 관련성이 별로 없다.

대답

도착언어 사용자가 번역자가 되었을 때 그들은 물리적으로나 문화적으로 미래의 독자에 가깝다. 그렇기 때문에 저자 보다는 독자 쪽에 자신을 동일시할 가능성이 크다.

황의 비판에 대한 대답들을 요약하자면, 일단 전반적으로 볼 때, 황이 제기한 비판에 전제된 일 대 일 사건으로서의 번역은 성경번역 작업에는 대부분 적용되지 않는다는 점을 들 수 있다. 니다를 이해하기 위해서는 그가 기술한 번역의 목표, 비교, 대화, 협상 등의 개념을 그것들 고유의 상호작용의 틀 안에서 다루어야 한다.

시인의 비판

메쇼닉(Henri Meschonnic)의 비판은 훨씬 더 정교하다. 메쇼닉은 니다의 동기가 성경을 향한 열정이었음을 알고 있었고, 그 점에 기초하여 니다의 이론을 만나고자 했다. 메쇼닉의 비판은 여러 가지 표현으로 이루어지고 있지만, 그 요지는 니다가 잘못된 이분법에 의거하여 이론을 전개하였다는 것이다.

> 내가 보이고자 하는 것은 니다의 이론은 과학적이지 않다는 것이다. 그의 이론은 변형문법(transformational grammar)의 모조품이다. 또한 그의 이론은 성

경에 대한 이데올로기적 왜곡(ideological distortion)으로부터 출발하여, 그 이데올로기적 왜곡을 확실히 하기 위해 이론을 전개하고 있다. 이런 차원에서 그의 이론은 오래된 케케묵은 번역이론을 현대적 장치를 사용해 미세조정(fine-tuning)한 것에 다름 아니다. 그 무익한 이분법을 파악해내기 위해 니다가 구성한 요소들을 해독할 필요가 있다.

(Meschonnic 1973: 329)

참으로 센 주장이다. 냉정하고 치밀한 스타일로 전개된 그의 비판은 대부분 옳다. 그래서 나는 그의 비판을 굳이 힘들게 번역하여 학술지에 게재함으로써(Meschonnic 2003) 이 논쟁이 영어로도 진행될 수 있도록 하였다. 메쇼닉이 기본적으로 니다 자신을 활용해 니다를 궁지에 빠뜨리는 방식으로 이항대립의 논리전개를 해체하고 있다. 과학 대 이념? 그렇다. 과학에 대한 열망이 니다가 가진 학문적 열망이었던 것은 분명하다. (니다의 주요 저서 중 하나가 Toward a Science of Translating 이다.) 그러나 니다는 자신의 이론 전개에 기독교 이념이 주도적인 역할을 하고 있음을 감추려고 하지도 않았다. 또한 번역의 검증은 과학에 있는 것이 아니라 실제 사용에 있는 것이기도 하다. 니다 자신도 "번역은 과학, 훨씬 그 이상이다"라고 말했고, 메쇼닉은 그 논점을 뒷받침하기 위해 이 문구를 인용하고 있다(1973: 347). 메쇼닉이 관찰한 대로 과학이 아니라 실증주의(empiricism)가 니다의 이론이 기초를 두고 있는 토대이고, 그것이 성경번역위원회들이 기반하고 있는 이론적 배경이다(1973: 347). 어떻게 번역해야 하는지를 알려주는 것은 텍스트의 과학이 아니라 그 번역을 사용하는 사람들일 것이다. 니다와 테이버는 그것을 시장조사와도 같다고 표현했다(1969: 163). 메쇼닉은 이 주장을 또 다시 역으로 인용한다. 그러나 과학 그 자체가 이데올로기의 반대는 아니다. 황이 지적했듯이, ['자연'(natural) 구문 구조의 통계적 계산이나 혹은 핵문(kernel) 차원에서의 변형에 대한 반신반의한 적용 등과 같은] 니다의 이론에서 과학적 방법의 실제 적용은 독특한 발상이나 단순한 가능성 그 이상으로 나아가지 못한다.

메쇼닉이 공격한 이분법(binarism)의 핵심은 내용에 대한 형태의 함정이고, 역동적 등가에 대해 형태적 등가가 빠진 함정이다. 그 공격은 사실 기표(signifier)와 기의(signified)의 대립을 상정하는 소쉬르(Saussure)의 기호학적 전통에 대한 것이다. 혹은 탈구조주의(post-structuralism) 대 구조주의(structuralism)의 대립이기도 하다. 이것은 니다의 이론에 관한 비판을 훨씬 넘어서는 것이다. 그럼에도 불구하고 이 비판은 흥미로운 것이다. 메쇼닉은 "니다 이론에서 그의 출발점은 언제나 흠정역(King James Version) 성경이다" 라고 말했는데, 바로 이 점이 형태가 왜 늘 이해하기 어려운 부분인지를 설명해준다. 어찌 보면 사실이다. 니다의 이론적 저작들을 살펴보면, 헬라어(Greek) 성경의 사례가 많지 않고, 히브리어 성경에 대한 인용은 거의 없다. (이 점이 메쇼닉의 관심을 가장 많이 끈 부분이다.) 실제 번역 사례들을 보면 그것은 흠정역의 영어에서 니다의 영어로, 난해한 성경에서 쉬운 성경으로의 번역이라고 볼 수 있다. 왜 그래야 하는가? 영어 내에서의 이 같은 이동들이 번역의 전부는 아니지 않는가? 또한 그러한 변이(shift)는 번역 자문들이 실제 (자원) 번역자들을 만나는 공간에서의 움직임을 의미할 것이다. 즉, 앞서 번역이 일어나는 실제 공간이라고 주장했던 곳이다.

메쇼닉은 니다의 논의가 이 두 종류의 영어에 국한된 사례에 기반하고 있다는 점을 기다렸다는 듯이 비판한다.

> 반응이라는 개념은 도착어와 직접적으로 관련된다. 이 개념에 따르면 도착어의 자연스러움을 중시하기 때문에 "거룩하게 입맞춤으로 서로에게 문안하라"(로마서 16:16)는 영어 원문을 "따뜻하게 악수하며 서로 문안하라"(Nida 1964: 160)라고 번역하는 것을 선호한다. 이러한 번역은 언어간(interlinguistic) 번역이라기보다 언어 내(intralinguistic) 번역이며, 과거로부터 온 텍스트가 가지는

> 시간적 거리를 무색하게 만든다. 이것은 곧 셰익스피어를 현대 영어로, 라블레(Rabelais)를 현대 프랑스어로 번역하는 것과 같다. 이러한 방식의 번역은 늘 이루어져왔지만, 주류가 되지 못했다. 텍스트에는 힘이 있다. 그것은 실용성을 염두에 둔 이론화 작업이 능가하지 못하는 힘이다. 텍스트는 출발점이지 도착점이 아니다.
>
> (1973: 337-338)

텍스트는 도착점이 아니다. 이 간명한 주장은 독자의 반응에 관심을 가지는 니다의 견해와 대립될 뿐만 아니라 스코포스(Skopos) 이론의 전통 전체를 부정한다. 텍스트는 도착점이 아닌가? 메쇼닉의 주장은 텍스트성에 대한 그의 관점 안에서만 이치에 닿는다. 그에게 텍스트성이란 시간과 공간을 초월하여 전해진 위대한 텍스트가 가진 자질이자 데리다(Derrida)가 반복가능성(iterability)이라 명명했던 자질을 가리킨다. 또한 이것은 해석과 재해석의 끊임 없는 과정을 촉발하는 자질이다. 그러나 니다의 번역문은 번역과정에서 도착점을 의미하는 것이 사실이다. 물론 성경번역본들 역시 반복가능성을 얻을 수 있고, 흠정역성경이 그러했듯이 문화와 언어의 한 부분이 될 수 있다. (흠정역성경은 그 난해함에도 불구하고 그것만의 성스러운 리듬이 영어 안에 친숙하게 정착되었다. 메쇼닉이 관심을 가졌던 것이 이 부분이다.) 니다는 이 점에 특별히 관심을 가졌던 것이 아니다. 그의 역동적 등가 개념에서도 알 수 있듯이 니다는 이해하는 것을 유일한 목적으로 삼았다. 이러한 점에서 메쇼닉의 비판은 충분히 정당화될 수 있을 것 같다.

니다의 이론에 이같이 명백한 한계가 존재하는 이유가 뭘까? 왜 과학에 대하여 상충하는 방법을 사용하고 있는 것일까? 왜 영어로 된 사례를 사용하면서 그 점을 해명하지 않았을까? 왜 성경원어가 아닌 수사학이나 문학적 가치, 세기를 넘나들며 전해지는 위대한 텍스트들의 힘에 대해 무관심한 것처럼 보이도록 했을까?

내가 제안하는 답은 간단하다. 번역에 관한 니다의 저작들은 앙리 메쇼닉과 같은 독자를 염두에 둔 적이 없는 것 같다. 니다의 주장과 지침들은 준전문(paraprofessional) 번역자들과 번역 자문, 흠정역성경에 익숙하거나 혹은 원문 중심 번역전략에 익숙한 독자들을 대상으로 한 것이다. 또한 그는 팀을 기반으로 한 번역작업에 활용될 수 있는 원리를 찾고자 이론을 전개하였다고 본다. 단순한 이분법적 논리는 교육학이나 수사학적 도구이지 그 외의 영역에서는 그다지 효용이 있지 않다. 그런 맥락에서 과학을 지향하는 것은 비개인주의(non-individualism)나 비분리주의(non-sectarianism)를 호소하는 데 유용하다. 그것은 신념에 기초하여 작업하는 외로운 번역자의 감수성이나 개인적 선호를 뛰어넘는 것이다. 니다의 이론이 특정한 상황 하에서 작용할 이상적인 원리를 제안한 것임을 인식해야지만, 그가 중요하게 다룬 것과 대대적으로 배제한 것 모두가 어떠한 의미를 가지는지를 이해할 수 있다.

학자의 비판

나는 이미 베누티(Venuti)의 초기 이론에 대하여 너무 많은 이야기를 했다. 하지만 니다에 대한 베누티의 비판은 그럼에도 의미 있는 통찰을 제공하기 때문에 반복할 만 하다. 대부분의 비판자들과 마찬가지로 베누티도 니다의 이론이 역동적 등가에 관한 주장인 것으로 축소시킨다. 그러고 나서 니다의 입장이 도착어 독자와의 동일시(identification)라고 해석함으로써 문화적 타성(alterity)에 대한 의도적 퇴색이라고 비판하였다. 결국 니다가 추구하는 이상은 베누티가 패권적 영미 문화의 전형적 행태로 간주하여 반대했던 유창성(fluency)의 지배와 같은 맥락이 된다. 즉, 니다는 미국인 번역이론가가 취할 수 있는 가장 나쁜 입장을 취하고 있는 셈이다.

그런데 베누티는 여기에서 몇 가지 사소한 문제들을 회피했다. 예를 들어 유창성은 영어로 옮겨지는 번역에서 전형적으로 제안되는 전략이며 니다의 주요 관심은 영어가 아닌 다른 주요 언어와 소수 언어로의 번역이었다는 점이다. 그리고 역동적 등가는 다양한 도착어와 문화권 안에서의 가장 자연스러운 번역어를 지향한다. 따라서 문화 차이를 인지하고 옹호하는 가운데 번역전략을 탐색한다. 문화적 차이를 역행하여 작용하는 것이 아니다. 베누티는 이 점을 어떻게 피해갔을까? 베누티는 니다가 "모든 외국 문화에 대한 투명한 담론이라는 영어적 가치를 강요하고 있다"고 말한다(1995: 21). 맞는 말일 수 있다. 그러나 베누티 역시 문화적 차이를 옹호한다는 명분을 들어 이국화(foreignization)라는 본인의 이상을 강요한다.

베누티는 또 다음과 같은 비판을 시도한다.

> 여기에서의 커뮤니케이션은 목표 문화에 의해 시도되고 통제된다. 이것은 사실 관심에 찬 해석작업이다. 이것은 정보의 교환이라기보다는 자국의 목적에 따른 외국 텍스트의 전유(appropriation)이다. 번역을 커뮤니케이션으로 보는 니다의 이론은 모든 번역과정, 특히 역동적 등가에 의해 규율 되는 번역과정에 내재한 자민족 중심적 폭력을 충분히 직시하지 않는다.
>
> (1995: 22)

내가 이 단락을 인용한 이유는 언젠가는 누가 이 문단의 의미를 내게 설명해주길 희망하기 때문이다. 여기서 원천 문화는 무엇인가? 목표 문화는 무엇인가? 누구의 자국적 목적인가? 베누티는 1세기의 아시아 소수 민족과의 대화나 교류를 원하는 것일까? 이러한 질문에 답하기 대단히 어렵다는 사실은 니다의 작업이 베누티의 이분법적 반발보다 훨씬 복잡함을 가리키는 것이다. 니다는 번역을 폭력으로 규정하는데 실패하는가? 물론이다. 그의 일은 기독교를 전파하는 일이었다. 그 일이 폭력의 생산으로 비춰지는 것을 당연히 원하지 않았을 것이다. 그가 성경에 대한 관심에 찬 해석을 촉진하는가? 물론이다. 최소한 그의 목표가 복음전도라는 차원에서 그러하다. 베누티가 니다를 비판하는 이유는 길게 설명하든 짧게 요약하든지 간에 니다가 교리를 전파하기 원했기 때문이다. 이것은 마치 집을 설계하려는 마음을 가졌다는 이유로 건축가를 비판하는 것과 같다. 이것은 협상 불가능의 차원에 접어드는 지점이다. 니다는 니다일 뿐이다. 베누티가 그 혼란 속에서 자신의 관점에 합당한 무언가를 보려 노력할지라도 말이다.

> 니다가 자국화 번역을 옹호하는데, 이는 시대와 공간을 초월하여 존재하는 이상인 인본주의(humanity, humanism)를 그 본질적인 기반으로 삼았다. 니다의 인본주의는 "인류를 하나로 연합시킨다"는 그의 말에 비추어 볼 때 민주주의적 성격을 띤다고 볼 수 있다. 하지만 이 인본주의는 니다의 이론에 절대적으로 영향을 미친 기독교의 복음전도나 문화적 엘리트주의 등의 배타적 가치들과 상충된다.
>
> (Venuti 1995: 22)

이것이 핵심 부분이다. 여기에서 중요한 점은 니다가 '문화적 엘리트주의'로 전제되고 있다는 점이 아니다. 사실 베누티는 이 주장에 대한 아무런 증거를 제시하고 있지 않다. 문화적 엘리트주의라는 비판은 오히려 베누티 자신에 대한 비판이 될 수 있다. 또한 기독교 복음 전도가 니다의 목적이었다는 점도 여기의 논점은 아니다. 이 점은 니다의 이론에 이미 전제된 것으로 받아들일 수 있다. 문제는 번역가능성(translatability)에 대한 니다의 신념이 본질주의적 인본주의에 기반하고 있다고 주장하는 점이다. 베누티의 탈근대적 관점에 따르면 모든 본질주의(essentialism)는 망상이고 문화적 교류가 가지는 폭력성을 가리는 덮개이다. 그러나 니다에게 인본주의는 그의 작업이 이루어지는 세속적 토대일 뿐이다.

이 점에 대한 논의를 어떻게든 반쯤이라도 지적인 차원에서 이어가려면 인간의 본질이 무엇이냐는 질문은 일단 괄호 안에 혹은 각주로 제쳐두어야 한다.[1] 그 대신에 우리는 선거권이나 복수언어 정책(multilingual governance)과 같은 정치적 신념에 깔린 전제들의 가치를 질문해야 한다. 신념 그 자체는 그것이 근거를 가지든 망상이든 간에, 실제적인 민주주의를 위해서는 필요하다. 이 민주주의라는 신념체계는 베누티나 니다가 세계에 부여하고자 하는 가치들의 집합체일 것이다. 우리가 열정적인 마르크스주의자들에게 그들의 폭력적인 대의명분이 이제는 가망이 없다고 설득하기 어려운 것과 마찬가지로 기독교 복음전도자들에게 그들의 행위가 완전한 폭력이라는 주장을 받아들이도록 할 수도 없다. 성경번역자들은 아마도 베누티에게 자신들의 작업이 공동체를 살리고, 언어들을 표준화하며, 문해율을 높이고, 고립된 사회를 더 넓은 커뮤니케이션 네트워크 안으로 이동시키며, 궁극적으로 문화적 다양성을 존중하는 정책들을 촉진한다는 점을 들어 반박할 것이다. 이러한 주장들은 물론 이를 반박할만한 사례들도 있지만 모두 개연성 있는 것들이며, 니다가 주장하는 번역작업들도 이 같은 목적에 기여할 수 있다.

니다의 이론이 폭력적, 본질주의적, 엘리트주의적이라며 무시해버리는 것은 그다지 유익하지 못하다.

"여러 사람에게 여러 모양으로"

니다가 사람들을 개종시키는 데 일조한 것이 유죄라면, 그의 나머지 제안들도 유죄일 것이다. 흥미롭게도 베누티는 니다의 초기 저작들 중에 두 문단을 인용하는데 두 문단 모두 성경 번역자들의 고유한 특성을 보여준다. 둘 다 재인용해볼 필요가 있다.

> 번역자의 진정한 과제는 동일시라고 할 수 있다. 성경번역자는 그리스도의 종으로서 그리스도와 함께 자신의 정체성을 규정해야 한다. 또한 그는 번역자로서 성경의 말씀으로 자신을 규정해야 한다. 또한 선교사로서 대상 주민들과 자신을 동일시해야 한다.
>
> (Nida 1952: 117)

> 성공적인 선교활동을 자세히 들여다보면 선교사들이 자신들을 지역 주민들과 동일시함으로써 효과적인 활동을 펼쳤다는 것을 알 수 있다. "여러 사람에게 여러 모양으로"(to be all things to all men) 된 것이다. 또한 그 지역 사람들의 삶에 의미 있을 수 있는 방식으로 메시지를 전하기 위해 노력했다.
>
> (Nida 1954/1975: 250)

베누티의 저서 『번역자의 비가시성』(*The Translator's Invisibility*)에 인용된 이 단락과 관련하여 베누티는 번역자들에 초점을 맞추고 있다면, 니다는 이 문단에서 사실 그보다 훨씬 더 다양한 것들에 대해 이야기한다. 니다가 말하는 번역자는 선교사이기도하고 '그리스도의 종'이기도 하다. 복수의 성격을 가진 것이다. 어떤 사람들은 루터가 바울 사도(Paul the Apostle)를 모사하여, 자신을 비판한 사람들이 가진 모든 것을 자신도 가졌노라고 주장했던 것을 떠올릴 수도 있을 것이다. (루터는 번역에 대한 『공개 서한』(*Sendbrief von Dolmetschen*, 1530)에서 "그들이 의사라고? 나도 의사다!" 라고 썼다.) 하지만 니다는 다른 어떤 직업에 반대하거나 그것을 모방하려 했던 것이 아니다. 그가 논의하는 복수의 정체성은 선교사의 역할 자체에 깊이 뿌리 박힌 것이다. 그런데 놀라운 점은 선교사가 하는 복수의 역할들에는 일관성이 있다는 것이다.

니다가 인용하고 후에 베누티가 다시 인용한 "여러 사람에게 여러 모습으로"라는 표현은 바울 사도가 쓴 고린도전서 9장에서 따온 것이다. 흠정역 성경에서 이루어진 표현으로 영어의 익숙한 일부가 되었다. 그 출처가 성경이라는 것을 모르는 사람들도 많이 사용한다. 이 구절은 몇 차례 들여다볼 가치가 있는 표현이다. 몇 가지 번역본을 참고해 재구성해보도록 한다.[2)]

> 그렇다면 어떻게 해야 내게 상이 있겠습니까? 그것은 내가 복음을 전할 때 값없이 전하고 전도자로서 나의 권위를 함부로 쓰지 않는 것입니다.
> 나는 모든 사람에 대해 자유롭지만 스스로 모든 사람의 종이 되었습니다. 이는 내가 더 많은 사람을 얻기 위해서입니다. 유대 사람들에게 내가 유대 사람처럼 된 것은 유대 사람을 얻기 위해서입니다. 나 자신은 율법 아래 있지 않지만 율법 아래 있는 사람들에게 내가 율법 아래 있는 사람처럼 된 것은 그들을 얻기 위해서입니다. 내가 그리스도의 율법 아래 있기 때문에 하나님의 율법을 떠난 사람이 아니지만 율법 없는 사람들에게 율법 없는 사람처럼 된 것은 또한 그들을 얻기 위해서입니다. 연약한 사람들에게 내가 연약한 사람처럼 된 것은 연약한 사람들을 얻기 위해서입니다. 내가 여러 사람에게 여러 모양으로 된 것은 어떻게든지 몇 사람이라도 더 구원하기 위함입니다.

메시지를 효과적으로 전달하기 위해 중개자는 가능한 한 수신자와 같이 되는 것이다. 니다는 바울과 마찬가지로 자신의 메시지를 듣는 이에 맞추어 적응시킬 뿐 아니라 그것을 드러내기 위해 사용하는 방법에도 적응시킨다. 이것은 대단히 문제적인 원칙의 선언이다. 자아가 다중성을 띠게 되는 것이다. 문제는 이 다중성에 있다. 물론 이 같은 자아의 담론적 복제(discursive multiplication)는 바울의 보편주의와 관련이 있다고 볼 수 있다. 모두에게 구원의 메시지를 전하기 위해 그는 모두의 목소리로 이야기해야 하는 것이다(Badiou(바디우) 1997/2003 참고).[3)] 이렇듯 바울의 다중성은 선교사들에게는 실질적인 미덕이 되는 것이다. 그러나 중개라는 질문에 관해서 이것은 여전히 모호한 것이 많고 진정성이나 일관성, 신뢰 등의 가치에 대립할 수 있는 개념이다.

누군가는 니다를 옹호하면서 이분법적(binary) 단순화, 전략적 삭제, 과학에 대한 순진한 호소, 명백한 모순, 그리고 나머지 모든 문제들이 전략적 동일시의 결과라고 말할지 모르겠다. 니다는 교수이다. 또한 니다는 선교사이기도 하다. 그는 그리스어 학자이기도 하고, 또한 사회언어학자이기도 하며, 번역이론가이기도 하다. 각각의 경우에서 우리는 그의 목적에 상응하는 담론을 마주하게 된다. 그것이 니다라는 이론가 자신에 대해 역동적 등가를 구현한 방법이라 할 수 있겠다. 니다가 상정하는 서로 다른 독자들에게 마다 다른 니다가 있을 수 있다. 따라서 어떤 독자들이 자신들을 위해 쓰여지지 않은 텍스트를 읽다 보면 그 저자를 비판하게 되는 것이다.

어쩌면 그냥 자기 자신(the self)인 한 사람으로 남는 것이 더 나을지 모르겠다. 한 가지 모양을 가진 한 사람(one thing for one person)으로 남는 것이다. 그리고 그 한 사람에 대한 해석은 자기 자신이 아닌 다른 사람의 일로 내버려두는 것이다.

하지만 이 점과 관련하여 좀 더 쉽게 제안할만한 다른 주장이 있다.

참여

다행스럽게도 우리는 '자기'(the self)라는 개념에서 멈출 필요는 없다. 우리는 어디까지나 텍스트를 다루고 있고 특별히 여기에서는 종교적 맥락에서의 번역을 다룬다. "여러 사람에게 여러 모양으로" 된다는 것이 반드시 카멜레온 같은 중개인을 뜻하지는 않는다. 그것을 텍스트에 관한 것으로 보지 못할 이유가 없다. 인문학자들이 높이 사는 종류의 것과는 다른 종류의 텍스트성을 대한 언급하는 것이라고 볼 수도 있다.

번역된 텍스트의 수용자가 그것의 중개한 사람이 누구이고 무엇을 중개하였든지 간에 그 텍스트를 가지고 여러 가지 다양한 일을 할 수 있다는 개념은 어떠한가? 성경번역의 경우 교회에서 회중이 함께 낭독하기 위한 역본도 있고 성경공부를 위한 것도 있다. 또 어떤 것은 복음전도를 위한 역본이고 아이들을 위한 것도 있다. 시청각적으로 내용을 구현하고 있는 번역본도 있고 문헌학자들을 위한 번역본도 있다. 어떤 번역본은 대단히 구어적이고 어떤 것은 문어적이다. 같은 목적과 유형 아래서도 여러 가지 다른 번역본이 존재하기도 한다. 열정에 넘치는 설교자가 흠정역성경을 내리치며 회중들이 알아듣기 어려운 고어로 된 구절을 우렁차게 읽는다. 그렇게 함으로써 회중들의 관심과 신뢰를 성경텍스트에서 자신의 설명과 예시로 옮겨가게 한다. 이런 전략 역시 효과 면에서는 또 다른 번역에 해당한다. 이러한 상황에서 수용이라는 행위는 대단히 다양하게 나타난다. 텍스트 그 자체는 "여러 사람에게 여러 모양으로" 될 수 있도록 만들어졌다. 역동적 등가의 원리는 다양한 수용 상황을 전제하기 때문에 그 다양성을 정당화하는데 도움이 될 수 있다.

메쇼닉은 텍스트는 도착점이 아니라고 했다. 그러나 텍스트는 다양한 도착점이 될 수 있다. 번역적 텍스트성은 바로 그런 복수성(plurality)을 특징으로 한다.

이러한 관점에 적절한 커뮤니케이션적 미덕(communicative virtue)을 '이해'(완전한 이해해 도달했다고 어떻게 확신할 수 있는가?) 혹은 '충실성'(자기의 저마다의 '이해'가 아니라면, 누구, 무엇에 대한 '충실성'인가?) 혹은 목적에 대한 '적합성'(마치 한 가지 목적만 걸린 것처럼, 마치 단기적 목표 달성을 통해 지속적인 커뮤니케이션 작용을 종료하게 할 수 있는 것처럼) 등과 혼동해서는 안 된다. 그 미덕은 여기서 내가 가장 관심을 가지는 개념으로, 대화분석(conversation analysis)에서는 '참여'(involvement)라고 부는 것을 말한다.

사회언어학자 검페르츠(John Gumperz)가 관련 개념을 제시했다. 검페르츠는 "일단 대화에 참여하게 되면 화자나 청자 모두 자신이 참여하고 있음을 신호함으로써 소통되고 있는 것에 대하여 적극적으로 반응해야 한다. 참여를 신호하는 방식은 언어를 통한 직접적인 방식과 몸짓이나 그와 유사한 비언어적 신호 등을 통한 간접적 방식이 있다"(1982: 1). 이런 점에서 참여는 지식의 예비 단계로서 어떠한 형태의 이해보다도 선행하게 된다. 그는 또한 "이해는 대화를 통한 참여(conversational involvement)를 전제한다. 따라서 담화전략에 대한 일반이론을 수립하고자 한다면 대화적 참여를 유지하기 위해 서로 공유해야 할 언어적, 사회문화적 지식을 반드시 구체화해야 한다"고 했다(Gumperz 1982: 2-3). 또한 검페르츠는 참여에 관해 연구할 때는 문화간 커뮤니케이션을 주의 깊게 관찰해야 한다고 했다. 같은 문화권 내에서의 커뮤니케이션에는 쉽게 전제되는 공유된 지시(references)가 문화간 커뮤니케이션 상황에서는 많지 않기 때문이다.

태넌(Deborah Tannen)은 이러한 개념을 대화적 수사(conversational rhetoric)라는 개념으로 확장시켰다. 태넌은 "참여는 소리, 리듬과 같은 음악적, 즉시적 힘에 의해 창출되고, 의미(meaning)는 상호참여적인 의미 만들기(sensemaking)를 통해 창출된다"고 했다(2007: 134). 음악적 측면과 참여적 측면, 양측 모두의 핵심은 반복이다. 텍스트는 계속해서 반복된다. 참여라는 친밀함을 담아낼 때까지 텍스트는 다른 여러 맥락 속에서 변주처럼 계속해서 반복된다. "여러 사람에게 여러 모양으로"라는 원칙을 텍스트의 차원에서 생각해보라. 그것은 다양한 맥락 속에서 반복되기를 거듭하여 그 본래의 텍스트화(textualizatoin)가 거의 무관하게 보일 만큼 반복된다. 다른 측면에서 보면 텍스트는 대화 속에서 다양한 참여자들을 통해 전진과 후퇴를 계속하며, 다양한 변이와 맥락적 변형을 거듭한다. 누군가는 바울의 담론 전략이 함의하는 윤리를 밤새 토론할 수도 있다. 그런 행위를 통해 즉, 텍스트를 반복하고 그것을 내적 혹은 외적으로 변형함으로써 좋은 의미에서건 나쁜 의미에서건 해당 텍스트에 대한 수용집단의 일부가 되는 것이다. 그리고 나면 이해가 형성된다. 그 이해의 종류가 무엇이든지 간에 말이다.

내가 아는 한 니다는 번역물이 겪을 수 있는 수많은 반복과 재구성의 과정을 탐색하려고 했던 것은 아니다. 그는 일반 번역이 공인된 텍스트로 인정받게 된 후 어떤 일이 일어나는지에 대해 그다지 관심을 두지 않았다. 이 점이 아마도 니다의 후속 연구자들이 진지하게 탐색해야 할 연구과업이 될 것이다. 지식사용(knowledge-use)에 대한 다양한 실제를 조사하고, 그에 상응하여 텍스트의 사용가능성(usability)이라는 광범위한 개념을 발전시키는 것이 니다의 이론에 대한 편협한 해석과 적용의 문제를 극복하는데 도움이 될 것이다. 만일 그렇게 된다면, 모든 종류의 텍스트에 대하여 그것이 번역이든 그렇지 않든 간에, 텍스트는 골목의 막다른 지점이라기보다는 출발점으로 인식될 것이다.

니다에 대한 부분적 옹호의 결론

2007년 SBL(the Society of Biblical Literautre) 컨퍼런스에서 위와 같은 주장을 했을 때 스타인(Philip Stine)은 니다라면 어떻게 반응했을지 상상해보려 했다(Stine 2004 참고). 그가 상상해본 답변은, "물론 그렇지만…" 이었다. 아마 텍스트의 사용에 대한 나의 관심, 텍스트 수용에 참여라는 가치를 상정하고 있는 것, 번역의 출발점 보다 그것의 도착점을 중시하는 등이 성경번역자들에게는 너무나 자명하기 때문이다. 다시 한번 확인하는 점이지만 근시안적인 학자의 이론은 실제에서 명쾌하게 보이는 것을 어렵게 보이게 할 수도 있다.

내가 추구하는 방향이 무엇인지를 명시하기 위해 몇 가지 간단한 명제를 구성해보도록 하겠다. 이를 위해 니다의 이론에 대한 비판들, 그러나 나 개인적으로는 옹호하고 있는 그 부분들은 잠시 제쳐두겠다.

(그것은 단순 이분법, 명료성을 위해 한쪽 편만 옹호하는 것, 확인이 불가능함에도 불구하고 독자반응이라는 개념을 주장하는 것, 너무나도 모호한 주체성이라는 개념을 중시하는 것, 복음전도를 의문의 여지 없는 의무이자 권리로 전제하는 것 등이다.) 이런 점들은 잠시 밀어두고 몇 가지 긍정적인 점들에 초점을 맞춰보겠다.

- 역동적 등가라는 원리는 잠재적으로, 다양한 수용상황에 상응하는 다양한 번역본을 전제한다.
- 그러한 복수성(plurality)은 번역문의 수용을 둘러싼 반복적 대화를 구축할 수 있다.
- 반복적 대화라는 공간은 텍스트에 대한 참여를 독려하고, 그것은 다시 사회적 네트워크를 구축하고 강화한다.
- 따라서 중개자의 최우선 과업은 의미 이해에 필요한 사전 단계인 참여를 위한 조건을 창출하는 것이다.
- 그렇기 때문에 번역의 문제는 (텍스트간 혹은 기능간의 등가 차원에서) 동일시 내지 이질화하는 문제가 아니라 사람들의 참여를 창출하는 것이다.

이러한 관점에서 볼 때 중개자의 임무는 '의미'가 아니라 '참여'를 확장하는 일이 된다. 그리고 나면 텍스트 사용자들이 스스로 의미를 만들어내게 된다. 참여가 가장 우선시되는 중요 목표라면 해당 텍스트에 대한 단 하나의 참된 의미를 포착했느냐 여부는 번역자의 목표로서 그다지 강조될 필요가 없게 된다. 그렇게 되면 텍스트의 진정한 의미를 씻을 수 없는 방식으로 침해했다는 식의 정죄도 없게 된다. 또한 다양한 수동적 타자들을 자신과 동일시하여 기만적인 우리라는 개념을 가지는 자기 망상에 빠질 이유도 없다. 역설적으로 성경번역의 사례에서 발견하게 되는 참여는, 텍스트를 중심으로 한 '공동체 창출'을 추구하는 베누티의 유토피아적 번역자 개념과 매우 가깝다(2000: 477ff.). 참여는 다른 누군가인 체하는 것으로부터 나오는 것이 아니다. 또 다른 누군가를 당신을 통해 말하게 함으로써 가능한 일도 아니다. 필요한 것은 개방성과 인간적인 겸손이다. 심지어 영혼을 구원하겠다는 신앙적 이데올로기 안에서라도 말이다. 이런 관점에서 읽는다면 유진 니다의 통찰은 오늘날의 우리에게 도움이 될 수 있다.

업데이트: 스피박, 번역 그 이상을 한다는 것

라보프(Labov)의 사회언어학적 연구들에서 우리가 배울 수 있는 것 중 하나는 삭스 핍스 애비뉴(Saks Fifth Avenue)와 같은 고급 백화점에서 일하는 직원들이 메이시스(Macy's)와 같은 중급 백화점에서 일하는 직원들보다 급여가 적다는 점이다. 오늘날 우리는 이런 현상에 대해 부르디외(Bourdieu 1972/1977)의 관점을 인용하여, 고급 백화점 직원들이 명성이나 부유층과 일말의 관계라도 맺을 수 있다는 할 수 있다는 상징자본(symbolic capital) 때문에 적은 봉급을 받아들인다고 말할 것이다. 문학번역에서도 비슷한 현상이 일어난다. 거기에서 번역자들은 경제적으로 보상될 기대를 거의 할 수 없는 텍스트들을 번역하느라 몇 시간씩 수고한다. 금전적인 차원에서 본다면 차라리 청소부를 하는 것이 나을 수 있다. 그럼에도 비금전적 보상을 기대하고 번역을 하는 것이다. 예를 들어 '조이스(Joyce)의 번역자'라는 식으로 소개되는 것을 말한다. 저자의 위대성이 어떤 식으로든 전이되었을 것이라는 인식을 가지게 될 수도 있다. 혹은 젊은 번역자가 편집자나 출판사들과 접촉을 가지며 어떻게 출판물을 써낼 수 있는지를 배운다. 따라서 그 보상은 상징적(명성)이자, 사회적(관계)이며, 문화적(학습과정)이다. 이러한 가치는 금전자본의 교환에 상응하는 일종의 경제시스템을 구축한다.

이 같은 병렬 경제(parallel economy)의 작용은 프랑스 출판시스템 내

번역의 역할에 대한 부르디외의 연구(Bourdieu, 1999)에서도 찾을 수 있다. 파리의 대형출판사들은 주로 영어권의 베스트셀러들에 대한 번역권을 구입하여 글로벌 대형출판 시스템의 일부가 된다. 이들이 하는 번역은 금전적 보상에 대한 기대로부터 이루어지는 경우가 대부분이다. 그러나 프랑스 남부지역에서 주로 여성 1인 혹은 2인에 의해 운영되는 수많은 소형출판사들의 경우는 그 상황이 매우 다르다. 소형출판사들은 베스트셀러들에 대한 번역권을 구입할 여력이 없기 때문에 비주류 문학에 대한 열정과 개인적 차원의 계약에 기반해 일한다. 또한 이들은 문학에 대한 애정을 공유하고 있는 네트워크 안에서 무보수로 일하는 경우가 대부분인 번역자들과 작업한다. 비슷한 상황이 독일과 오스트리아의 여성 출판사들이 출판하는 번역물의 지위에 대한 울프(Wolf)의 연구에서도 발견된다. 이 연구에서도 번역자들은 금전적 보상보다는 대의를 위해 일하는 것으로 관찰되고 있다.

이러한 대안적 경제의 관점에서 보면 문학번역자들이 형편 없는 번역료를 지급받고 있다는 것에 대해 불평하기 어려울 것이다. 그들은 다른 종류의 보상을 위해 일하고 있는 것이다. 또 그들에게는 그렇게 할 만한 윤리적 권리가 얼마든지 있다. 이런 경우에 작업의 동기는 금전적 보상이라 하기 어렵다. 그럼에도 교환은 계속해서 일어난다. 복수의 원인론(multiple causation)이 여기에도 적용 중인 것이다.

문학번역자들과 저자들의 권력관계를 이런 관점에서 보면 더 흥미로운 문제가 제기된다. 특별한 경제가 개입되어 있음을 전제할 때 어떤 문학번역자들은 사물로서의 텍스트(text-as-object)보다는 사람으로서의 저자(author-as-person)를 위해 작업한다는 것이 가능하지 않을까? 그렇다면 이러한 번역자들이 텍스트에 예속되었다거나 저자에 복종하고 있다는 개념을 넘어설 수 있지 않을까? 이런 번역자들은 혁명의 주체가 될 수 있을까?

여기에서 스피박(Gayatri Chakravorty Spivak)의 번역작업을 간략

히 살펴보고자 한다. 그는 혁명의 주체가 되고자 했던 영어권 번역자들 중 가장 중요한 인물이라고 할 수 있다. 그의 주요 번역서는 데리다(Jacques Derrida)의 『그라마톨로지』(*De la grammatologie*, 1967/1976)와 데비(Mahasweta Devi 1993, 1994, 1997, 2002/2003)의 여러 소설과 단편들, 그리고 벵골 출신의 시인인 센(Ramproshad Sen 2000)의 작품들이다.

『그라마톨로지』의 번역자 서문에 따르면 스피박은 그 번역작업을 28세에 시작하여 33세에 마쳤다. 이때 그녀는 아이오와 대학(University of Iowa)에서 비교문학 교수로 재직하고 있었다. 이 책을 번역하기 전 스피박의 유일한 출판물은 예이츠(Yeats)에 관한 박사학위논문이었고, 아직 인문학 분야의 권위 있는 학술 네트워크 안에 입성하지 못했었다. 스피박의 학위는 영어와 비교문학에서 받은 것이지 프랑스어나 철학에서 받은 것이 아니었다. 여하튼 그녀는 코넬대학(Cornell)에서 자신의 박사논문을 지도했던 폴 드 망(Paul de Man)의 자문을 받을 수 있었다. 스피박의 번역서에는 한 페이지 분량의 감사 인사 목록에서 해체주의의 저명한 이론가인 밀러(J. Hillis Miller), 번역지원금을 제공한 여러 대학들, 조교들, 그리고 마지막으로는 데리다 부부(Derrida, Jacques & Marguerite)와 친분을 쌓게 해준 그 번역작업 자체에 감사를 표했다(vii). 스피박이 20세기 후반 미국에서 가장 큰 영향력을 끼친 프랑스철학의 한 부분을 다룰 수 있었던 것은 정규교육보다는 번역을 하면서 얻은 이 사회적 상징자본들 때문이었을 것이다. 번역이 스피박 자신의 명성을 드높이는 발판 역할을 한 것이다. 스피박은 데리다의 명성이 높아지고 관련 학계 네트워크에 참여할 수 있게 됨으로 해서 학문적 지위가 상승하고 저술 · 출판의 실적을 늘려 1991년에는 콜롬비아 대학에 임용되고, 2007년에는 그곳의 최고 직급인 대학특별교수(University Professor)의 지위를 획득하게 되었다. 물론 이것은 번역작업에 작용하는 동기에 대한 대단히 외적 관점이다.

『그라마톨로지』는 존스홉킨스대학 출판부(John Hopkins University

Press)에서 출판되었다. 프랑스와 다르게 미국은 대학출판 시스템을 가지고 있다. 이것이 바로 부르디외가 파리의 '대형 베스트셀러'들과 프로방스(Provence)의 '가난한 부티크 작업' 사이의 분업을 불식시키는 것이다.[4] 미국의 이 같은 시스템은 데리다 같은 비대중적인 저작의 번역권을 살만한 자본이 충분하다. 또한 번역자가 상징자본, 사회자본을 통해 상당한 보상을 받을 수 있도록 학문적인 네트워크를 형성해주기도 한다. 대학출판 시스템을 통해 막대한 자금이 열정에 찬 작업자들에게 지원되고 꼭 필요한 사람들 간의 네트워크 기반이 형성되기도 하는 것이다. 이런 종류의 출판사는 대학시스템 내의 독자층 외에는 큰 영향을 받지 않는다. 따라서 데리다의 미국 번역본들은 놀랄 만큼 직역주의적(literalist)이다. 미국 출판시스템에 작용하는 베누티의 유창성의 지배가 다른 곳에서는 얼마든지 활발하게 작용하고 있다고 해도 말이다. 이런 식으로 출판된 번역들은 난해한 텍스트서 정확한 지식을 찾고 그것을 음미할 수 있는 독자들을 겨냥하고 있기 때문이다.

스피박이 번역한 데리다의 경우, 텍스트의 본문 난이도(in-text difficulty)는 300페이지의 번역에 대한 78페이지에 달하는 고도로 자기성찰적인 번역자 서문을 통해 어느 정도 상쇄된다. 스피박은 유창성의 지배 따위에 전혀 굴복하지 않고 이 서문을 통해 미국 학계의 독자들을 위해 데리다를 맥락화해준다. 그가 폴 드 망과 밀러에 대해 감사를 표시한 것은 바로 이 서문을 위한 도움 때문이었지 번역에 대한 도움 때문이 아니었다. 이 번역의 1997년판 뒷표지의 추천사나 뉴욕 서평(the New York Review of Books)도 번역 자체보다는 역자 서문에 대해서 언급하고 있다. 여기서 팔리고 있는 상품은 데리다만이 아니라 데리다의 해설자이자 연주자로서의 스피박이기도 한 것이다. 이 경우에 있어서 번역자는 저자에게 전혀 굴종되어 있지 않다.

서문에서 스피박은 다양한 차원에서 데리다(의 이론)를 데리다(의 저술)에 적용한다. 즉, 비판적 독해방식으로서 해체주의를 적용하여 데리다를 읽는 것이다. 그러면서 독자들로 하여금 데리다를 읽는 방향성을 찾게 해준다. 예를 들어, 스피박이 불확실성(uncertainty)을 안고 살아가기 위한 배움의 근본적인 문제를 다루는 부분을 살펴보자.

> 누군가의 담화에 대한 책임을 전제하는 것이 결국 모든 결론은 전적으로 조건적이며 따라서 결정적이지 않다는 결론으로 나아간다면, 또한 모든 기원(origin)이 독창적이지 않고(unoriginal), 책임을 가정하는 것은 바보짓이라는 결론으로 나아간다면, 거기에 우울해할 필요가 뭐 있겠는가.
>
> (Spivak 1976: xiii)

서문의 마지막 부분에서 스피박은 그러한 경망스러운 유희(frivolity)가 무엇을 의미하는지를 예로 들고 있다. 여기에서 그는 두 개의 담화를 겹치도록 함으로써 번역이라는 형식을 해체한다. 이탤릭으로 표시된 부분이 스피박의 1인칭 발화를 재현하는 것으로, 번역된 데리다의 텍스트 첫 부분에 삽입되어 있다.

> 이 책의 첫 번째 부분인 '문자 이전의 글쓰기'(Writing before the Letter)는 대강의 아웃라인을 보여준다. 이제 *그의 텍스트 안에 나의 텍스트를 삽입하여 여러분에게 전한다.* 나의 텍스트에 이론적 매트릭스를 위치시키고 있다. 또한 그것은 중요한 순간들을 표시하기도 하고, 나의 *이름*을 제안하기도 한다. 일종의 비판적 개념들이다. *가야트리 스피박.* 이 비판적 개념들은 책의 두 번째 부분, '자연, 문화, 글쓰기'(Nature, Culture, Writing)에서, 이 작업이 이루어지는 장소들을 검증하기 위해 심어진 것이다. 즉, *아이오와 시, [뉴델리-다카-캘커타(New Delhi-Dacca-Calcutta)], 보스턴, 니스, 프로방스, 아이오와 시이다. 때는 1970년 7월부터 1975년 10월까지이다*…
>
> (Spivak 1976: lxxxvii)

초보번역가로서 대담한 출항을 시도하고 있는 셈이다. 하지만 그럼에도 다양한 원인들의 결합되고 용납되어, 이 같은 고위험 번역전략을 보상했다. 데리다의 배가 항해를 시작했고, 스피박의 배도 마찬가지였다. 데리다 자신도 스피박의 놀이(play)를 불-영 번역과 함께 확장했다. 특히『살아가는 것/경계선』(*Living On/Borderlines*, 1979)에서 그러했다. 또한 미국 주요 대학들로부터 방문교수직을 줄줄이 제의 받음으로써 재정적인 보상을 받았고, 그의 후기 저작들에서 그는 모든 영어학과들이 바라는 바인 셰익스피어 작품에 대한 까다로운 독자가 되었다. 데리다는 결국 미국 예술과학아카데미(American Academy of Arts and Sciences)의 회원이 되었다. 번역은 성공적이고 완전했다. 스피박의 고위험 전략은 성공했고, 그에게는 스타일 면에서나 윤리적 면에서 1인칭의 대담함과 자유로움, 위협에 기반한 학문적 스타일을 추구할 충분한 이유가 있었다.

그런데 스피박의 서문은 그것이 가지는 자전적 스타일과 문학에 가까운 기술방식, 그리고 어느 정도 바보짓을 제안하고 있다는 점 등을 두고 볼 때, 데리다가 영어권 주류 철학자들 사이에서는 결코 철학자로 받아들여지지 못하도록 하는 작용을 했다고도 볼 수 있다. 그네타기에서 재미를 봤으면 회전목마에서는 별 재미를 못 볼 수도 있는 것이다. 데리다는 후설(Husserl)의 해석자로서 경력을 시작했는데, 그렇기 때문에 그의 근본적인 연구문제는 확실성(certainty)의 문제였다. 그러나 그가 이처럼 분석철학의 전통에서 관심을 가지는 본질적 사안들을 다루었음을 아는 사람이 거의 없다. 그래서 미국에서 그는 무시되든지 아니면 기껏해야 화용론적 측면에서 재구성될 뿐이다(Rorty(로티) 1992: 102-3 참고). 스피박의 서문에서나 혹은 그에 대한 번역 놀이(translative play) 전반에서, 데리다가 텍스트를 얼마나 까다롭고 치밀하며 주의 깊고 정확하게 분석하는지를 깨닫게 되는 것은 쉬운 일이 아니다. 데리다가 위대한 텍스트들에 대해 작업할 때는 전혀 경망스럽지 않으며 그의 연구도 제도권 철학 내에서 진지하게 수용될 충분한 이유가 있다는 것을 알아차리기 쉽지 않다. 캠브리지 대학에서 데리다에게 명예박사 학위를 수여하려 했을 때 반대에 부딪혔는데, (그 이유는 데리다의 바지 주름이 너무 빳빳했기 때문이라는 말이 있다. 실제로 그의 바지는 좀 그렇다.) 그것은 전문 철학자들이 언어의 번역적 놀이로부터 내용을 추출해내어 이해할 능력이 없었음을 의미한다. 데리다가 미국 예술과학아카데미 회원 후보로 선정되었을 때도, 철학 부문에서는 그를 반대했다. 결국 문학비평 부문의 지지로 회원이 되었다. 번역 덕분에 항해가 시작되기는 했지만 배는 기대치 않았던 방향으로 나아간 것이다.

오늘날까지도 미국에서 문학비평과 분석철학은 서로 거리가 멀다. 최소한 번역을 다루는 부분에서는 그러하다. 경박한 유희(frivolity)의 윤리가 관용(charity)이라는 인본주의적 윤리를 진지하게 고려할 가능성은 별로 없다. 관용의 윤리에 따르면 불확실한 경우 타자를 우선 믿어주는 방향을 선택하게 된다(Davidson(데이비슨) 1973/2001). 타자의 입장이 되어 생각해보도록 권하는 공감(empathy)의 윤리에 대해서도 마찬가지다(Quine(콰인) 1990: 42 참고). 스피박은 문화적 타자에 대한 인본주의적 환원(humanist reduction)을 반대할 것이다. 그러나 그녀의 번역 작업이 부분적인 경망스러움에 호소하는 데만 머물지 않았다.

스피박의 이후 번역서들도 번역 이상의 행위를 했다는 점에서 데리다에 대한 그녀의 작업과 비슷해 보인다. 벵골 여류 작가 마하스웨타 데비(Mahasweta Devi)의 작품을 번역한 책에는 서문, 번역자와 작가 간의 인터뷰, 번역자의 후기가 있고, 정치적, 문화적, 문학적 지시에 대한 각주들도 달려 있다. 번역과 문학비평 간의 경계를 성공적으로 넘나들었으며 모든 요소들이 문화적 타자를 소개하고 해설하기 위해 효과적으로 작용하도록 구성되어 있다. 아마도 스피박의 작업은 가시적인 번역자가 외국 텍스트를 소개하는데 얼마나 관여할 수 있는가에 대한 모델이 될 것이다.

하지만 이 작업에서 보이는 정치는 데리다의 번역 작업과는 꽤 다르다. 데비는 스피박보다 18살이 많지만 두 사람 모두 벵골 여성이며 브라만 계급 출신이다. 정치적으로는 탈식민시대에 가장 억압된 사람들과 관계를 맺었다. 이 두 사람의 관계는 비대칭적 동격이라 할 수 있다. 미국에서 문화적 상징자본을 획득한 스피박은 이제 그것을 벵골 문화권에 남아 일했던 소위 토종 학자(organic intellectual)들의 상징자본과 교환할 수 있게 되었다. 데비는 스피박이 벵골에 머물렀다면, 될 수도 있었던 혹은 되어야 했던 사회운동가일 수 있다. 이들간의 교환에는 일종의 죄책감이 깔려 있다. 여기에서 번역자는 겸손한 종이라는 비유가 적절할지 모르겠다. 스피박은 출판인 무커지(Sujit Mukherjee)가 자기에게 데비의 여성 문지기가 되라고 했던 것을 언급했다(1995: xxxi). 그렇지만 그녀는 다른 맥락에서 스스로 선언했다시피 아주 남다른 문지기였다. "아시다시피, […] 저는 권력적인 지위를 이용합니다"(1990: 89).

스피박은 데비의 『상상의 지도들』(*Imaginary Maps*, Routledge 1995)의 번역을 '이 세상 모든 토착민들'에게 헌정했다. 하지만 '모든 토착민들'이 영문의 이 책을 구입하여 읽을 가능성은 거의 없다. 그 번역을 통해 우리는 토착민들을 대신하여 말하는 번역자를 읽게 되고, 번역자는 토착민들이 자신을 통해 말하도록 힘을 빌려준다. 번역자가 서구(the West)에 말하기 위해 '우리'를 형성한다. 칼론과 라투르(Callon & Latour)가 연구한 과학자들이 "당신의 이해가 곧 우리의 이해", "당신은 나 없이는 아무 것도 못해"라고 말한 것과 유사하다. 그 강요된 '우리' 안에서 스피박은 피억압민들을 대신해 하고자 했던 이야기한다.

불균형한 세계화 속에서 이루어지는 대화들은 그 방향에서 단순하지가 않다. 벵골 작품에 대한 스피박의 번역은 라우트리지(Routledge)와 블랙웰즈(Blackwell's)뿐 아니라 콜카타(Kolkata)의 출판사들에 의해서도 출판되었다(1990, 1997, 1999, 2000, 2002). 서구세계에서 얻은 명성에 더하여 스피박은 1997년에는 인도문학아카데미(Indian National

Academy of Literature)로부터 번역상을 수상하게 된다. 그런데 콜카타에서 출판한 책들에는 특이한 데가 있다. 마하스웨타 데비의 이름이 표지에 커다랗게 찍힌 『브레스트 스토리』(*Breast Stories*, 1997)는 사실 책의 42퍼센트(176페이지 중 75페이지)에 대해서만 데비가 저자이고, 나머지 부분는 데비에 대한 스피박의 소개와 에세이들로 그 대부분이 스피박의 이전 출판물에서 재출판된 것이다. 마치 번역자가 저자의 무대를 빼앗은 것처럼 보이기도 한다. 그런데 또 다른 극단적인 사례를 보면, 데비의 『올드 위민』(*Old Women*, 1997/2008)의 경우 스피박이 번역하고 소개하였다고 쓰여있지만, 아무런 소개글을 찾을 수 없다. 이와 유사한 것이 『초티 문다와 그의 화살』(*Chotti Munda and His Arrow*, 2002/2003)이다. 여기에서 번역자인 스피박은 벵갈어에서 사용되는 영어 용어를 이탤릭으로 표시하고, 그 문화적 함의를 설명하기 위해 각주를 삽입했다고 말한다. 두 가지 방법 모두 가시적인 번역자의 개입이다. 그러나 그러한 명시적인 이국화 전략은 그런 전략이 사용된 적 없다고 말하는 편집자에 의해 즉각적으로 철회된다. 실제로 출판된 번역서에서 그러한 전략의 예를 찾을 수 없다. 심지어 "인도와 미국 모두에서"(1995: xxiii) 출판되기 위해 번역된 『상상의 지도들』(1995)에는 저자 데비와 번역자 스피박의 긴 인터뷰가 담겨 있는데, 그것을 보면 전문 중개인이 꼭 필요하지는 않았을 것이라는 점이 암시된다. 그 인터뷰는 영어로 이루어졌고, 거기서 데비는 영어로 다음과 같이 말한다.

> 저는 서구세계를 경계합니다. 저는 제 작품을 읽는 서구인들이 누구인지 모릅니다. 미국에서 미국 원주민들에 대한 정보가 매우 빈약하다는 것을 알게 되었습니다. 왜 미국 독자들은 인디안 부족들에 대한 이야기를 저로부터 듣기를 원하는 것일까요? 그들 자신인 오늘날의 아메리카를 소유하고 있는데도 말입니다. […] 하지만 저는 미국 독자들에게 그들[미국 원주민들]에게 어떤 일이 행해졌는지를 알아보라고 말합니다. 그러면 인디안 부족에게 무슨 일이 행해졌는

지도 이해하게 될 것입니다. 어디에서나 같은 이야기가 계속됩니다.

(1995: xi)

데비는 서구를 미국으로 축소시키고 서구의 독자들은 무지하다고 말한다. 그리고 독자들에게 벵갈 텍스트를 이해하기 위해 정확히 무엇을 해야 하는지를 즉각적으로 이야기해준다. 또한 이해가능성(understandability)뿐 아니라 반복(redundancy)의 정도까지 말해준다. 저자의 목표가 이렇게 확고한데, 그가 이데올로기적으로 민감한 번역자를 찾아 의지해야 할 필요가 어디 있겠는가? 왜 데비가 굳이 스피박 전문의 번역적 '우리'에 참여해야 하는가? 아니면 여기서 행동주의적인 '우리'에 참여하고자 하는 이는 번역자 스피박인 것인가?

스피박은 "오리엔트 롱맨"(Orient Longman)의 번역 시리즈의 편집인이었던 무커지(Sujit Mukherjee)가 벵골 작품을 번역하게 된 중요한 접촉점이었다고 말한다. 무커지는 미국에서 학자로서 자리잡을 수 있는 기회를 의도적으로 포기하고 인도로 돌아갔다. 또 그는 인도에서 대학 교수 자리를 포기하고 출판업에 뛰어들었다.[5] 데비와 마찬가지로, 그 역시 양심대로 행동하는 지성인으로 서구에 자신을 팔아 넘기지 않았다. 스피박은 콜라타에서 일종의 (떠났다가) '정신 차리고 돌아온 동네 아가씨'(home-town-girl-made-good) 역할이었을지 모른다. 그간 자신이 획득한 상징자본을 좋은 명분에 투자하기 위해 본국으로 돌아온 것이다. 거기에 대한 반응은 모호하다. 개입주의적 번역전략이 분명 시도된 듯하지만, 거기에 대한 (도착문화권의) 저항의 흔적도 있다. 마치 (벵갈문화가) 문화적 정상(cultural normalcy)임을 주장하기라도 하는 듯 정상 번역(normal translation)을 선호하는 것이다.

세계화로 인해 금융자본이 국가 간에 빠르게 이동하게 된 것과 마찬가지로 번역을 통해 축적된 상징자본이 다른 자본으로 교환된다. 번역자는 여러 다양한 원인 가운데 하나일 뿐이다. 자신들도 그 결과를 결코 알 수 없는 패에 내기를 걸게 된다. 지금 우리가 보는 맥락이 미래의 그것은 아니다. 번역유희(frivolity)가 그러한 다양한 원인의 작용들 속을 살아가는 한 방법인지 모른다. 하지만 스피박의 후기 번역작업들을 보면 그녀는 자신의 노동을 좀 더 실제적인 사회적 소명을 위해 교환한다.

선교사들 역시 번역 그 이상을 한다. 그들은 넓은 의미에서 가르친다. 또한 그들은 경전을 읽음으로 해서 얻어지는 메시지를 전하기 위한 다양한 준번역(paratranslational) 담화에 개입한다. 이야기를 전하고 설교를 하고 설명을 하며 주석을 단다. 이 모든 활동들은 외국 텍스트에 대한 참여(involvement)를 창출하기 위해 서로를 보완한다. 구전을 기반으로 하는 문화나 르네상스 인본주의 전 유럽 문화에서는 이러한 담화들 간의 경계가 분명하지 않았다. 대학 교수이자 번역자이자 운동가인 스피박 역시 대의명분에 참여하는 방식으로서 이 모든 준번역적인 담화를 사용했다. 그녀를 선교사로 분류하는 것은 어쩌면 장난스러울 수 있다. 그녀의 사역(mission)이 어떤 방향으로 향하는지를 확신할 수 없기 때문이다. 좀 더 분명한 메시지는 담론적 역할에 대한 확장과 다양화에 있는지도 모른다. 여기에서 번역의 경계들은 완전히 모호하기만 한 것은 아니지만, 도전을 받고 있는 것은 사실이다. 저자와 번역자 사이의 표준적인 이데올로기 관계가 도전 받고 있는 것처럼 말이다.

미주

1. 베누티는 이 점에 대해 아마도, 본질에 관한 모든 질문에 대해 무언가가 되어가는(becoming) 역사적 과정이라고 답하는 변증법적 인본주의를 이야기할 것이다. 이 관점에 따르면 인간은 자신을 지속적으로 만들어 간다. 그러나 이 관념도 아무런 뿌리 없이 나온 것이 아니다. 골드만(Goldmann 1959)은 마르크스주의의 변증법은 기독교적 이데올로기에 기반하고 있다고 주장한다. 파스칼(Pascal)이 합리적 논증에 기반하여 신앙을 선택한 것처럼, 마르크스도 가능한 낙원에 내기를 건 것이다. 혁명가들은 자신들에게 담대하기를 가르친 종교라는 학교를 잊어버리는 경우가 많다.

2. [역주] 한국어번역본으로는 개역개정, 표준새번역, 우리말성경 등 세 가지를 참고하였다.

3. 바디우(Badiou 1997/2003)는 바울의 보편주의(universalism)가 그리스도의 부활이라는 사건에 기반하고 있다고 강조한다. 그것은 재현될 수 있는 가치가 아니기 때문에 중개의 문제를 넘어선다. 즉, 여기서 우리가 다루는 지엽적인(regional) 중개 윤리의 관심과는 너무나도 거리가 먼 사안이다.

4. 이런 점은 프랑스의 시스템이 글로벌 차원에서 '세계문화공화국'(world republic of letters)이라는 주장을 반증하는 사례가 된다(Casanova 1999/2004).

5. 무커지는 "오리엔트 롱맨" 시리즈 작업을 착실히 수행했다. 지금 이 시리즈의 명칭은 "오리엔트 블랙스완"(Orient Blackswan)으로 국제 롱맨 그룹에서 완전히 독립하였다.

John Benjamins Series

16 On Translator Ethics

제 6 장

협력의 요인들

협력의 요인들

노력이라는 문제

협상(negotiation), 대화(dialogue), 참여(involvement)라는 용어들은 다 너무 모호하다. 여기에서 나는 '참여'에 대해 좀 더 세밀하게 살펴볼 것이다. 참여라는 개념이 윤리와 가장 밀접하다고 본다. 그리고 지금까지는 간단하게만 언급했던 번역자가 들이는 '노력'(effort)이라는 측면에서 이 개념을 다루고자 한다.

만일 시간과 공간에 아무런 제약이 없다고 한다면 원칙상 모든 번역 문제들은 충분한 노력을 기울이면 해결될 수 있다. 번역자가 열심히 작업하고 깊이 고민하는 것이다. 그러면 결국 문제는 풀리고 보상이 온다. 그 노력에는 20년 동안 기다리는 것 혹은 최적의 상황이 조성되는 때까지의 기다리는 것 등을 포함할 수도 있다. 수퍼컴퓨터나 수퍼번역자들과 팀을 이뤄 작업하고 그리고 나서 다시 수퍼독자들이 형성될 때까지 기다리는 것이다. 혹은 수백 차례 재번역을 하여 그 중 어느 하나가 마법 같은 효과를 내기를 기다려볼 수도 있다. 원칙상으로 이렇게 모든 번역문제는 해결가능하다. 이것이 표현가능성에 대한 일반법칙(general principle of effability)이다. 그러나 실제에서 다른 누군가와 상호작용할 필요가 있다는 것은 곧 시간과 공간 상에 제약이 있고, 상황적 여건들은 이상적이기 어렵다는 것을 의미한다. 따라서 노력은 어떤 식으로든 제한되고, 배분되어야 한다.

번역에 관한 처방적 윤리(prescriptive ethics)에 따르자면 모든 가능한 오류(error)를 피하기 위해 가능한 모든 노력을 들여야 한다. 무제한적인 노력은 충실성의 이상과 함께 가는 것 같다. 번역자는 모든 것을 알아야 하고 모든 것을 확인해야 하며 모든 것을 설명해야 한다. 그런데 이러한 처방은 번역이 공짜(free)가 아니라는 점을 간과하고 있는 것이다. 번역은 어떤 가치와 교환된다. 아무리 자발적으로 행해지는 협력번역(voluntary collaborative translation)이라 하더라도, 거기에 참여하는 번역자들은 자신들의 노동과 상징적, 사회적 혹은 문화적 가치를 교환한다. 그 번역자들은 일종의 특권을 얻게 될 수도 있고 대의명분을 위해 일했다는 윤리적 보상심리를 얻을 수도 있다. 혹은 친구를 만들거나 유지할 수도 있고 기술을 배우거나 향후 좀 더 돈이 되는 작업에 참여하기 위한 시장 진입의 기회를 얻을 수 있다. 노력은 보상을 바란다. 또한 노력은 기대하는 보상의 종류(kinds)에만 관계된 것이 아니라, 보상의 양(quantity)과도 관계가 있다.

문제를 단순화하기 위해, 금전적 보상에 관한 논의로 제한하기로 하자. 나의 번역에 더 많은 노력을 기울이면 기울일수록 나는 내 작업의 대가를 더 많이 요구하게 된다. 최소한 장기적 차원에서는 그러하다. 고객들이 내게 많은 비용을 지불할수록 그들의 최종사용자(end-user)들이 지불해야 하는 제품의 가격도 높아진다. 최종사용자들은 얼마 정도까지 기꺼이 지갑을 열 것인가? 이 모든 것들은 그 번역이 어떻게 어디서 사용될 것인지, 번역을 하지 않을 때의 기회비용 등에 달렸다. 최종 목적에 대한 모종의 계산이 불가피하다.

나는 번역해야 하는가? 지금까지 우리가 당연한 윤리적 차원의 질문은 이 번역작업을 하기로 할 것인가 말 것인가였다. 이제 여기에 대해서는 어떤 보상이 주어지느냐에 달렸다는 대답을 할 수 있다. 이것은 윤리적 질문이어야 한다.

나는 번역해야 하는가? 대부분의 실무가들이나 거의 모든 이론가들에게 있어 이 질문은 너무나 당연한 질문이다. 당연히 번역해야 하고, 언제나 최고의 노력을 기울여 해야 한다! 실무가들은 번역을 팔아서 생계를 유지한다. 따라서 번역을 생산하지 않는다는 것은 더 이상 직업인이 아니라는 것을 의미한다. 또한 실무번역자들은 신뢰에 따른 대가를 보상받고자 하는데 그들의 작업에 대한 비용이 너무 삭감되면 생계가 불안해질 수 있다. 최상의 노력이라는 허구는 직업적 신뢰라는 이해 안에서 작용한다. 이런 관점에서 본다면 번역하지 않을 유일한 윤리적 이유는 해당 번역자가 자신은 그 과업을 수행하는데 적절한 자격을 갖추지 못했다고 인식했을 때뿐이다. 다른 이유들로 작업을 거부하게 된다면 배타성을 특징으로 하는 직업윤리의 적용이 원천적으로 배제될 것이다. 이점이 바로 내가 감수하고자 하는 위험이다.

나는 번역해야 하는가? 수많은 언어전문가들이 그렇다고 말한다. 좋은 이유에서이다. 번역자들은 번역에 필요한 언어기술을 보유하고 있고, 그들은 대체로 번역이 보호해야 할 언어적 다양성을 중시한다. 자동차 생산자에게 차를 더 제조해야 하느냐고 묻는 것과 마찬가지다. 그들의 대답은 자명하다. 차는 언제나 더 필요하기 때문이다! 번역에 기반한 커뮤니케이션 정책이 유럽의 정치를 숨막히게 하거나 저해할 수 있을까? 마치 거리의 너무 많은 자동차들처럼 말이다. 걱정할 것 없다. 지금 어떤 생태적 문제가 있다면, 미래에 해결하면 된다. 우리는 언제나 번역해야 한다. 언제나 더 잘 해야 한다. 더 많은 주의를 기울이고, 더 정밀하게, 더 많은 노력을 들여, 더 많은 기술을 적용하고, 더 많은 지원을 얻어 번역해야 한다. 번역은 그 자체로 언제나 좋은 것이다. 그렇게 이 분야에 있는 수많은 전문가들이 말한다. 나는 거기에 의문을 제기하고자 한다.

다음으로 나는 투입하는 노력의 정도를 규율하는 원칙을 제안하고자 한다. 여기에는 비(非)번역의 거의 영에 가까운 노력(near-zero effort)도 포함된다. 그 원칙은 간단하다. 번역자는 해당 번역작업이 생산할 것으로 보여지는 보상에 상응하는 이상의 노력을 들여서는 안 된다. 대략적으로 말해, 이것은 곧 지식의 최종사용가치(end knowledge-use value)가 높으면 번역자는 더 많은 노력을 투자할 수 있음을 의미한다. 만일 그 사용가치가 실질적으로 전혀 없다면, 번역하지 않을 수도 있다. 아니면 다른 일을 할 수도 있다.

번역이 가지는 지식 사용가치란 무엇인가? 내게 있어 그것은 협력(cooperation)을 발생시킨 정도이다. 번역은 지금껏 번역이라는 상호작용을 통해 공동의 이익을 창출하려는 사람들을 돕는 데 기여해왔다. 협력은 모든 협상과 대화, 참여의 궁극적 목적이다. 이것이 내 대답의 전부이다. 이제 이 대답의 의미를 설명할 일만 남았다.

집단적 노력

나는 번역해야 하는가? 지금까지 이 질문의 관심은 번역자의 노력에만 쏠려 있었다. 물론 번역자만 노력을 투입하는 것은 결코 아니다. 고객과 최종사용자들도 저마다 노력을 기울인다. 번역에 대한 다른 참여자들의 노력을 고려하지 않고서는 번역자의 노력에 관한 결정도 내릴 수 없다. 나는 이 점에 착안하여 번역은 사회적 노력이 합성된 결과라고 개념화해보았다. 이 합성물은 번역 상황의 창출, 번역자의 작업, 최종사용자의 작업, 그리고 고객의 비용지불 등에 관계된 투자가 합해진 것이다.

여기서 우리는 다시 아리스토텔레스적 원인론과 유사한 것을 마주하게 된다. 텍스트, 번역자, 규범, 고객 등이 그것이다. 그런데 이번에는 순수한 인과관계나 이상적인 순간 등에 초점을 맞추지 않는다. 이번에는 이러한 요인들의 상호작용이 어떻게 협력과 번역의 윤리적 기능을 이끌어내고 그렇게 함으로써 번역자의 노력의 윤리적 지향으로 나아가는지를 알고자 한다.

번역이 이루어져야 하느냐의 문제는 두 개의 통시적 공간을 열어 놓는다. 한편에는 서로 다른 행위자들, 다시 말해, 고객과 번역자와 사용자 등의 행위자들이 있는 공간이다. 그들은 문화간 커뮤니케이션의 상황에 선행(prior)하여 존재하며, 공간과 시간, 문화적 거리감 등으로 분리되어 있다고 말할 수 있다. 다른 한편에는 번역을 통해 가능해진 커뮤니케이션 상황이 있다. 동일한 행위자들이 상호작용하는 복합적인 공간(a complex)이다. 이 두 공간은 서로 다른 두 개의 질문으로 이어진다.

- 행위자들은 커뮤니케이션 상황(situation)을 만들어야 하는가? 그 상황의 목적은 무엇인가?
- 행위자들은 번역 이외의 방식이 아닌 번역이라는 특정 방식으로 만나야 하는가? 번역을 통해 어떤 부가가치(added value)가 창출되는가? 번역방식을 선택하기에 적절한 상황이었는가? 혹은 다른 방식으로 커뮤니케이션을 시도했어야 했는가?

하나의 공간에서 다른 공간으로 가는 길은 번역자의 위치를 가리킨다. 이 점은 이상하게도 참 중요하다. 만일 번역을 두 개 텍스트의 추상적 비교에 따라 나타나는 언어적 과정으로 생각한다면, 번역자는 그러한 비교의 산물, 익명이지만 필요한 인자로서 간주된다. 번역이라는 노력이 번역자의 현실적인 책임은 전무한 언어학적 변환규칙의 적용이라는 전제는 잘못된 것이다. 번역에 대한 이 같은 초기 모델이 번역적 노력에 다른 종류가 있을 수 있는 가능성조차 배제했기 때문에, 번역자의 참여이라는 노력을 포착하기 어려웠던 것이다. 그래서 번역자가 거기 있으면, 모두가 서로를 이해하고 혹은 그렇다고 생각한다고 결론 내리는 것이다. 따라서 번역의 목적은 모든 사람이 동일한 것을 이해하도록 하거나 혹은 그렇다고 생각하도록 만드는 것이다. 그리고 여기에는 등가가 존재한다는 전제(claimed equivalences)가 작용하고 있다. 번역자는 필요하다. 거기에는 '이해'라는 가치, '등가'라는 가치를 창출하기 위한 온갖 종류의 노력에 대한 전제가 깔려 있다. 이것으로 분석은 끝난다.

그러나 우리의 두 번째 질문, 즉, 번역에 대한 대안에 관한 그 질문은 발생가능한 일련의 상황들을 열어놓는다. 번역자가 없는 상황에서 모두가 여전히 서로를 이해한다고 할 때, 그것을 어떻게 이해할 것인가? 국제회의통역사들은 국제회의석상에서 오가는 전문지식을 다른 언어로 번역해내느라 녹초가 된다. 그런데 일단 통역사들이 부스를 떠나면, 회의참석자들이 서로 여러 언어가 섞인 피진어(pidgin, 비영어권 화자의 영어), 횡설수설 전문용어, 혹은 영어와 같은 세계어(lingua franca)로, 온갖 깨진 문법을 동원해 일종의 비전문적인 번역을 하는 것을 본다. 이러한 상황에서 볼 때 번역은 정말 필요한가? 어떤 집단적 비용을 들여 번역이라는 방식을 실행해야만 하는가?

협력모델

첫 번째 공간에서 두 번째 공간으로 나아갈 때, 일반적으로 어떤 기능을 수행하고자 하는가? 한 가지 가능한 답변을 신고전주의적 개념인 협력(cooperation)[1], 즉, 게임이론(game theory)[2]으로부터 찾을 수 있다. 단순한 사례를 들어보겠다.

A와 B, 두 사람이 한 동네에 살고 있다고 하자. 둘은 쓰레기수거를 공

동관리 할 것을 합의한다. 둘의 협력을 통해 이루어지는 공동관리 방식이 둘의 개별적 관리보다 더 이익이기 때문이다. 따라서 이렇게 해서 절약되는 정도가 곧 그들의 협력의 가치라고 볼 수 있다. 각 사람이 저마다 무언가를 얻는다. 이런 종류의 협력에는 뭔가 윤리적인 데가 있다.

각각의 행위자들이 계속적으로 이익을 얻기 위해서는 어떤 종류의 노력이 불가피하다. 만일 그런 이익을 제쳐두고 생각한다면(Pym 1995a 참고), 기술적 고려를 많이 하지 않고도 세 가지 가능한 상황을 그려볼 수 있다.

- 협력은 무협력(non-cooperation)보다 더 큰 이익을 생산할 수 있다. 사회적 삶의 모든 측면에서 어쩌면 삶 자체가 사회적이라고도 볼 수 있지만, 혼자 행동하는 것보다 함께 행동하는 것이 더 낫다. 이것이 바로 인간들이 서로 소통하는 주요 이유 중 하니다. 협력하기 위하여, 협력이 가능한 상황을 분별하기 위하여, 그런 상황 속에서 행동할 것을 준비하기 위하여, 그리고 협력에 적합한 파트너를 구하고 유지하기 위하여 소통하는 것이다. 그 결과는 사회적 삶이 풍요해질 수 있고 아리스토텔레스의 윤리가 열망하는 행복의 일부를 얻을 수 있기도 한다. 따라서 협력은 내가 이기면 상대방이 지는 '제로섬'(zero-sum)식의 상호작용과 반대된다. 협력은 모든 사람이 무언가를 얻는 상황을 낳는다.
- 협력은 대단히 비대칭적일 수 있다. 이익의 배분이 노력의 상대량에 상응할 필요는 없다. 만일 A가 B보다 더 많은 것을 투자하고, 둘이 계속해서 동일한 이익을 얻는다 하더라도, 그 협력은 지속될 수 있고 공정할 수 있다. 둘 다 개별적인 노력을 기울이는 것보다 더 많은 것을 얻는다면 말이다. 투자의 격차가 큰 상황에서도 사회는 만족할 수 있을 뿐 아니라 부의 재분배를 훌륭하게 이뤄낼 수 있다.
- 무협력이 더 나을 수도 있다. 만약 A가 당초의 협력적 관계가 변하여 무협력보다 협력의 이익이 적다는 것을 알게 되면, 논리적으로 A는 B와의 관계를

깨고, 독자적인 관리방식을 수립하거나 다른 파트너를 찾게 된다. 새로운 협력상황이 조성되지 않으면 사회적 삶은 타격을 받게 될 것이다.

이 세 가지 상황은 협력의 단순한 논리를 설명한다. 이러한 논리의 윤리적 기초를 이해하기는 어렵지 않다. 협력의 상황(유형1과 2)이 일반적으로 바람직하고 지속될 필요가 있다. 무협력의 상황(유형3)은 지속적이지 않고 지속해서도 안 된다. 따라서 윤리적 커뮤니케이션은 반복가능한 협력관계를 선호하게 된다. 왜냐하면 반복적인 협력은 시간이 갈수록 더 오래 유지하기 수월해지기 때문이다.[3] 역사적 관점에서 보아도 이러한 윤리는 장기적 관계를 선호한다. 협력관계가 잘 유지되고 있는 것처럼 보이던 관계들이 시간이 지남에 따라 실패하게 되는 경우들이 있다. 다음 세대에 대한 배려 없이, 근로자 한 세대 전체를 착취하는 독재자나 자본주의자 혹은 당장의 이익을 위해 환경 전체를 파괴하는 경제체제를 생각해볼 수 있다. 이러한 결과를 피하기 위해서는 지속가능한 협력적 관계에 윤리적 우선순위를 부여해야 한다.

협력이 이루어지는 단순논리에 관한 논의는 이쯤에서 마무리하겠다. 이 같은 논리는 쓰레기 수거나 무역, 세금, 우정, 험담하기, 대사관의 치외법권, 전통적인 메신저 보호, 십대들의 패거리집단 사랑, 혹은 번역에도 적용될 수 있다. 이 사안에 대한 나의 생각은 신고전주의 협상이론(neo-classical negotiation theory, Keohane(코하인) 1984 참고)에서 영향을 받았다. 최근 이론으로서는 엑설로드(Axelrod 1984, 1997) 그리고 귀요(Guyau 1889)에게서 영향을 받았다. 여기에 덧붙이고 싶은 것은 하나의 모델로서의 협력은 허구(fiction)라는 점이다. 이것은 사회를 구성하는 수천 가지의 심리적 충동, 긴장, 충돌 사이에서 길을 잃지 않기 위해 늘어놓는 이야기이다. 모델로서의 협력이 번역의 현실(reality)에 영향을 미칠 수 있는 모든 원인들을 설명하는 것은 아니다.[4] 이 협력이라는 아이디어가 허구적으로 보일 수는 있으나, 그럼에도 여기에서는 고귀한 윤리적 목적을 발견한다. 또한 협력은 현재보다 나은 미래를 구상하고 복잡성을 가진 추상적인 원리로서 몇 번이고 작동할 수도 있다. 이것은 번역자의 윤리의 기초로서 고려해 볼만한 자질을 가졌다. 그것이 가진 설명력(descriptive virtue) 때문이 아니라, 특정한 상황으로 말미암아, 그리고 그 상황으로 말미암아 상대적으로 얼마의 사회적 노력이 투입되는가가 가운데 성공적인 번역의 가치가 무엇인가를 발견해낼 수 있도록 하기 때문이다. 여기서 나는 모든 것을 설명하려는 것이 아니다. 단지 번역자들이 얼마나 열심히 작업해야 하고, 또 무엇을 위하여 그렇게 해야 하는지를 알고 싶은 것이다.

협력의 한계

협력모델에서 핵심은 상호이익이 더 이상 발생할 것 같지 않은 지점을 찾는 것이다. 그 지점을 넘어서면 번역은 의미가 없어지고 다른 종류의 커뮤니케이션 혹은 침묵이 요구된다. 그렇다면 이 지점을 어떻게 결정할 수 있을까?

B가 얼마를 투자할지를 확실히 알 수 있는 모든 경우에서, A는 협력의 한계뿐 아니라 두 사람이 투자해야 하는 최소치를 측정할 수 있다. A는 최소한 B가 상호작용에서 이익을 얻는데 필요한 양을 투자해야 한다. 이때 협력은 존속된다.

그러나 A와 B는 자신들이 들이는 노력을 재조정할 수 있다. 이는 두 사람 모두 상대방이 얼마만큼 투자할지를 잘 모른다는 뜻이다. 사회적 삶은 불확실성과 의심, 그리고 위험투성이다. 이제 두 행위자는 상대방이 무엇을 할지 예측해야만 한다. 협력을 향한 추구는 곧 일련의 죄수의 딜레마(prisoner's dilemmas)이다. 협력에 관한 계산은 이제 상대방이 얼마를 투자할 것인가에 대한 가능성(probability)에 기초해 있고, 또한 그것에 잠재된 위험을 어떻게 관리할 것인가에 달려있다.

이러한 상황에서 각 행위자는 그 위험성을 대략적으로 측정하기 위해 필요한 지식을 획득하고 그것을 처리할 필요가 있다. 또한 기초적인 정보가 필요하다. 그래야 계약이 성립되고 커뮤니케이션 상황이 수립될 수 있다. 스퍼시아스와 불리스의 이야기에서 이 작업은 결국 중재자들의 여정이었다. 실제적인 이동 경비가 소요된다는 것이다. 계산을 완전하게 하기 위해서는 다른 비용들도 고려해야 한다. 스파르타인들은 함께 모여 그 두 메신저들을 보내기로 결정했고, 누군가 그 둘이 페르시아에 들어갈 수 있도록 비용을 지불해야 했다. 두 언어를 넘나드는 커뮤니케이션이 이뤄지기 위해서는 무언가 할 일이 많다. (언어학습은 특히나 장기적인 거래비용에 속한다). 그 두 스파르타인들이 죽기를 결단하는 동안 페르시아 비밀요원들도 열심히 활동했을 것이고 비용도 포함해야 할 것이다. 이 모든 단계와 방식, 그리고 모든 메시지들에 대해 우리는 발신자의 노력과 전송과정에 투입되는 노력, 그리고 수용에 드는 노력들을 측정해야 한다.

협력에 필요한 지식을 찾고 처리하는 과정에는 거래비용(transaction costs)이라 불리는 일련의 투자가 필요해진다. 이 비용이 협력에 관한 계산에 들어가야 한다.

여기에서 우리는 협력이론과 번역윤리 사이의 핵심 연결고리를 발견한다. 번역은 대부분 매우 다양한 거래비용을 수반한다.

거래비용 분석

다시 A, B 두 행위자의 이야기로 돌아가보자. 두 사람은 협력의 가능성을 계산하기에 필요한 지식을 어떻게 얻을 것인가? 만일 두 사람이 동일한 문화권에 있다면 그 지식은 고도로 규범화되어 수천 가지 의 미묘한 방식으로 소통될 것이다. 예를 들어, 목소리의 톤으로 기대감이나 불신의 정도를 알아낼 수 있고, 미세한 액센트로 그 사람의 출신지역과 계급을 파악할 것이다. 옷차림으로 그 사람의 사회적 지위 혹은 그러한 지위에 대한 욕구를 알아차릴 수도 있다. 얼마 안 되는 지표(pointers)들에서도 얻을 수 있는 정보가 많기 때문에 더 이상의 거래비용은 필요하지 않는 경우가 많다. 양측 모두 점수가 어떻게 되는지를 안다. 이러한 관점에서 문화란 결국 상호 위험부담을 줄이기 위한 일련의 규범체계에 다름 아니고, 언어는 화자들 사이의 위험부담을 줄이기 위한 바로 그 목적 때문에 분화된다. 그런 차원에서 가족이란 아마도 그런 위험을 줄이고 상호작용을 증진하기 위한 가장 효율적으로 규범화된 네트워크일 것이다. 다른 사회구조는 실패하더라도 말이다. (마피아 보스들은 자기 가족만 믿는다고 한다.) 따라서 동일 문화권 내의 거래비용은 그 규범의 강도와 밀도에 따라 달라지기는 하겠지만, 상대적으로 낮다. 쓰레기수거 관리를 협력하기 위해 번역이 필요한 경우는 거의 없다.

반면에 문화간 협력은 미약한 규범체계, 높은 위험부담, 그래서 상대적으로 높은 거래비용을 수반한다. 만약 A와 B가 공통적인 문화, 언어코드를 공유하지 않고 있다면 그 둘은 상대방이 무엇을 투자할지 어떻게 예측할 수 있을까? 상대방이 오랜 기간 협력관계를 유지할 것인지를 어떻게 신뢰할 수 있는가? 배신의 위험부담은 어떻게 계산할 수 있는가? 문화간 교류에서의 거래비용은 높아지는 경향이 있다. 두 사람은 협력을 할 수도 있고, 협력을 깰 수도 있다.

그렇다면 거래비용은 어느 지점에서 한계를 넘어서는가? 위에서 설명한 세 가지 상황에서 거래비용은 인위적으로 영(zero)에 맞춰져 있다. 이제 두 행위자는 각자 쓰레기 수거에 관한 정보를 위해 상당한 비용을 지불해야 하는 상황이라고 가정해보자. 이 거래비용이 상당히 높다면, 어떤 일이 발생할까?

만일 총 거래비용이 협력의 총 이익보다 크다면, 협력이 없을 것이고,

협력을 지속하고자 하는 시도도 아마 없을 것이다. 번역도 마찬가지다. 다른 모든 조건이 동일하다면, 고작 5의 이익을 낼 수 있는 거래를 하려고 10의 비용을 지불하지 않는다. 따라서 협력에 관한 자명하고도 중대한 원리가 여기 있다. 거래비용은 반드시 이익보다 낮아야 한다. 이 원리는 거래비용에 대한 전반적인 계산과 각각의 개별 행위자의 계산 모두에 적용되어야 한다.

그렇다면 거래비용이 이 기준보다 아주 조금만 낮다면 어떤 일이 발생할까? 일반적으로 거래비용이 클수록 상호이익이 발생할 가능성은 적다. 그렇기 때문에 거래비용이 높으면 가능한 참여자 수가 제한되는 동시에 무협력의 위험이 높아지는 경직(rigidity)이 초래된다. 거래비용이 높을수록 협력에 대한 제약은 많아지고 사회적 관계가 일반적으로 협소해진다. 회원전용 클럽의 입장료가 비싼 이유가 바로 그것이다. 제한된 집단 내에서만 협력을 발생시키려는 것이다. 읽기 어려운 텍스트의 경우에도 비슷한 유형의 제약을 초래한다.

완벽한 정보란 분명 이상이다. 번역자에게 모든 것을 높은 수준의 충실성(fidelity)을 발휘해 전달해야 한다는 부담을 지우는 번역이론을 생각해 보라. 그러나 현실세계에서는 대부분 이러한 이상은 도달하기 불가능할 뿐 아니라 이를 추구하는 데 드는 비용도 너무 크다. 거래비용은 무협력 수준보다 낮게 유지되어야 하며, 잠재적 대체 거래비용(alternative transactions)을 허용할 수 있을 만큼 충분히 낮아야 한다. 결국 협력할 수 있는 상황이 많을수록 파트너가 할 법한 행동에 관한 아이디어는 점점 더 불분명해진다. 이익의 폭이 상대적으로 클수록 불안정성을 수용할 수 있는 정도도 더 커진다. 또한 교묘한 논리를 적용하면 거래비용이 줄어들 때마다 그러한 비용이 소요될 필요를 절감할 수도 있다. 따라서 우리는 낮은 거래비용으로 이익을 가져다 줄 수 있는 방법을 찾게 되고, 여기에는 적은 노력을 들이는 번역이 포함된다. 예를 들어 페이스북(Facebook)은 대략 열 가지의 언어로 현지화할 수 있는 고품질의 전문번역 서비스를 사용할 수도 있었다. 그런데 페이스북은 저비용의 협력번역(collaborative translation)을 활용하여, 83개가 넘는 언어로 현지화하였다. [2012년부터 해적영어(English Pirate Language)와 업사이드다운 영어(Upside Down English)도 포함됐다.] 이로써 잠재적으로 더 폭넓은 협력적 상황을 구축하게 된 것이다. 자발적으로 번역에 참여하는 사람들은 자기들의 노동과 언어가 사용되고 자신들의 경험치가 높아지는 등의 문화적 가치교환을 한다. 동시에 페이스북은 수입기반을 확대한다. 이런 경우 협력은 광고에 접속하는 사용자들을 포함하게 되고 이로써 기업은 수익을 창출한다.

논의가 다소 지루해졌기는 하지만 동일한 파트너들끼리 동일한 협력적 실천을 반복할수록 거래비용이 감소하는 경향이 있음을 눈여겨봐야 한다. 시간이 갈수록 파트너들은 신뢰와 상호기대에 기반한 관계를 이상적인 상태로 구축할 수 있게 되고, 그것은 추가 지식이나 조사 없이도 유지할 수 있게 된다. 페이스북의 경우 협력번역을 위한 웹사이트를 개설하기 위해 막대한 초기비용이 들었다. 일반적으로 시작단계에서 가장 높은 거래비용이 발생한다.

그렇다면 최상의 협력적 관계란 거래비용이 영에 근접하거나 근접할 확률이 높은 관계라고 결론지어야 하는가?

극단적으로 낮은 거래비용은 두 가지 서로 다른 시나리오가 만들어낸 결과일 수 있다. 하나는 필요한 지식을 파악하고 처리하는 데 드는 부담이 너무 커서 행위자들이 그냥 신경을 쓰지 않고 관계 안으로 무분별하게 뛰어드는 경우이고, 또 하나는 반대로 그 지식이 너무 쉽게 찾아지기 때문에 그것을 얻기 위한 아무런 대가를 지불할 필요가 없는 경우이다. 두 번째 시나리오가 이상적인 것으로 보인다. 완전하고 즉각적이며 무상으로 정보를 얻을 수 있는 세상에서의 이야기이다. 마치 인터넷 사용이 인류를 진보하게 한다는 것과 유사한 이상이다. 그러한 세계에서 모든 행위자는 자신들이 원하는 언제 어디서나 협력관계를 수립할 수 있다. 그들은 다차원적인 협상과정에 착수할 수 있고, 최상의 조건을 보장하기 위해 그 모든 과정에 참여할 수도 있다. 그러나 자유로운 낙원과 같은 상황 속에서의 협력관계는 동일한 행위자들 사이에서 반복될 필요가 없다는 점을 주목해야 한다. 정보의 가용성으로 인해 신뢰나 파트너의 잠재적 행동을 예측해야 할 필요가 제거된다. 코헤인(Robert Keohane)은 "어떤 상황에서는 가능한 동맹의 수가 무한할 수도 있다"(1984: 87)고 언급한 바 있다. 지식에 대한 이 같은 즉각적인 가용성 때문에 합리적이거나 효율적이지 않은, 그래서 장기적 관계를 굳이 발전시킬 필요가 없는 세상이 생길 수도 있다. 여기에서 모든 관계는 일회적일 것이다. 우정, 격려, 사랑과 같이 인간적인 기준이나 거래비용 감축과 같은 것이 불필요한 관계인 것이다.

우리는 파트너 수를 제한하는 등의 방법으로 비용의 일부를 고정시키거나 구조화하는 상황을 찾아보고자 한다. 이것이 협력의 윤리에 반하는 것 같지는 않다. 가족이나 우정과 같은 사회적 관습이 바로 그런 역할을 한다. 국제기구도 그런 방식으로 기능하기도 한다. 국제기구들은 정해진 회원들에게만 특정 정보를 공개하는 식으로 운영된다. 예를 들어 북대서양조약기구, 즉, 나토(North Atlantic Treaty Organization, NATO)는 특정 강대국 사이에서만 전략정보와 억지력을 교환하도록 하고 있다. 이 기구는 마치 공무원들처럼 거래비용 구조를 개발하는 것 외에 아무런 일을 하지 않는다. 여기에는 상당한 정도의 번역비용도 포함되어 있다. 나토는 공식언어가 두 개이기 때문이다. 이러한 점은 나토가 당초 창설된 이유와는 별개로, 여전히 이 기구가 존속하고 있는 이유를 부분적으로나마 설명해준다. 목적이 협력이라면 무슨 조직이든지 간에 조직이 존재하는 것이 아무런 조직도 갖지 않는 것보다 낫기 때문이다.

이 점은 번역과도 관련이 있다.

거래비용으로서의 번역

거래비용은 지식을 수집하고, 전달하고, 처리하고(때로는 번역하고), 이용가능 하도록 해석하는 데 드는 노력을 포함한다. 번역이 이 연쇄의 핵심요소가 될 수 있다. 번역의 중요성은 다음의 세 가지 기본 원칙에 기반한다. ① 번역은 보통 비교적 위험부담이 높은 상황에서 사용된다. 공유된 규범체계(codifications)가 상대적으로 부족하기 때문이다. ② 번역비용을 조정함으로써 번역은 다른 거래비용에 영향을 끼칠 수 있다. ③ 번역에 들이는 노력과 지식사용의 순간에 필요한 노력 사이의 직접적 관계 내지 역관계가 형성될 수 있다. 이 세 가지 원리를 각각 간단하게 설명해보고자 한다.

번역비용과 문화적 이해관계의 중요성

일반적으로 번역은 잠재적인 문화간 협력의 경우에 사용된다. 이것은 곧 번역이 문화내 협력(intra-cultural cooperation)에서만큼 공유된 규범이 정교하거나 조직적이지 않은 상황에서 사용된다는 의미이다. 노스롭(Northrop, 1952/1987)을 시작으로 협상이론은 서로 다른 언어적, 정치적 문화권들이 국제적 합의에 문제를 유발한다는 점을 포착하였다. 따라서 협상가는 다른 문화의 특수성을 이해하려고 노력해야 한다. 이것으로 왜 많은 문학작품들이 정부들의 지원을 받아 번역되는지가 설명된다. 문화간 경계를 넘어 협상을 진전시키고자 하는 것이다. 인과관계가 대단히 간접적으로 보일지라도 각 문화는 그것이 협상하려는 문화에 대한 지식을 축적하는데 관심을 가진다.

이것은 문화적 차이를 전부 이해하고 극복해야 한다는 의미일까? 전혀 그렇지 않다. 협상은 언제나 특정 분야에서 벌어지고, 협상가들 대개 특정 간 문화적 영역 내에서 작업하기 때문이다. 따라서 번역이 문화 전반을 설명하려고 하지 않아도 된다. 록키(Rocky)나 람보(Rambo)를 연기한 실베스타 스탤론(Sylvester Stallone)을 상상해보라. 미국관객들조차도 이해하기 어려운 방식으로 웅얼거린다. 그게 영어인가? 언어이긴 한 것인가? 완벽주의 기질이 있는 자막번역자나 더빙제작자라면 그 뉘앙스를 파악하고 맥락적 기능을 분석하여 등가를 창출하기 위해 몇 시간을 들일 것이다. 하지만 그런 번역자는 금방 파산할 것이다. 교환 대상으로서의 이 영화, 즉, 폭력적 이미지와 경제적 자본을 교환하는 이 영화의 상호이익은 주인공의 웅얼거림을 고도로 분석하고 그것의 가장 심오한 의미를 번역한다고 증가하지 않는다. 그 소리가 어떤 종류의 소음이었든 상관 없을 것이다. 오히려 그런 소음에 자막을 단다는 것이 더 우스꽝스러워서 이익이 반감될 수도 있다. 그것을 어떻게 처리하든지 간에 번역자는 빨리 더 중요한 과업으로 넘어가야 한다.

또 다른 극단에서 보면 위험부담과 발생 가능한 잠재 이익이 매우 높아서 어떤 번역료든지 간에 정당화되는 상황도 있다. 예를 들어 이스라엘 정부가 시리아와의 협상을 진지하게 고민하는 상황이라면, 투리(Gideon Toury)와 같은 번역자를 불러 아사드(Hafez Assad) 대통령의 전기를 히브리어로 번역하게 하고, 아랍어 학자에게 감수를 받고 서문을 써달라고 할 수도 있다. 여기에서 얻는 지식이 평화냐 갈등이냐를 결정하는 데 기여할 수도 있다. 이런 지식이 존재한다는 자체가 협력의 가능성을 높일 수 있다. 타자에 대한 고의적인 무시나 환원주의적 오독은 무협력으로 가는 최단의 지름길이다.

이러한 예시를 통해 번역에 들이는 노력은 협력에 어떤 이해관계가 달렸는가에 좌우된다는 것을 알 수 있다. 이해관계가 많을수록 정당화되는 노력의 정도도 커질 수밖에 없다. 번역비용은 잠재적인 상호이익에 비례하는 것이 마땅하다.

거래비용 통제수단으로서의 번역

번역에는 비용이 든다. 그 비용은 비교적 높기도 하지만 상황에 따라서 유연하기도 하다. 만약 모든 것을 가장 값비싼 방식으로만 번역한다면 좋은 결과를 가져올 수 있는 많은 잠재적 관계들이 성립되지 못하게 된다. 따라서 번역 가격을 제한하는 것에도 이익이 있다. 그 규제는 각 번역에 투입하는 노력의 양에 관계될 뿐 아니라 번역과 재번역의 수와도 관계된다. 이 점이 상당히 중요하다.

행위자 B가 A에 관한 지식을 찾고 있다고 가정해보자. 지식에 관한 요구가 형성되면 생산, 전달, 그리고 사용에 관한 비용도 그에 맞춰 상대적으로 정해진다. B가 그 비용이 너무 과하다고 생각하게 되면, B는 협력을 촉진하기 위해 그 비용을 당연히 줄이고자 할 것이다. 비용을 줄이는 유일한 방법은 초기의 요구사항을 수정하는 것이다.

이제 우리가 이 연쇄과정에 번역을 첨가한다면 거기에 번역자에 대한 비용을 포함해야 하기 때문에 (혹은 함께 작업해야 하기 때문에) 비용이 즉각적으로 높아진다. 동시에 번역자의 서비스는 거래비용을 줄이기 위해 사용될 수 있다. 번역자가 최고품질의 번역 외에도 다른 여러 양상의 번역을 생산해낼 수 있다는 점을 안다면 말이다. 기계번역기를 사용하거나 혹은 사람이 급하게 요점만 번역한 것도 쓸만한 지식이 있는지 여부를 확인하는데 유용할 수 있다. 세부사항까지는 확인할 수 없다 하더라도 말이다. 그러면 고객은 그 지식을 좀 더 완전하게 번역할 가치가 있는지를 결정하게 된다. 만약 필요 없다고 판단하게 되면 더 이상 번역할 필요가 없게 된다. 혹은 관심이 있는 특정 부분만 번역해 줄 것을 요청할 수도 있다. 이처럼 저비용의 번역을 활용하여 좀 더 철저하고 부담되는 번역절차에 착수하기 전에 신속하게 개요를 파악할 수 있게 한다. 이러한 절차들은 번역비용을 상당히 절감할 수 있다. 특히 번역자가 고객의 신뢰를 충분히 얻어 어떤 정보를 번역하는데 가장 많은 노력을 들일 필요가 있는지를 결정할 수 있는 상황에서 그러하다.

또한 요점만 번역하는 것과 완전하게 번역하는 것 사이에도 여러 단계가 있다. 고덱(Daniel Gouadec 1989: 22~30; 2007)에게 있어 번역은 넓은 범위의 생산물들을 포괄한다. 원천 텍스트의 제목이나 간략한 요약으로부터 '출고가능'(ready for delivery), '출판적합'(fit to print), 혹은 '무결점'(zero-defect) 등의 수준까지 다양하다. '무결점'으로 일컬어지는 수준이 되기 위해서는 너덧 차례의 수정을 거쳐야 할 것이고, 결국 "경제적으로 비합리적"(2007: 18)이게 될 것이다. 어떤 수준의 번역물을 생산할까 하는 결정은 고객이 요청한 수준에 달렸다고 고덱은 말한다. 내게 있어 이 선택은 거래 전반에서 기대되는 상호이익에 보다 실질적으로 기초해야 하는 사안이다. 그 상호이익이 높을수록 번역자가 작업하는 양과 수준이 높아져야 한다.

오늘날 기계번역은 사실상 무상인데다 요점만 얻으려는 목적에서는 그 품질도 합리적이라 할 만하다. 텍스트 전반의 의미는 전달가능하다는 말이다. 동시에 고품질의 번역은 여전히 전문가의 기술을 필요로 하고 높은 이익이 기대되는 상호작용을 위한 사치품이어야 한다. 이러한 기술들로 인해 우리는 번역비용이 극도로 다양하지만 비교적 쉽게 규제되는 상황으로 나아갈 수 있게 된다.[5)]

번역비용과 지식사용

번역비용(translation expenses)과 지식의 사용(knowledge-use)에 필요한 사회적 노력 사이에는 어떤 관계가 있을까?[6)] 요약번역은 해당 문서가 가진 핵심을 빠르게 파악할 수 있도록 해주기 때문에 지식을 어떻게 처리할지에 좀 더 초점을 맞출 수 있게 된다. 따라서 지식을 수용하는 데 드는 비용이 감소하게 된다. 여기서 번역과 지식사용 사이의 연결은 직접적인 것처럼 보인다. 번역의 완성도가 높고 비쌀수록 지식사용을 위해 수용자들이 투입하는 사회적 비용은 더 커진다. 모든 페이지가 다 읽혀야 하기 때문이다.

이 연결고리는 반대의 경우에도 직접적이다. 만일 당신이 너무 많은 번역물을 생산해낸다면, 다시 말해, 그다지 유용하지 않은 정보를 포함하여 엄청난 양의 문서를 번역한다면, 번역자의 보수 때문만이 아니라 수용자가 거기에 담긴 정보가 정말로 별 쓸모 없었음을 확인하기 위해 그 모든 번역을 확인하는데 드는 노력 때문에 번역비용이 높아진다. 온갖 것을 다 번역하는 번역은 번역 수신자에게 온갖 잡동사니를 안겨주어 사회적 노력이라는 관점에서 보면 상당한 낭비를 초래한다.

그러나 이 관계가 항상 직접적인 것은 아니다. 번역자들은 번역물의 양(quantity)과 밀도(density), 복잡성(complexity)을 줄이는 데 상당한 정도의 현실적 노력을 들이게 된다. 이것은 삭제(omissions), 단순화(simplifications), 규범화(normalizations), 명시화(explicitations)하는 능력이기도 하다. 이 점이 보통 모든 번역의 특징이라고 간주되기도 한다. 번역자가 지식사용에 들이는 노력을 줄이기 위해 더 많은 노력을 투입하는 것이다. 다시 말해 독자가 일하지 않도록 번역자가 일하는 것이다. 이것이 아마도 베누티가 영어로 옮기는 번역에 대한 현재 규범으로서 비판한, 유창한 번역의 기저에 깔린 경제 논리일 것이다.

반대로 번역자는 베누티가 말하는 저항적 번역과 같은 번역물을 생산해내기 위해서도 상당한 양의 노력을 들여야 할 수도 있다. 수많은 주석과 장황한 철학적 서문이 달린 상대적으로 읽기 어려운 번역을 말하는 것이다. 이런 경우 번역자의 노력은 지식사용의 과정에서 일부 재생산되어야 한다. 독자들에게 할 일을 준 셈이다.

한 가지 예를 더 들어보자. 기계번역으로 번역 비용을 줄이지만, 상대적으로 해독(decipher)하기 어려운 텍스트를 생산한다면, 번역과정에서 절약된 비용은 지식사용에 드는 고비용 때문에 아마도 상쇄될 것이다.

이 모든 관계들은 실증적인 검증을 요구한다. 번역이 수용되고 처리되는 과정에서 실제로 무슨 일이 벌어지는가에 대해서는 정보가 부족하다. 경험 많은 이용자들이 대략 번역된 번역물들을 얼마나 효과적으로 이해하는지를 보면 놀랄지도 모른다. 여기에서 우리는 이 관계들을 어떤 것이 가장 윤리적으로 유효한지에 대한 질문만 제기해보고자 한다.

협력모델에 따르면 일반적으로 번역과 지식사용에 드는 비용 모두 가능한 낮아야 한다. 결국 전반적인 거래비용은 무이익(non-benefit)의 선을 넘어서는 안 된다는 뜻이다. 앞서 살펴 보았듯이 비용이 높을수록 상호이익을 생산할 수 있는 상황들은 적어지고, 사회적 관계에 기여할 협력은 줄어든다.

거래비용과 윤리적 목표

이것은 건조하고 기술적인 사안이다. 이제 협력을 좀 더 고전적인 윤리적 목표에 연관시켜 보고자 한다.

비용절감 수단으로서의 신뢰

신뢰는 내가 이미 여러 군데에서 몇 차례 언급했던 것으로, 번역자가 추구해야 할 덕목이다. 언어기술을 가지고 일을 할 때 번역자가 궁극적으로 파는 것은 결국 신뢰, 품질에 대한 권위적 확인이다. 게다가 값싼 번역이 가지는 위험을 계산해보면, 여기에 달린 것은 궁극적으로 고객과 독자가 투자한 신뢰이다. 여기에서 까다로운 점은 신뢰가 가장 무고하고도 사소한 실수 혹은 실수라고 여겨지는 것 때문에 깨어질 수도 있다는 것이다. 만일 우리가 번역은 협력적 행위라는 관점을 가지고 어떤 부분을 너무 빠르게 넘겨 버린다면 그러한 기법으로 결과된 불완전한 번역은 협력 자체에는 직접적인 영향을 미치지 않을 지는 몰라도 번역자의 지위는 약화시킬 수 있다. 만일 상호인간적 신뢰를 읽는다면 교환관계를 위한 기초를 상실하는 것이다. 이러한 관점에서 인간 번역자는 꾸준하게 수준 높은 번역을 생산해야 한다. 이 점은 단순 효율성의 원리에 기초한 모든 윤리와 명백하게 대립한다.

그럼에도 여기 문제가 하나 있다. 신뢰라는 것은 그 본질상 복잡성을 줄인다(Luhmann(루만) 1968). 우리가 의사나 변호사를 믿기로 마음을 먹는 것은 의학이나 법학 공부에 들이는 우리의 노력을 아끼기 위해서이다. 우리가 번역자를 믿기로 했다면 언어가 언어를 만나 열어 제치는 불확정성의 미로에 들어서지 않기를 선택하는 것이다. 신뢰 그 자체는 노력을 줄인다. 이는 거래비용을 최소화하고 협력적인 삶을 지속하기 위한 핵심수단의 하나인 것이다.

이것은 번역자는 신뢰를 얻고 그것을 유지하기 위해 노력해야 한다는 것을 의미한다. 신뢰관계가 위태로워지는 상황에서는 신뢰가 깨지는 것이 가져올 위험성이 계산되어야 한다. 또한 신속하게 작업하는 것이나 공공연한 윤리적 참여를 선택하는 것이 가지는 잠재적 이익과 비교검토 되어야 한다. 이 장 끝 부분에서 언급할 간단한 사례 연구에서 이 같은 계산을 다시 이야기할 것이다.

타자에 대한 존중

문화적 타자(cultural other)에 대한 존중은 번역에 좀 더 일반적으로 이야기되는 보다 광범위하고 고상한 윤리적 원칙이다. 원칙적으로 이 존중은 협력과 꽤 잘 양립할 수 있다. 협력하고자 하는 일방은 다른 모든 협력 당사자들의 지속적인 안위를 보장할 필요가 있기 때문이다. 보편적인 윤리의 관점에서도 우리는 문화적 타자가 진보하고, 그들 스스로 정한 자신들의 기준에 따라 삶을 증진시키기 위해 교환관계를 활용할 수 있도록 하는데 적극 협력하는 것이 마땅하다. 우리는 또한 문화적, 언어적 다양성의 생태를 유지하는 방향으로 문화적 협력이 이루어질 것을 권장한다. 이 다양성 자체가 미래의 관념적인 창조의 범위를 늘리고, 그렇게 함으로써 미래의 협력의 범위와 영향력에 유익을 끼치기 때문이다. 그러나 이러한 보편적인 목표가 어떻게 번역자 윤리로부터 도출될 수 있느냐는 분명치 않다. 혹자는 번역이 그 본질상 문화적, 언어적 다양성을 향상시킨다고 말한다. 이것은 지식의 교환이 모든 문화와 언어에 필요한 새로운 에너지를 준다는 것만 보아도 사실이다 (Even-Zohar(이븐-조하르) 2008, Diamond(다이아몬드) 1977 참조). 그럼에도 윤리적 목표(ethical finality)는 사용된 특정 지식(specific knowledge used)과 관계가 있다. 이것은 번역자가 그 지식으로 무엇을 하는지에 관해서 혹은 거래비용이라는 문제에 관해서 간접적인 이야기만 할 수 있을 뿐이다. 따라서 우리는 문화적 타자와 관련하여 좀 더 제한적인 목표에 만족해야 한다. 그리고 이것이 협력의 윤리와 양립한다고 본다.

행복

그렇다면 일반적인 윤리적 목표로서 행복은 어떠한가? 사회적 관계에 기여하는 다양한 협력적 관계들이 있다. 그것의 모호한 목표는 시적인(poetically) 차원에서 작용한다. 그러나 문화간 커뮤니케이션의 효율성을 주장할 때, 그 협력을 위한 요소들을 결합시키는 것은 오히려 더 어려워진다. 돈에 인색한 청교도라면 과정이 효율적일 경우 특히나 만족하겠지만 모든 사람이 거기에 동의하지는 않는다. 스파르타인 이야기에서 보았듯이 행복을 일반적인 목적으로 삼는 것은 최소한 지적인 면에서 만족스럽지 못하다. 행복이라는 목표는 합의를 도출하기 어려운 주관적인 판단을 요구한다. 스퍼시아스와 불리스는 최상의 행복을 고국에서 찾을 수 있다고 주장했다. 여기서 고국(home)이란 조국, 법, 국민이 결합된 것으로 그들은 그것을 위해 죽을 준비까지 되어 있었다. 또 다른 이들에게 행복은 이국적인 것이 주는 흥분에서 비롯된 일련의 긍정적인 감각으로 행복을 지식의 확장과 인간성의 고양과 동일시하는 것이다. 이런 전혀 다른 입장들이 어떻게 서로 비교되고 합의에 이를 수 있겠는가? 필요한 것을 다 논의해보고 실행해보아도 행복은 간 문화적 공간에서 일관성 있는 자질이 되기 어렵다. 심지어 필요한 산물로서 간주되어야 할지도 의문이다. 행복은 그저 사람들이 협력적 상호작용으로부터 얻기를 바라는 결과물로 저마다 규정하는 여러 가지 중 하나로 보는 것이 낫다.

따라서 협력의 윤리는 어느 정도 국지주의자(regionalist)의 겸양의 입장을 채택해야 한다는 데 관련해 두 가지 점을 이야기할 필요가 있다. 어떤 지식이 타자의 몫을 향상할 수 있다고 선험적으로 결정할 수 없고, 이론가나 제 3자가 협력의 결과가 무엇이어야 한다고 지시할 수도 없다. 이 두 가지 차원에서 우리는 사람들이 저마다의 협력의 내용과 목표를 정하도록 해야 한다. 두 가지 차원은 물론 서로 연결될 수 있다. 사람들이 자신을 행복하게 할 지식을 선택한다는 점에서 그러하다. 타자에 대한 존중은 결국 그들의 선택에 대한 존중이라 할 수 있다.

소극적 윤리와 오해의 최소화

이것은 바로 포퍼(Karl Popper, 1952)가 일반적인 윤리 목적으로서 행복에의 적극적(positive) 추구가 아니라 고통의 최소화를 제안한 것과 같은 유형의 고려이다. 스퍼시아스와 불리스 이야기를 생각해보면 두 사람은 자신들만의 행복을 찾아 나선 것이 아니다. 이들은 자신들의 고국이 겪을 고통을 줄이기 위해서 길을 떠난다. 원칙적으로 볼 때 그들은 간 문화간 관계의 문제를 해결해야 했지만, 그들이 실제로 그 문제에 대한 해결책을 찾았는지는 분명하지 않다. 이들이 주장할 수 있는 최선은 무협력 때문에 발생한 고통을 최소화시켰다는 점이다. 이런 종류의 사고는 소극적(negative) 윤리라고 불릴 수 있다. 어떤 좋은 것(goodness)을 추구하라고 말하는 대신 (왜냐하면 무엇이 좋은지는 각자의 개별적인 방식으로 정의되기 때문에) 고통을 줄이라고 말하는 것이다. 왜냐하면 인간에게 나쁜 것(bad)이 무엇인지에 대해서는 좀 더 일반적인 동의가 있을 수 있기 때문이다.

여기서 나는 영어 번역이론가인 체스터만(Andrew Chesterman)에게서 크게 영향을 받았다. 그는 포퍼의 윤리를 다음과 같이 번역에 적용하였다.

> 번역자들을 위해 이러한 윤리를 적용하는 첫 번째 시도로서 번역과정을 무언가 이상을 향한 노력이라기보다는 오류의 최소화를 위한 노력으로 개념화할 것을 제안한다. 소위 커뮤니케이션의 어려움(communicative suffering)이라 할 수 있는 것을 말한다. 즉, 가상의 등가(mythical equivalence)가 아니라 오해를 최소화하는 것이 원천 텍스트와 목표 텍스트를 접근하는 번역자의 과제인 것이다.
>
> (1994b: 94~95)

오해의 최소화(minimization of misunderstanding)가 언제나 모든 것을 번역해야 한다는 것을 의미하지는 않음을 주목할 필요가 있다. 여기에는 특정 텍스트나 텍스트의 일부를 번역하지 않고, 또 어떤 부분에 대해서는 추가적 설명(extra-translational explanation)을 곁들이기도 하는 것 혹은 특정 언어에 대한 지식을 포함하는 것 등 다양한 간 문화적 커뮤니케이션 방식이 사용될 수 있다. 등가라는 이상을 대신하여 이러한 오해의 최소화를 목표로 삼는 것은 중재자의 노력을 어디에 투입하는 것이 최선이냐를 진지하게 재고하도록 한다.

그렇긴 하지만 나는 체스트만의 소극적 윤리에 전적으로 동의하지는 않는다. 이 관점은 오해와 이해가 균형 관계를 이룬다고 가정하는 것 같다. 그렇게 되면 우리는 하나를 그것이 이해든 오해든 간에 전제하지 않고는 다른 하나를 이야기할 수 없게 된다.[7] 하지만 안타깝게도 완벽한 '이해'가 존재한다는 명확한 증거가 없다. 또한 이 개념은 등가 개념을 대체하기 위해 제기된 의미론적 본질주의(semantic essentialism)와 함께 대단히 산만하게 논의되고 있다고 본다. 이 추상적이고 일반적인 이해라는 개념 대신 나는 순간적이고 일시적인 복수형의 '이해들'(understandings)에 도달하는 커뮤니케이션을 선호한다. 각 당사자가 상대방의 미래에 취할 잠재적 행동을 존중하는 차원에서 말이다. "누군가와 이해를 나눈다"라는 것은 그들이 전하고자 하는 의도를 정확히 아는 것을 의미하지는 않는다. 서로 이해하게 되었다는 것은 어쩌면 사소한 협상의 결과, 상호이해를 작게나마 구조화한 결과일 수 있다. 나는 소극적 윤리가 고립되고 일시적인 '오해들'(misunderstandings)에 초점을 맞추고 있다고 본다. 여기서도 복수형의 '오해들'이다. 이 오해들 역시 협력을 저해하는 수준에 관한 것으로 최소화되어야 한다. 따라서 나는 '오해들'을 오류들(errors)이나 의도를 파악해내지 못한 것에 동일시하지 않으려고 한다. 협력의 원칙에 따르면, 번역자는 언어적 재료 간에 등가 관계가 존재하지 않는다는 이유만으로 오류를 최소화하려 할 필요가 없다. 반대로 번역 변이(translation shift)를 시도하는 데 있어 주의해야 할 상황은 그렇게 했을 때 커뮤니케이션의 어려움이 증가될 때뿐이다. 그런 상황은 무협력의 또 다른 이름일 수 있다.

따라서 우리는 협력이라는 틀 안에서 이해와 오해를 모두 재정의할 수 있다. 오해를 줄이고자 하는 윤리적 목표는 마치 언어가 실제 사용됨으로써 오염된다는 확신을 가진 본질주의적 세계에 속하기라도 한 것처럼 그것이 협력 행위에 선행하는 것이 아니다.[8] 오해들은 언제나 협력의 목표와 잠재적 결과에 비추어 예측되고, 포착되며, 해결되고, 축소된다. 목표는 협력의 결과에 대한 기대와 함께 예견되고 확인되고 다뤄지고 축소된다. 이 외의 다른 종류의 이해에 대해서는 증거가 불충분하다.

우리는 이러한 이해가 실제 발생한다는 것을 증명할 수 있을까? 좋은 중개인은 동일한 커뮤니케이션 파트너에 의해 계속해서 고용될 것이다. 이는 그들의 작업이 어떤 식으로든 상호이해를 증진하기 때문일 것이다.

그렇다면 이제 문제는 번역자가 어떻게 협력의 기준을 파악할 수 있는지를 아는 것이다. 어떤 해석적 과정을 통해 이 전략적 원칙에 구체적인 내용을 채울 수 있을까? 그리고 협력의 성공과 실패에 있어 번역자의 책임을 어떤 정도로 정의할 수 있을까?

몇 가지 기본적인 질문에 대한 답변

마침내 나는 번역자들이 직면하는 여러 기본적인 질문에 대해 몇 가지 합리적인 대답을 제공할 지점에 도달했다. 이를테면 번역자들의 역할의 한계가 무엇인지, 번역자가 얼마나 청구해야 하는지, 또는 그들이 어느 편에 서야 하는지 등의 문제다.

번역자는 협상하는가?

나는 협상이론에 기초한 협력모델을 사용하고 있다. 하지만 주목할 점은 번역자가 실제 협상가라고 말한 적은 없다는 것이다. 번역자는 협력을 더욱 촉진시키거나 저해할 능력이 있는 중개자이지만, 번역자로서의 그들은 협상의 조건이나 결과를 결정한 주요 당사자인 것은 아니다. 협상가들은 협력에 투입되는 초기 조건의 양을 결정할 권한이 있다. 번역자들이 그러한 권한을 갖는 경우는 대단히 드물다. 협상가들은 협상할 영역과 의제를 정할 수 있다. 번역자는 그런 것에 대해 조언할 수는 있으나 최종 결정을 내리는 것에 관여하지 않는 것이 일반적이다. 협상가는 관련 사안들이 어떻게 연결되고, 언제 거래를 수용할 것인지, 혹은 언제 이해에 도달할 것인지를 정할 수 있다. 번역자들은, 번역자로서 이번에도 조언할 수는 있지만, 결정할 수는 없다. 그런데 이 모든 제약에도 불구하고 번역자는 단순히 메신저가 아니다. 그들은 거래비용을 수정할 수 있고 그 비용들에 대해 협력 파트너들에게 조언할 수 있는 책임과 권한을 갖는다. 만약 번역자들이 협상가들이 있는 상황에서 작업한다면 그들의 지위는 유엔(United Nations)의 외교사절들(diplomatic-envoys)이 갖는 지위와 유사하다. 유엔 외교사절들은 교환을 구조화하고 지도하도록 보내지지만 그러한 교환을 실행할 권한을 부여 받지는 않는다. 번역자들은 중재자들(intermediaries)이다.

이러한 관점에서, 나에게 가장 관심을 끄는 해석적 과정은 번역자가 텍스트를 이해하는 방식에 관계된 것이 아니다. 오히려 나는 번역자의 이쪽과 저쪽에 위치한 참여자들과 그들이 번역자 덕분에 오해를 최소화할 수 있는 방식에 관심이 있다. 이 같은 구분은 협력의 목표(finality of cooperation)가 번역자의 고립된 과업 수행보다는 참여자들 사이의 관계에 더 밀접하다는 점에서 중요하다. 가장 중요한 목표는 협력이다. 우리가 번역이라고 부르고 싶어하는 것이 있든 없든 말이다.

번역자는 얼마를 받아야 하는가?

협력과 번역자의 장기적 이해 사이에 모순이 있을 필요가 없다. 간 문화적 협력이 빈번할수록 참여자들은 더 큰 이익을 얻고 따라서 번역자들에게 더 많이 보상할 것이다. 번역자의 최선의 이해는 이론적으로 모두가 특히 자신들의 고객이 협력하도록 하는 데서 나온다. 이렇게 함으로써 번역자는 윤리적인 용병이 된다. 하지만 안타깝게도 이 원칙이 그리 간단하지만은 않다.

만약 누군가가 번역자를 고용할 때 번역자는 아마도 의뢰인이 번역 서비스에 대해 지불할 수 있는 최고 수준의 번역료를 요구할 것이다. 고객의 일이 지속된다면, 번역자는 더 많이 받을 수도 있다. 그러나 최소한 세 가지 측면에서 이러한 일방적 방식이 번역자의 장기적 이해를 거스를 수 있다.

첫째, 만약 번역자가 번역비용을 올린다면, 의뢰인의 협상 재량권이 그만큼 줄어드는 것이다. 의뢰인이 신뢰관계 형성을 위해 요구하는 정보는 더 구체적이고 제한적일 수 있다. 위험이 그만큼 높기 때문이다. 이것은 그 자체로는 문제가 아닐 수 있다. 고객이 번역자의 서비스에 훨씬 더 의존적이 될 수 있기 때문이다. 그러나 그 고객의 파트너 즉 상대편 협상가에게 가용한 지식 또한 더 구체적이고 제한적이게 된다. 그렇게 되면 거래비용은 양쪽에서 모두 높아진다. 상호이익의 기회가 그만큼 줄어드는 것이다. 장기적으로 보면, 협력의 기회는 줄고, 따라서 번역에 대한 잠재적 요구도 줄게 된다.

둘째, 이것이 좀 더 분명한데, 만일 번역자가 다른 일방이 결국 심하게 타격을 입거나 미래의 이익에 참여할 가능성이 없을 수준으로 어느 한편의 부를 발생시켰다면, 협력은 궁극적으로 실패하게 된다. 이는 번역자에 대한 관련 파트너와의 잠재적 고용을 완전히 제거시킨다. 그렇게 되면 번역자의 일거리가 줄어들게 된다.

셋째, 번역자의 작업이 너무 훌륭해 파트너들간의 협력이 장기간 지속되면 그들은 얼마지 않아 번역뿐 아니라 언어학습에 자원을 투자하기 시작할 것이다. 협력이 성공했다는 것은 결국 번역자가 필요 없어졌다는 것을 의미한다. 이 점은 우리가 직업적으로나 윤리적으로 받아들여야만 하는 순리이다.

따라서 번역자의 금전적 이해는 모든 종류의 협력과 양립할 수 있는 것은 아니고, 고객의 이익에 일방적으로 순응하는 것에는 분명히 대립한다. 고객에 대한 충성만으로는 부족하다.

이 원칙은 결과가 뒤따르느니만큼 중대한 문제이다. 번역자들은 다양한 참여자들의 우선순위와 이해들 사이에서 선택을 해야만 하는 상황에 놓이게 된다. 그들의 동맹은 일방적이기만 할 수는 없다. 또 번역자들은 완전히 용병이기만 한 것도 아니다. 그렇다면 번역자들은 어떤 선택을 해야 하는가?

번역자는 누구 편?

어떤 이론도 번역자가 전적으로 이쪽 아니면 저쪽을 선호해야 한다고 지시할 수 없다. 하지만 일정한 방향성을 제공할 수 있는 간단한 원칙이 있다. 협력의 참여자를 전체 문화로 보고, 번역자들은 자신들을 가장 일반적인 차원에 위치시키는 경우 번역자들은 상대적으로 약한 편에 서야 한다는 것이다.

하지만 나는 약자 선호의 원칙은 상호이익을 추구하는 이 상황에서는 이차적인 명분이라는 점을 서둘러 덧붙이고 싶다. 더욱이 커뮤니케이션에 관계된 일인 경우 자본의 축적 등의 여부에 따라 약한 정도를 측정하는 것을 할 수 없게 된다. 오히려 여기에서의 약함은 커뮤니케이션 과정에서 자신들의 메시지가 들려지도록 하는 참여자의 능력에 관계된다. 참여자들의 언어능력이나 커뮤니케이션 기술 등과 관계된다. (전체 문화가 두 가지 모두를 상당한 정도로 가진 것으로 간주될 수 있다.) 이러한 요소들에 실제 점수를 부여하는 일은 쉽지 않지만 "약자를 돕는" 원칙은 협력과 양립할 수 있는 가치인 것이 사실이다. 약자가 강해질수록 그들은 협력적 관계에 들어서는 것을 더 적극적으로 고려하게 된다.

내가 경험한 한 사례가 이 점을 잘 보여줄 수 있다. 나는 카탈로니아

(Catalonia)의 대통령을 위해 영어로 번역을 한 적이 있는데, 이때 나는 카탈로니아어와 문화를 존중하는 방향에서 번역 관련 결정을 내렸다. 단어를 선정하고 지시물(references)들을 선정할 때 나는 나의 영어사용 독자들이 그 텍스트가 카탈로니아에서 온 카탈로니아어로 된 것이었음을 알 수 있도록 하였다. 예를 들어 나는 카탈로니아를 가리키기 위해 'nation'이라는 단어를 사용했다. 영어 'nation'은 'United Nations'(국제연합)에서처럼 대체로 'nation-states'(민족국가)를 가리킨다. 카탈로니아어 nació가 의미하는 바 '역사적이고 문화적인 문명 사회'를 가리키는 것과는 다른데도 말이다(Pym 1991 참고). 내게 있어 이 선택은 카탈로니아의 민족주의적 명분을 드러내고자 하는 개인적 바람이 있거나 해서가 아니다. (카탈로니아에는 실제로 7백만 명 정도의 민족주의자들이 있다.) 또 이것은 목표언어와 문화의 역사적 발전을 지향하는 슐라이어마허의 이론에 공감해서도 아니다. (영어는 내 도움이 거의 필요 없다.) 'nation'이라는 단어를 계속 사용했던 것은 윤리적으로 보아 옳다고 느껴졌기 때문이었다. 명시할 만한 어떤 계산이 있었던 것은 아니다. 그럼에도 나는 그 느낌에 맞는 적합한 원칙에 따라 번역하려고 노력했다. 영어와 카탈로니아 문화 사이에 존재하는 엄청난 힘의 비대칭성을 고려할 때, 카탈로니아 쪽의 상대적 약함은 장기적 관점에서의 협력의 가능성을 위협할 수 있기 때문이다. 만일 카탈로니아 문화가 영어에 대해 더 힘을 잃게 되면, 협력의 잠재력 역시 더 제한될 것이다. 그렇게 되면 카탈로니아어에서 영어로 번역되는 수요가 더 줄어들 것이고, 나 같은 번역자들을 위한 일도 줄어들 것이다.[9] 아담 스미스(Adam Smith)의 '보이지 않는 손'(invisible hand)[10]이 말하는 바와 같이 개인의 사리 추구 행위가 숭고한 사회적 명분에 기여하는 것이다.

이와 같이 번역자의 이해(interests)는 약한 편의 커뮤니케이션 기술과 자원을 강화하는 선택을 함으로써 충족될 수 있다. 지나가는 말로 한마디 하자면, 이것은 문화적 다양성을 강화하는데 기여할 수 있다. 문화적 다양성의 추구라는 이 목표는 다른 커뮤니케이션 방법으로도 강화될 수 있다.

번역과 언어학습

앞서 살펴 보았듯 번역자들은 단순한 언어적 전달 이상의 (때로는 그 이하의) 책임을 가진다. 그 책임은 "언제나 모든 것을 번역해라"라고 말하는 식의 원칙으로 수렴될 수 없다. 만일 번역자가 다른 중개 과업을 함으로써 협력을 증진할 수 있다면 또 그렇게 할 수 있는 역량이 있는 한 그 과업을 수행해야 한다. 나는 이미 그러한 과업을 설명했다. 선택과 집중의 정보처리, 해당 텍스트의 번역 여부나 번역기술의 사용 여부 등에 관한 조언, 사전 편집, 사후 편집, 신뢰 획득과 유지, 곁텍스트 생산 등이다. 참여자들의 이익을 증진할 수 있는 어떤 전략이든 가능하다. 우리는 번역자들에게 이런 종류의 중재 활동을 훈련시킬 필요가 있다. 번역이 필요하지 않을 때를 알고, 그 점을 말하는 기술에 대한 훈련을 포함해서 말이다.

번역은 간 문화적 커뮤니케이션의 여러 방식 가운데 하나일 뿐이다. 번역에 대한 주요 대안 중 하나는 언어학습이다. 이 방식은 다양한 상황을 포괄한다. 한 사회집단 전체가 다른 어떤 언어를 말할 수 있도록 학습하는 것으로부터 세계어(lingua franca)나 피진어(pidgin)를 사용하는 것도 포함된다. 이것은 또한 문화적 다양성을 유지하는데 상당히 긍정적일 수 있다. (번역과 문화적 다양성을 동일시하기 어려운 이유도 이와 관련이 있다.)

언어학습은 대단히 높은 초기 비용을 필요로 한다. 따라서 이 방식은 즉각적이고 단기적인 협력관계를 위해서는 좋은 전략이 아니다. 고작 한 주 동안의 협상을 위해 언어 전반을 학습할 사람은 아무도 없다.

단기 협력관계를 위해서는 번역이 좀 더 이익이다. 물론 외국어능력이 일정 수준에 도달하고 관련 분야의 언어적 지식을 획득하면 언어학습 비용은 급속도로 감소되고 해당 언어를 사용하는 빈도가 높아질수록 그 비용은 지속적으로 낮아진다. 간 문화적 커뮤니케이션 전략으로서, 언어학습은 초기의 고비용과 점차 낮아지는 재비용으로 특징지어진다.

반면 번역에 드는 비용은 상대적으로 일정하다는 특징이 있다. 동일한 유형을 계속해서 번역하게 되면 거기에 들이는 노력이 일정 정도 감소하게 된다. 특히 일단 기본적인 용어들을 섭렵하고 하면, 번역자는 참여자들의 목표와 기대치를 숙지하게 된다. 그러나 번역 비용은 대대적으로 감소하지 않는다. 해당 번역자가 동일한 유형의 텍스트를 오랫동안 작업해왔다고 해서 그에게 적게 지불하지 않는다. 오히려 더 많이 지불한다. 왜냐하면 이제 그들은 더 믿을만한 번역자가 되었기 때문이다. 결국 번역에는 언어학습과 거의 상반되는 종류의 경제가 작용하고 있다고 할 수 있다.

〈도식2〉 거래비용으로서의 번역비용과 학습비용의 시간에 따른 비교 (Pym 2004b에서 재구성)

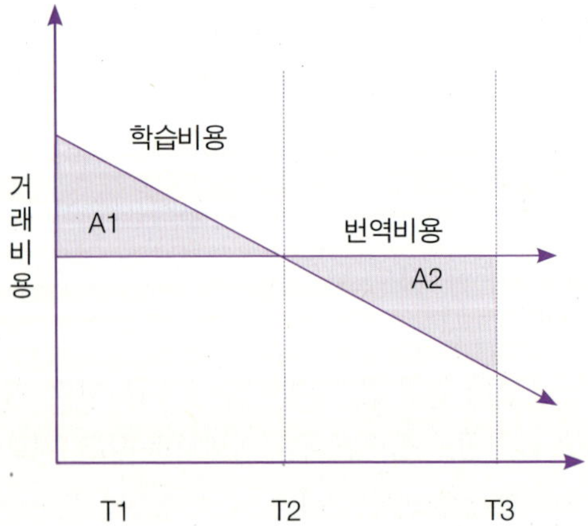

다른 모든 것이 동일하다면, (물론 이런 경우는 결코 없다.) 거래비용의 양상은 <도식2>과 같이 전개된다. 번역비용은 거의 수평한 화살표 모양이고, 언어학습 비용은 아래로 내려가는 화살표이다.

<도식2>에서 영역 A1은 언어학습보다는 번역을 사용하는 것이 더 이익인 (상대적으로 단기적인 상호작용의) 상태를 가리킨다. A2는 (좀 더 장기적인 상호작용을 위해) 언어학습이 더 이익이 되는 상황을 가리킨다. 상호작용의 기간이 T2보다 짧다면, 번역을 사용해야 한다. 그 기간이 T2와 T3 사이라면 언어학습과 번역을 조합해야 한다. 여기서 T3이란 A1과 A2 영역의 크기가 같아지는 순간을 말한다. T3보다 더 길어지는 상호작용을 위해서는 언어학습이 결국 우세하게 된다. 참으로 기하학적인 윤리학이다.

우리는 번역해야 하는가? <도식2>는 구체적이고 양적인 답변을 준다. 이같은 답변이 적용될 수 있는 실제적인 상황의 사례를 들어보도록 한다.

번역은 초기 접촉 내지 일회성의 컨퍼런스에 적용하기 좋은 전략이다. 4년간의 준비기간과 대대적인 올림픽 경기로 구성된 올림픽 조직위원회의 경우가 좋은 예이다. 이 조직위원회를 위해 많은 번역자들이 일한다. 그들의 번역은 필요하기도 하고 유효하다. 그러나 이 4년이라는 기간이 T3의 지점에 가까워지면 특정 영역에서는 언어학습을 시행하는 것을 본다. 조직위의 주요 실무자들이 강도 높은 영어나 불어 학습과정에 돌입하는 것이다.

두 번째 사례는 기계번역 장치에 대한 소머스(Harold Somers 2004)의 보고서에서 찾을 수 있다. 이 장치는 의료진과 환자들이 버튼을 누르는 간단한 조작으로 정보를 교환할 수 있도록 해준다. 여기에서 영어로 맹장염이라는 단어를 입력하면 반대 편에서 펀자브어(Punjabi)로 나오고, 반대방향으로도 가능하다. 이것은 번역에 대한 고도의 경제적 활용으로 선택이 제한적인 커뮤니케이션 상황에 대단히 적절하게 들어맞는다. 앞서 살펴본 도식에서 보면, 윤리적 질문은 커뮤니케이션의 기간에 관련되어 있다. 의사에게 일회적 진료를 받거나 하는 상황에서 보면 값싼 자동 번역기는 위험도가 낮은 상황에서 당연히 적절한 선택이 될 수 있다. 반면 환자들이 영어로 이루어지는 의료 서비스에 장기간 관계를 가진다면, 그들은 자신들의 빈번한 증상에 대한 영어 용어를 배우려 할 것이다. 그런 상황에서 저가의 번역기를 지속적으로 사용하는 것은 환자들에게 자신들의 신체에 대한 권리를 옹호하고 의료적 관계의 복잡성을 포착하는 데 위험요인으로 작용할 수 있다. 또한 이것은 특정 집단의 사회적 권익을 적극적으로 박탈하는 데까지 이를 수 있다. 기간에 대한 고려는 이처럼 분명히 윤리적 문제이다.[11)]

세 번째 사례는 좀 더 명백하게 정치적이다. 우리 모델에 따르면, 유럽연합(European Union)은 만일 장기 프로젝트를 수행한다면 일종의 언어 학습 전략을 채택하는 합리적 결정을 할 것이다. 경제적 관점에서 본다면, "모든 것을 번역하는" 이 정책은 고도의 거래비용을 야기한다. 공식 보고서에서 ① 번역서비스로 생산되는 페이지 수와 ② 번역서비스에 드는 총 비용을 살펴보면 그 장당 비용이 상당히 높은 번역료를 책정하는 사기업보다도 대체로 세 배 이상 높다. 이러한 비용은 유럽연합의 전반적인 예산 규모에 비추어 보면 그다지 높은 것이 아니다.[12)] 각 언어에 대한 동등한 대우와 훈련, 보완 등의 기준이 이러한 추가적 비용을 정당화한다. 그러나 더 큰 비용은 정치적 역동성이 결핍된다는 것과 번역되기 위해 쓰여진 텍스트가 가진 지루한 관료적 산문체에 대해 시민들이 느끼는 거리감이다.

재검토: 번역자의 이해

이런 종류의 주장은 흥미로운 모순을 이끌어낸다. 지금까지 나는 번역자의 이해는 장기적 협력과 대체로 양립한다고 제안해왔다. 이제 나는 어떤 장기적 관계는 언어학습 전략과 좀 더 잘 들어맞는다는 것을 확인하게 되었다. 그런 상황에서 너무 많이 번역하면 안 된다. 번역자의 이해는 일반적인 협력모델과 늘 양립하는 것은 아닌 셈이다.

앞서 살펴본 바와 같이 윤리적 관점에서 보자면, 번역자는 이 불일치성(incompatibility)을 인식해야 한다. 그리고 이때 번역자들은 비(非)번역적 전략을 추천할 준비가 되어 있어야 한다. 설령 그것이 번역에 대한 수요를 낮춘다 해도 말이다. 예를 들어 몇 해전 나는 스페인어에서 영어로 물리학과 생물학에 관한 기사들을 번역하고 있었다. 그 작업은 번역료가 좋았고 많은 신기하고도 놀라운 것들을 배울 수 있었다. 그러나 스페인의 과학은 세계어인 영어가 주도하는 과학에 대해 장기적 관계를 조성해야 했기 때문에 중개자로서의 나의 전략은 그러한 관계의 논리에 맞춰야 했다. 나의 저자이자 고객들은 대부분 최소한 초보적인 영어는 쓸 수 있었기 때문에 나는 그들에게 영어를 더 잘 쓸 수 있도록 가르치기 시작했다. 그들 옆에 앉아 영문 텍스트를 교정해주었고, 강의료를 지불하도록 했다. 그 과학자들은 영어로 직접 글을 쓰는 방법을 배웠고, 나는 계속해서 수많은 신기하고도 놀라운 것들을 배웠다. 스페인의 과학과 영어 사이에 직접적인 장기 협력관계가 수립되었고, 거기에는 번역자의 중개가 있지 않았다. 이런 상황에서는 윤리적 관점에서 본다면, 번역하지 말아야 한다.[13] 단지 가르치거나 교정하거나 조언을 줄 수 있다.

상업이라는 공포

멀리서부터 공포에 찬 외침이 들려오는 것 같다. 안돼, 우리는 (불어, 독일어 등등) 스페인어를 보호해야 해! 안돼, 번역은 언어와 문화의 다양성을 확보해야 해! 안돼, 우리는 문화적, 정치적 기준을 천박한 경제 논리로 대체할 수 없어! 안돼, 언어의 명맥을 유지하고, 다양성을 보호하고, 세계화에 대항하고, 세계를 영미문화의 제국주의적 단일성으로부터 보호하기 위해 번역해야 해 등등. 우리는 언제나 어느 상황에서나 번역해야 한다는 것이다. 다른 이야기를 하는 것은 영혼을 돈벌이에 파는 것과 마찬가지다.

이런 반발에 좋은 의도가 깔려있음을 아무도 모든 것이 경제와 효율의 문제로 환원되기를 원하지 않는다. 아무리 신중하게 조건을 수립하고 정의해도, 경제논리가 결부된 결론을 수용하지 않는 입장이 반드시 있다. 나는 협력으로부터 얻어지는 이익이 번역을 정당화하는 경우에만 번역할 것을 주장한다. 또한 번역자들은 번역 사용이 타당하지 않은 경우에는 번역하지 말 것을 조언할 수도 있어야 한다고 주장한다. 바로 그런 과정에서 번역자는 번역자 이상이 된다.

이러한 결론을 좋아하지 않는 경우는 대체로 언어학자나 번역전문가들이라고 할 수 있다. 셀레스코비치(Danica Seleskovitch)나 레데레(Marianne Lederer) 등과 같이 번역을 최우선으로 생각하고 그 다음에야 협력 등의 다른 것을 염두에 두는 이론가들은 번역의 최우선 목표를 '우아한 불어'(proper French)를 포함하여 언어를 보호하는 것으로 본다. 이런 접근은 뿌리깊게 보호주의적이다.[14] 번역을 협력에 앞세우는 논리는 번역자들을 보조금을 받는 차원으로까지 격하시키는 일종의 영속적 '문화적 예외'에 자신을 가두는 것을 의미한다.

협력이 민족적 언어들보다도 더 중요하다면 우리는 상업적 모든 기준들을 전적으로 반박할 수만은 없게 된다. 윤리적 사고는 상업적 거래의 긍정적 측면을 추구해야 한다. 그것의 부정적 측면들에 대해서는 비판하면서 말이다. 이런 관점에서 나의 일반적인 주장과 관심을 기울일 필요가 있는 몇 가지 협력의 가치를 요약해보고자 한다.

- 협력은 단순한 효율성의 문제 그 이상이다. 그것은 사회적 연대는 물론이고 사회적 관계의 일반적 목표이다. 순수한 경제적 효율성이란 거래비용이 없는 세상에서나 가능할 것이며 나는 그런 가능성을 배제하였다.
- 협력은 그 정의에 따라 원천문화와 목표문화 양측 모두에 이익이 된다. 그것의 윤리적 가치는 양자를 각각의 극단으로 분리하는 고전적인 구분을 뛰어넘는다.
- 협력이 모든 번역에 반하는 주장인 것처럼 조작되어서는 안 된다. 전혀 그렇지 않다. 협력은 번역자가 사회적으로 인식된 부가가치를 생산해낼 수 있는 특정 상황을 포착하도록 돕는다. 번역자들이 협력과정에서 채택해야 할 전략에 관한 조언을 할 수 있는 한, 협력의 개념은 번역자들의 목소리를 좀 더 공적이고, 좀 더 강력하고, 좀 더 자기 충족적인 것으로 바꾸어 놓을 수 있다. (159)
- 일반적인 목적으로서의 협력은 번역자들의 책임을 개념화하는데 도움을 준다. 여기서 번역자들의 책임은 고객의 즉각적인 바램을 뛰어넘는 것으로, 그러한 고객들의 장기적 이익에 상충되지 않는다.
- 협력은 번역자들을 스스로 생각할 수 있고 자신들의 결정에 책임을 지는 중개자로서 위치시킨다. 하지만 그럼에도 불구하고 다른 모든 것을 지배하는 윤리적, 경제적 우선순위를 갖는 절대적 주체는 아니다.

협력은 심지어 내가 제기한 거의 모든 문제에 대한 부분적인 해결책을 제공한다.

업데이트: 개입을 통한 협력추구의 위험

팔레스타인의 번역학자 아야드(Ahmad Ayyad 2012)는 2003년 4월 30일에 공개된 '중동평화 로드맵'(Road Map for Peace in the Middle East)에

대한 히브리어와 아랍어의 비교연구를 실행하였다. 이 계획의 영어 원문은 이스라엘과 미래 팔레스타인국의 대표자들 사이에서 협력을 끌어낼 수 있는 각 단계를 보여주고 있다. 그러나 번역문들은 영어원문을 기준으로 수많은 번역 변이(shift)를 포함하고 있었다. 그 중 일부는 번역문 전반에서 꽤나 규칙적으로 등장했다. 다른 유효한 대안들을 거부하고 선택된 결과처럼 보였다. 또 그것들은 텍스트외적 이념적 입장과 상응했다. 이러한 이유로 해서 나는 이것은 번역자 개입(translator intervention)의 사례로 보고자 한다. 그렇다면 그러한 참여가 협력의 차원에서 얼마만큼 정당화되느냐에 대한 질문이 제기된다.

여기서 번역자가 개입된 사례들은 이스라엘의 정착기지의 제거와 관련하여, 그것이 모든 기지에 관한 것인지 아니면 일부에 대해서만 말하는 것인지를 구체화하지 않은 단락에서 대거 발생했다. (여기서 나는 Ayyad & Pym 2012에서 이루어진 분석의 일부를 포함하였다.) 그러한 모호함(non-specification)은 외교적 담화가 가지는 특징이다. 최소한 1967년에 발효된 UN 안전보장이사회결의(Security Council Resolution) 242호 이래로 그러하다. 합의는 도출하지만 평화는 결코 수립하지 못한다. 이 경우에서 아랍어로의 번역자들은 좀 더 구체적인 언급을 하는 것을 두려워했던 것으로 보인다.

모든 아랍어 번역문들에서 보이는 정관사의 사용은 엄밀히 말해 번역자의 개입으로 간주되어야 한다. 왜냐하면 해당 부분에 부정관사를 사용하는 것도 언어적으로 가능하기 때문이다. 또한 CNN과 Al-mtym의 번역문에서 보이는 한정사 جميع('all', 모두)와 كل('all', 모두)도 같은 선상에서 보아야 한다. UN 번역문에 사용된 형용사 المتوغلة [문자적으로 'advanced deep into the land', (그) 지역 내로 깊숙이 확장된]도 마찬가지이다. 이 같은 방향으로의 변이는 동사 'dismantle'(해체하다)이 'evacuate'(피하다)와 'remove'(제거하다)로 바뀐 데에서도 보인다.

같은 부분에 대한 히브리어 번역은 또 다른 방식의 개입을 확인할 수

로드맵	GOI(Government of Israel) immediately dismantles settlement outposts erected since March 2001. [이스라엘정부(GOI, Government of Israel)는 2001년 3월 이후 세워진 정착기지를 즉각적으로 해체한다.]
미국무부의 역(back)번역	تفكك إسرائيل على الفور المواقع الاستيطانية Dismantles Israel immediately the settlement outposts (해체한다 이스라엘은 즉각적으로 그 정착기지들을)
UN의 역번역	تقوم الحكومة الإسرائيلية على الفور بإزالة المواقع الاستيطانية المتوغلة The Israeli government immediately removes the settlement locations which are advanced deep into in the land. [이스라엘 정부는 (팔레스타인) 지역 내 깊숙이 확장된 정착촌들을 즉각 제거한다.]
CNN의 역번역	تفكك الحكومة الإسرائيلية فورا جميع البؤر الاستيطانية The Israeli government immediately dismantles all the settlement outposts. (이스라엘정부는 즉각적으로 모든 정착기지들을 해체한다)
Al-mtym 네트워크의 역번역	تفكك الحكومة الإسرائيلية فوراً كل البؤر الاستيطانية Dismantles the Israeli government immediately all the settlement outposts (해체한다 이스라엘정부는 즉각적으로 모든 정착기지들을)
Al-Quds 신문의 역번역	تقوم الحكومة الإسرائيلية بشكل فوري بتفكيك المواقع الاستيطانية The Israeli government immediately dismantles the settlement locations (이스라엘정부는 즉각적으로 정착촌들을 해체한다)
이스라엘 외교부의 역번역	تقوم حكومة إسرائيل على الفور بإخلاء النقاط الاستيطانية Government of Israel immediately evacuates the settlement points (이스라엘정부는 즉각적으로 정착지점들에서 떠난다)

있다.

히브리어에서는 아랍어나 영어와 마찬가지로 정관사와 부정관사가 모두 여기에서 가능하기 때문에 둘 중 무엇을 선택하느냐는 일종의 개입으로 파악할 수 있다. 이스라엘 크네셋(Knesset)이 허용한 번역문에서는 부정관사가 사용되었는데 놀랄 일이 아니다. 왜냐하면 그들은 한

두 개 정도의 기지만을 해체하는 것이 충분하다고 보았을 것이기 때문이다. 우파성향을 가진 에디옷 아로놋(Yediot Aharonot) 신문은 이스라엘 입장에서 불편할 수 있는 부사인 'immediately'(즉각적으로)를 제거하였다. 그렇게 함으로써 한 두 개 정도의 기지가 100년 정도의 시간을 두고 해체될 수도 있는 것이다. 그럼에도 놀라운 점은 크네셋(Knesset)을 제외하고 모든 히브리어 번역문에서 정관사가 추가되었다는 점이다. 이것은 모든 정착지들을 제거하라는 주장을 강화하기 위해 설계된 개입전략이라 할 수 있다. 게다가 일종의 좌파성향으로 간주되는 하레츠

로드맵	GOI immediately dismantles settlement outposts erected since March 2001. (이스라엘정부는 2001년 3월 이후 세워진 정착기지를 즉각적으로 해체한다.)
Peace Now의 역(back)번역	ממשלת ישראל מפרקת מיידית את המאחזים שהוקמו מאז מארס 2001 Government of Israel dismantles immediately the settlement outposts erected since March 2001. (이스라엘정부는 2001년 3월 이래로 세워진 정착기지들을 즉각적으로 해체한다.)
Ha'aretz의 역번역	ממשלת ישראל תפרק מיידית את ההתנחלויות שהוקמו מחודש מארס 2001 Government of Israeli dismantles immediately the settlements erected since March 2001. (이스라엘 정부는 2001년 3월 이래로 세워진 정착지들을 즉각적으로 해체한다.)
Knesset의 역번역	ממשלת ישראל מפרקת לאלתר מאחזים שהוקמו מאז מארס 2001 Government of Israeli dismantles immediately the settlement outposts erected since March 2001. (이스라엘 정부는 2001년 3월 이래로 정착기지들을 즉각적으로 해체한다.)
Yediot Aharonot의 역번역	ממשלת ישראל תפרק את המאחזים שהוקמו מאז מרס 2001 Government of Israeli dismantles the settlement outposts erected since March 2001. (이스라엘 정부는 2001년 3월 이래로 정착기지들을 해체한다.)

(Ha'aretz)신문은 정관사만 추가한 것이 아니라 '(정착)기지'라는 말을 '정착지'로 바꾸었다.

이와 같이 우리는 크네셋(Knesset)을 제외하고 모든 번역문들에서 무엇을 윤리적인 경우로 보고 있는가를 선언하는 번역자의 개입을 확인할 수 있다. 그 참여의 방향이 해당 조치에 찬성하는 것이든 반하는 것이든 말이다. 이것은 단지 하나의 사례일 뿐이다. 번역문 전체가 이러한 번역자 개입으로 얼룩져있다.[16] 여기에서의 문제는 원문을 어떻게 묘사하였는지 보다는 협력이 개입을 어느 정도까지 정당화한다고 할 수 있느냐이다.

대부분의 전통적 윤리관에 비추어보자면 이런 식으로 (개념이든, 생각이든, 의미적 요소이든) 어떤 재료를 추가하거나 제거하는 번역자는 비난을 받는다. 서구 전통에 따르면 이런 종류의 개입을 금지하는 원칙은 성경만큼이나 오래된 것이다(신명기 4:3, 12:43 참고, 추가적으로 요한계시록 22:18-19). 그렇다면 협력이 이해보다 조금 더 큰 개념일 수 있을까?

첫 번째 요점

여기에서의 핵심질문은 누가 누구에게 협력하고 있느냐이다. 이 경우 실제 협상가들은 번역을 거의 필요로 하지 않는다. 그들은 영어로 된 텍스트를 가지고 일할 수 있다. 여기에서의 번역은 다양한 대중 독자들을 위해 필요하다고 보아야 한다. 그리고 그 독자들은 해당 뉴스매체의 성향과 의제에 따라 이념적으로 형성되었을 것이다. 그러한 독자들은 영어 원문을 읽을 수도 있고 그렇지 못할 수도 있다. 하지만 그들이 영어를 읽을 수 있다 해도 그들은 실제 직접적으로 거래를 협상하는 사람들은 아니다. 그들은 배경적 지지의 차원에 속해 있다.

두 번째 요점

'로드맵' 텍스트는 법적 문서이거나 최종 합의를 제안하고 있는 것이 아니다. 이것은 화용적 차원에서 상당히 독특한 장르에 속한다. 왜냐하면 이 텍스트는 미래 어떤 조치가 취해질 것과 그것의 성취를 요구하고 있다. 번역문들은 실제도 그러한 조치의 일부를 구성한다. '로드맵'이 추구하는 문화적 다리 형성의 일부이기 때문이다. 다시 말해, 번역문의 기능은 원문을 재현하는 것에 있다기보다는, 거기에 관계된 조치를 완성하는 것과 관련이 있다.

세 번째 요점

개입전략을 사용하는 번역자들은 사실 독자들이 영어 원문을 볼 수 있다는 차원에서 자신들의 신용이 떨어질 수 있는 위험을 감수하는 셈이다. 독자들은 어렵지 않게 원문을 볼 수 있고, 정관사나 시간적 제약 등을 확인할 수 있다. 그리고는 해당 매체가 텍스트를 왜곡하고 있기 때문에 더 이상 신뢰하지 않을 것을 결심할 수도 있다. 그것은 현실적인 위험이다. 왜 이런 위험에 스스로는 노출시켜야 하는 것일까?

네 번째 요점

이런 관점에서 볼 때 모든 번역개입의 효과는 저마다의 독자들을 자기 편으로 공고히 유지하는 것에 맞춰져 있다. 그들은 저마다의 방식으로 '로드맵'의 평화제안은 그다지 나쁜 것은 아니라고 제안하는 셈이다. 독자들이 고려해볼 가치가 있고 지지해 볼만한 제안이며 최소한 읽을 거리 정도는 된다는 것이다. 다시 말해 번역문들은 참여를 강화하기 위해 설계된 것으로 보인다.

마지막 요점

협력(cooperation)의 관점에 개입(interventions)이 유효하다는 것을 볼 때, 참여(involvement)가 가지는 가치는 번역자들의 신용이 훼손되는 위험보다 훨씬 크다고 보아야 한다. 그 계산은 커뮤니케이션 상황 그 자체의 조건 아래서 이루어질 수 있다. 만일 어떤 텍스트의 목적이 해당 내용에 대한 단순 반복이 아니라 미래의 성취에 있다면, 참여의 가치는 정확한 재현의 가치보다도 훨씬 크다. 만일 앞서 살펴본 번역 사례들이 그런 계산의 일환이라면, 그것이 직관적으로 이루어졌든 비정상적으로 이루어졌든 간에 그것들은 협력을 강화하는데 목적이 있다.

여기에서 나의 주장이 모두에게 설득력이 있는 것은 아니다. 돌마야(Julie McDonough Dolmaya 2010)는 몇 가지 까다로운 질문을 제기했다. 첫째, "해당 목적이 좋은(laudable) 것인지를 누가 결정할 수 있는가?" 지금까지 우리가 본 바에 따르면, 제한적 국지성(limited regionality)을 가진 번역자 윤리는 내용에 대한 그러한 결정에 관여하지 않는다고 봐야 할 것이다. 이 사례연구에서 나는 아랍어의 개입과 히브리어의 개입을 모두 정당화하고 있다. 둘은 내용적 차원에서 이념적으로 상반되는데도 말이다. 참으로 안타깝지만 번역자 윤리는 중동의 모든 갈등을 해결하지 않는다. 협력에 참여한 사람들이 무엇이 좋은지를 결정할 것이다.

돌마야는 계속해서 질문한다. "번역자는 해당 문서의 목적을 지지할 목적으로 개입하지만 (이 경우 '로드맵'에 대한 대중적 지지를 얻는 것) 그 번역문을 대중들이 읽었을 때 의도에 반하는 결과가 도출된다면 어떻게 되는가? 그렇다면 이러한 상황은 번역자의 개입을 덜 윤리적인 것으로 만드는 것이 아닌가?" 이 질문은 매우 현실적인 가능성을 내포하고 있다. 독자들은 결국 번역개입이 이루어졌음을 발견하여 기만당한 느낌을 받게 되고 번역자뿐 아니라 그 모든 평화협상 과정에 대한 신뢰를 잃게 되는 것이다. 이런 일이 벌어진다면, 번역자는 도박을 잘 못한 경우가 된다. 그렇다면 도박을 잘 하는 것이 윤리적이고, 도박을 잘 못하는 것은 비윤리적인 것이란 말인가?

여기에 대한 나의 개인적 답변은 다시 한번 강조하지만 번역자 윤리는 국지적 윤리가 가지는 한계 안에 있는 것으로 번역자들이 저마다

자시의 계산을 하도록 허용해야 한다는 것이다. 그 계산이 장기적 목적을 염두에 둔 협력에의 추구를 위해 이루어졌다면, 그 결정은 윤리적으로 유효한 것으로 간주되어야 한다. 실제 결과에 기초하여 개별 의도의 유효성을 판단하는 것은 불가능하다. 번역자들은 자신들의 행동이 가져오는 전체 결과를 통제할 수 있는 절대적 주체(sovereign subject)가 아니기 때문이다. 물론 우리는 번역자들에게 역사적 교훈으로부터 지혜를 찾으라고 조언할 수도 있다. 이를테면 죽을 위험을 자초하지는 말라는 것과 같은 것이다. 그러나 그러한 결과는 희망사항이고, 그것은 윤리적 판단의 영역을 뛰어 넘는다.

반대적인 주장을 하고자 한다면 역사적 행동들은 그것의 성공 여부에 따라 윤리적인지 여부가 결정되었음을 받아들여야 할 것이다. 승자만이 무엇이 윤리인지를 정할 수 있다는 의미이다.

돌마야의 마지막 문제 제기는 다음과 같다. "이 주장은 전체적으로 기만에 기초해 있다. 번역된 '로드맵'의 목표독자들은 번역자가 그 텍스트에 개입했는지를 모른다는 기만이다." 물론 그렇다. 여기에는 상당한 정도의 기만이 포함되어 있고, 그것은 결코 합당한 것이 아니다. 우리가 살펴본 바와 같이 노르트(Christiane Nord 1991: 107)는 번역자들이 그런 모든 '불합치성'(nonconformities)의 경우를 독자들에게 신호할 것을 원할 것이다. 충실성의 일부로서 말이다. 그렇다면 번역이라는 형식 그 자체의 본성과 번역자의 주체성이 지워지는 데 따른 어느 정도의 기만이 있기 마련이다. 이것은 그 자체로 그다지 파격적인 것이 아니다. 일정 유형의 기만이 사회생활의 모든 측면에서 작용하고 있다. 우리가 들고 다니는 은행권 지폐들은 일정한 화폐가치를 '소지자에게 지불할' 것을 약속하고 있다. 하지만 사회 안에 존재하는 모든 화폐들과 바꿀만한 상품은 실제로도 충분하지 않다. 사회경제의 전체는 기만에 기초해 있다. 기만은 또한 지도자들이 하는 모든 담화에도 포함되어 있을 수 있다. 그 지도자가 보수주의 성향이든지 개혁 성향이든지 말이다. 그들은 목표하는 바를 분명히 할 목적으로 그 안에서 제기될 수 있는 의혹들을 감춘다. 같은 맥락에서 미디어 서비스의 독자들은 뉴스라는 담화를 수용할 때마다 기꺼이 기만당한다. 이런 차원에서 타자에 대한 신뢰의 투자는 기만을 어느 정도 수용하는 것을 포함한다. 매일 수없이 많은 방식으로 스스로 기만당하도록 허용함으로써 우리는 사회생활의 복잡성을 줄이고 협력적인 이해에 도달한다. 번역이 이런 것들과 전혀 다를 필요가 없다.

다른 방향으로 생각하여 윤리를 기만적이지 않은 것(non-deception)에 기초한다는 것은 텍스트가 가진 유일한 한 가지의 진짜 의미, 즉, 그것의 초월적 기의(transcendental signified)에 접근할 수 있다는 전제를 깔고 윤리를 논하는 것이다. 그런 위태롭고도 순진하고도 이상주의적인 가정은 여기 협력의 윤리에서는 정중히 사양하고자 한다.

미주

1. 좀 더 언어학적인 이론들 중에는 가우커(Christopher Gauker 1994: 288)가 그라이스(Grice)의 협력의 원칙(cooperative principle)에 기반하여, 번역을 "외국 공동체들과의 협력을 가능하게 하기 위해 언어에 대한 숙련된 기술을 활용하는 방법을 찾는 것"과 관련 지었다. 구트(Ernst-August Gutt 1991/2000)는 스퍼버와 윌슨(Sperber & Wilson)의 관련성 이론(relevance theory)에 기반하여 협력이라는 개념을 내포했다. 그러나 두 이론가 모두 번역자의 노력을 분석하지는 않았다.

2. 게임이론의 고전적인 적용은 레비(Jiří Levý)의 저작에서 찾아볼 수 있다. 나는 번역의 미니맥스(minimax) 원칙에 대한 레비의 기본적인 접근에 동의하면서도, 그가 번역의 일반적 효과(effect)를 정의하지 않은 점은 아쉽다. 이 때문에 그의 이론은 원천 텍스트 결정론(source-text determinism)과 독자 반응 상대주의(reader-response relativism) 사이를 방황한다.

3. 여기서 나는 행위자들이 장기적 협력을 위하여 단기적 협력관계를 희생할 수 있어야 한다고 요구하는 것이 아니다. 국제관계이론의 관점에서 보면 나의 단순한 모델은 비관적 현실주의(pessimistic realism)보다는 낙관적 자유주의(optimistic liberalism)에 가깝다(Krasner(크레스너) 1983: 1-8; Kohler-Koch(쾰러-코흐) 1989: 17-19).

4. 번역과정연구 분야에서는 세귀노트(Séguinot 1991)과 터코넨-콘디트(Tirkkonen-Condit 1992)이 협력모델을 기반으로 한 신고전주의적 원칙에 대해 적절하게 도전했다. 모든 번역자가 합리적인 이기주의자(rational egoist)인 것은 아니고 번역과정이 언제나 선형적인 의사결정의 과정으로 제한될 수 있는 것은 아니다. 그러나 내가 제안하는 모델의 요점은 번역자의 정신(mind)을 설명하거나 거기에 따라 제기될 수 있는 모든 가능한 작업방식을 기술하고자 함이 아니다. 나는 그저 특정 조건 아래서는 협력이 이루어질 수 있고(can exist), 적절한 조건이 형성되었을 때에는 이루어져야 하며(should exist), 협력모델이 번역에 관한 윤리적 문제들을 해결하는데 도움이 될 수 있다고 제안하는 것이다.

5. 여기에 대해 작은 반대 견해가 있음을 인식할 필요가 있다. 거래비용을 줄이는 번역자들은 생산해낼 번역결과물의 양이 적으므로 더 적은 번역료를 받게 될 것이다. 따라서 번역자라면 모든 텍스트를 번역하는 방식에 더 관심을 가질 수밖에 없

다는 것이다. 그러나 우리가 윤리적 목적으로서 협력을 강조한다면, 번역자는 단어 치환에만 돈을 지불 받는 사람으로 간주될 수는 없게 된다. 반대로 더 많은 번역자들이 자문과 질적 서비스로 인해 돈을 받게 될수록, '모든' 것을 번역하려는 데 가졌던 관심이 줄게 된다. 결국 적게 번역하는 것이 더 나은 번역일 수 있다. 노력을 필요한 곳에 더 집중할 수 있기 때문이다. 기계가 양적인 부분을 처리하고, 인간 번역자들은 결정을 내리고, 조언을 주고, 신뢰를 얻고, 질적인 부분을 담당하는 것이다.

6. 여기서 내가 말하는 '지식 사용'(knowledge-use)이란 문제에 대한 잠재적 해결책을 수용(reception)하고 정신적으로 구체화(mental concretization)하는 것을 말한다. 과거의 지식을 새로운 상황에 적용하는 것도 포함된다. 따라서 이 개념에는 상당한 정도의 구체화되지 않은 의미적 콘텐츠(non-concretized semantic contents)도 포함된다. 책을 읽는 사람이 거기에 어떤 문제해결책이 있는지를 결정하기 위해 빠르게 페이지를 넘기며 살펴보는 것처럼 말이다.

7. 체스터만은 이해(understanding)를 번역에 관계된 최상의 미덕(supreme virtue)으로 본다. "번역자에게 이것은 당연히 최우선 과제이다. 고객이 원하는 것을 이해하고, 원천 텍스트를 이해하고, 독자들이 무엇을 이해하기를 기대하는 지를 이해하는 것 등등"(2001: 152)

8. 체스터만은 협력적 행위에 선행하여 이해를 둠으로써, 이러한 본질주의(essentialism)을를 제안했다. "이것이 번역자의 직업윤리, 직업적 책임, 그리고 실무에 있어서의 책임의 한계를 규정한다고 본다. 번역자는 물론 이 이해의 결과에 대해 개인적인 책임감을 가질 수도 있고, 그 개인적 책임감은 번역을 할지 여부 혹은 어떻게 할지 등을 결정하는 데 영향을 미칠 수 있다. [···] 번역을 통해 얻은 이해를 가지고 커뮤니케이션 당사자들이 무엇을 할지는 그들 자신의 윤리적 원칙에 따른 문제이다. 그것을 협력을 위해 사용할지, 좋은 데 쓸지, 나쁜 데 쓸지, 무엇이든지 간에 말이다" (2001: 152).

9. 예를 들어, 스페인 북동부 지방의 아라곤어(Aragonese)에서 영어로의 번역을 전문으로 하는 번역자의 현재의 상황을 생각해보자. 그 번역자의 은행잔고는 현재 아라곤어가 가지는 취약한 지위와 상응할 것이다.

10. 아담 스미스(Adam Smith)는 『국부론』(*Wealth of Nations,* 1776)에서 '보이지 않는 손'이라는 은유를 국내산업을 지지하는 상인들과 관련하여 사용했다. 이들이 그렇게 하는 것은 윤리적으로 그렇게 해야 할 의무감을 느껴서가 아니라 해외무역에 따르는 위험을 피하고자 함이었다. 상기 카탈로니아어 텍스트를 번역하는 상황에서 나는 언어적 경계를 가로지르는 위험을 감수하고 있다. (해당 맥락에서 'nation'이라는 단어를 사용한 것은 표준적인 언어감각에서는 약간 벗어나는 선택이었기 때문이다.) 하지만 카탈로니아에 대한 나의 지지는 꼭 그 문화를 위한 것은 아니었다.

11. 이 사례는 2004년 카트만두(Kathmandu)에서 열린 로컬라이제이션 컨퍼런스에서 간략하게 논의되었다. 내가 번역기계가 환자에게 영어를 배우도록 허용하는지를 질문했을 때, 컨퍼런스에 있던 영국인 참석자는 그 질문은 모든 이민자가 거주하는 국가의 언어를 배워야 한다는 우파적 주장이라고 조롱했다. 그 질문은 이 맥락에서도 다시 한번 제기될 필요가 있다. 아픈 사람들은 자신들의 증상에 관련하여 빈번하게 사용되는 언어를 대단히 신속하게 배운다. 결국 이민자는 언어를 배우게 된다. 하지만 그들의 선택은 우파냐 좌파냐에 민감한 정치적 학자가 하는 말과는 아무런 관련이 없다.

12. 이런 종류의 조사는 누구나 해볼 수 있다. 유럽연합 번역국(Directorate-General for Translation) 웹사이트에서 '자주하는 질문'(Frequently asked questions) 에 들어가면, 구체적인 상황과 수치를 확인할 수 있다. (http://ec.europa.eu/dgs/translation/faq/index_en.htm)

13. 일각에서는 여기에 반발할 것이다. 과학 분야에서의 스페인어적 어휘 자원을 유지하고 개발하기 위해 번역이 필요하다는 것이다. 그럴 수도 있다. 하지만 그런 경우의 번역은 스페인어로의 번역이다. (나는 영어로의 번역을 하고 있었다.) 또한 스페인어로의 번역은 아마도 강의 목적에서 과학자들 자신이나 지식의 대중적 보급을 위해서는 번역전문가들에 의해 수행되고 있을 것이다.

14. 의미이론(théorie du sens)은 텍스트의 '의미'(sense)는 알 수 있을 뿐만 아니라 모든 언어로 표현 가능하다고 본다. 이러한 관점은 모든 언어가 표현에 필요한 모든 자원을 이미 보유하고 있다고 보는 데서 보호주의적이다. 그렇기 때문에 어떤 언어든지 번역이 그 형식적, 어휘적 발전의 인자(agent)가 될 수 있다고 보는

것에 아무런 의문의 여지가 없는 것이다. 이 이론은 유럽어들이 자기들의 경계를 보호하는 위대한 정책을 수립하는 데 기여했다. 하지만 효율적인 협력에 필요한 모든 자원을 보유한 것은 아닐 수 있는 아프리카나 아시아 언어들에 대해서는 아무런 언급이 없다. (Mossop 1989, Robyns 1995 참고.)

15. 참여가 언제나 일관성 있는 입장을 견지하는 것은 아님을 주목할 필요가 있다. 뉴스번역의 경우에서 볼 수 있는 바와 같이 거기에는 수많은 모순과 명백한 실수들이 있다. 왜냐하면 수많은 사람의 손을 거쳐 하나의 번역문이 완성되고 시간적 압박 또한 많기 때문이다. 게다가 어떤 부분들은 '로드맵'에 명백하게 반하는 것처럼 보이다가도 그러한 전략이 해당 번역문에서 상당한 정도로 패턴화되어 등장한다고 볼 수 있는 증거는 별로 없다.

John Benjamins Series

16 On Translator Ethics

제 7 장

번역자 윤리의 원칙

번역자 윤리의 원칙

1982년 3월: 대통령 전용기가 텔아비브(Tel Aviv) 공항에 착륙하자 폭우가 쏟아지기 시작됐다. 고위관리들이 막 연설을 하려던 참이었다. 통역사가 우아한 우산을 쓰고 등장하자, 프랑스 의전국장이 그 우산을 '빌려서' 영부인에게 건넸다. 통역사는 격렬한 폭우가 쏟아지는 가운데 우산도 없이 순차통역을 위해 노트테이킹을 하느라 분투하였다. 하지만 노트가 이미 흠뻑 젖었기 때문에 펜이 말을 듣지 않았다.

카우프만(Francine Kaufmann)의 일기 중에서

윤리에는 최소한 기본적인 공의가 요구된다. 엘리제궁(the Élysée)은 통역사의 그 우아한 우산을 과연 되돌려 주었을까? 그것은 사소한 일일 수 있다. 하지만 통역사들에게 가져야 할 우산을 돌려주는 것은 큰 일일 수 있다. 모든 통역사들이 그들의 업무수행을 위해 필요한 보호장치를 보장받는 것도 마찬가지다.

당시 우산은 통역사를 보호하고 그 업무를 가능하게 하는 수단이었다. 노트테이킹을 하려면 노트가 젖지 않아야 한다. 또한 우산은 사회

적으로 인정받고 보호받는 공간일 수 있다. 뿐만 아니라 그 우산은 우리 번역자들이 일을 하고 신뢰를 획득할 수 있도록 해주는 기본적인 조건을 의미할 수도 있다. 그 우산은 번역자들의 지위나 중개자들의 공동체의 지위 혹은 간 문화적 사회집단의 지위를 상징하는 것일 수 있다. 번역자가 거기 있었던 것은 특정 조건 아래서 간 문화적 협력을 증진하기 위함이었다. 그러나 우산이 없이 젖은 노트로는, 또 사방의 폭우에 노출된 상태로는, 번역자는 사실상 거기 없는 것이나 다름 없다. 그런데 중개자가 없다면 영부인 미테랑(Mitterrand) 여사나 그녀의 남편인 대통령, 다른 외교사절들도 거기 없는 것이나 마찬가지다.

번역자 윤리는 번역자들 자신에 관한 이야기를 할 필요가 있다. 그들의 내적 중심(core)은 어디에 있는가? 내적으로 우리는 모두 의심에 사로잡히기도 하고 불안해하기도 한다. 노트가 젖을 수도 있다. 펜이 말을 듣지 않을 수도 있다. 좋다. 그렇다면 카우프만, 당신은 우산을 돌려달라고 하거나 대체할 무언가를 달라고 주장해야 한다. 좀 더 일반적으로 말하자면 모든 번역자들은 작업에 필요한 기본 조건들을 요구해야 한다. 해당 간 문화적 협력이 가져오는 일반적인 유익에 비추어 적정한 번역료, 합리적인 마감시한, 충분한 정보, 그리고 출판본(혹은 인쇄본)에 번역자로 명시되는 것 등등 많은 우산이 필요하다. 이 모든 것들은 번역자들이 주장해야 하는 사안이다. 번역자가 번역을 하겠다고 동의했다면 그는 번역에 대해 엄정한 책임이 있다. 카우프만은 순차통역에 당연히 책임이 있다. 노트가 있건 없건 간에 말이다. 그녀는 아마 훌륭한 통역을 해냈을 것이다. 하지만 받아들이기 어려운 조건에서 일하는 것을 명예롭게 여길 필요는 없다. 번역자에게는 영웅적인 고난을 감수하는 윤리가 필요한 것이 아니다.

이제 몇 가지 원칙을 요약하고자 한다.

나는 협력적인 간 문화적 대화를 이론적 틀로 채택하였다. 참여라는 개념에 특히 주목하였다. 번역자는 참여 혹은 협력이라는 개념적 틀 안에서 작용한다고 보았다. 이 과정에서 번역과 관련하여 널리 알려진 접근이나 원칙들을 비판하고 배제하였다. 예를 들어 단순 재현(simple representation)이라는 개념에 기초한 윤리적 원칙들을 배제했다. 그것들은 본질주의적(essentialist) 접근이고, 번역 변이에 관한 증거를 통해 반박된다. 이러한 원칙은 사회적으로 나름의 유용성을 지닌 허구라는 점을 제외하면 커뮤니케이션적 틀 안에서는 관련성이 떨어진다. 또한 나는 주인에 대한 용병적 서비스의 윤리도 거부하였다. 이것 역시 커뮤니케이션적 틀에 대해 그다지 주목하지 않는 개념이다. 비슷하게 나는 '표현의 자유', '정보에 대한 권리' 등 인권에 관한 질문에 대해서도 할 말이 거의 없다. 이것들이 번역에 관한 대부분의 논의에서 이상하리만치 부재하다는 점 때문만이 아니라, 그러한 자유나 권리가 주장하는 보편성은 번역자 윤리가 가진 국지성에 상충되기 때문이다. 한편 윤리라는 스펙트럼의 반대 극단에 서있다고 볼 수 있는 주체적 해석학(subjective hermeneutics)에만 기대는 접근도 기각해야 했다. 여기에 따르면 "내가 원하는 방식대로 텍스트를 해석할 거야"라는 윤리가 도출된다. 하지만 커뮤니케이션이라는 틀은 참여 주체들이 그렇게 고립되는 것을 허용하지 않는다. 해석학적 접근에 대한 거부함과 동시에 실존주의적 윤리도 배제한다. 실존주의적 접근에 따르면 각 번역자들은 자기의 의식이나 양심(conscience)에 부합하는 대로만 행동한다. 그러나 커뮤니케이션이란 그 본질상 저마다의 기준에 따라서만 결정을 내릴 수는 없음을 의미한다. 설령 우리가 모든 인류를 대신하여 결정을 내린다는 가정을 하더라도 말이다. (이런 맥락의 더 많은 논의는 Pym 2009b 참고)

아직도 남아 있는 주장들 중에서 여기 내가 번역자 윤리로서 제기하고자 하는 것들은 다음과 같다.

첫째 원칙

번역자들은 번역물을 생산하겠다고 받아들이는 순간부터 그 생산물(product)에 대하여 책임을 진다. 핵심 질문은 어떻게(how) 번역하느냐가 아니라, 여기, 바로 이 시간, 바로 이 텍스트로부터, 이 사람 혹은 저 사람을 위해, 충분한 우산을 갖든 갖지 못하든지 간에 번역을 할 것인지 말 것인지(whether)의 여부이다. 만일 당신이 왜(why) 이 상황에서 다른 것이 아닌 번역을 해야 하는지를 말할 수 있다면 거기로부터 적절한 전략과 방법이 나올 수 있다.

둘째 원칙

번역자는 그들의 번역이 가져올 수 있는 개연적 효과(probable effects)에 대해 책임을 지닌다. 이것은 좀 더 까다로운 문제다. 소극적 차원에서 논의하자면 간단하다. 번역자는 번역된 내용에 대해서는 직접적으로 책임을 지지 않는다. 그것은 저자의 책임인데, 번역자는 (최소한 번역하는 동안에는) 저자가 아니기 때문이다. 그런데 적극적 측면에서 논의하자면 그다지 명쾌하지가 않다. 번역자가 번역하기로 받아들이는 순간, 번역자들은 그들의 결정이 가지는 효과에 대해 책임을 지는 것이다. 그들은 다른 커뮤니케이션 대안들과 비교하여 번역이 가져올 비용 내지 절감 부분에 대해 책임이 있다. 번역자들은 번역의 상대적 용이성 내지 어려움에 대해 책임을 가지고, 이런 저런 목적에 따른 번역문의 방향성, 그리고 번역을 통한 협력 전반이 가져올 개연적 효과에 대해 책임을 진다. 하지만 여기에 대해 계산을 잘못하게 되면 그것은 안타까운(unfortunate) 일이기는 하지만, 필연적으로 비윤리적(unethical)인 일이 되는 것은 아니다.

셋째 원칙

번역자 윤리가 두 문화권 사이에서의 결정에 관여할 필요는 없다. 따라서 나는 모든 본질주의적 이분법(essentialist dualism)을 피하고자 했다. 그러한 접근은 한 언어를 다른 언어에 대하여 우월적 지위에 놓는다. 마찬가지로 한 사회를 다른 사회에 대하여, 한 사회적 계급을 다른 사회적 계급에 대하여 분리한다. 때로는 어떤 유형의 번역은 상업적이라는 비판을 내세운다. 때로는 양측 사이를 결정하는 일이 실제로 포함되기도 하고, 번역이라는 형식이 근본적인 이분법적 대립을 상정하기도 한다. 하지만 내가 추구하는 윤리는 철저히 간 문화적이다. 커뮤니케이션 참여자 중 어느 편을 찬성하거나 반대하는 결정은 협력의 간 문화적 관점에 기초해야 한다.

넷째 원칙

거래비용은 해당 협력 상호작용으로부터 도출되는 전체 이익을 초과해서는 안 된다. 이 경제적 기본 원칙은 오늘날과 같이 비교적 효율적인 결과물을 도출해내는 번역기술이 거의 무료로 제공되고, 자발적이고 협력적인 번역 실천이 증가하고 있는 시대에 특히 중요하다. 저비용의 번역은 유익이 될 수 있다. 그것들은 협력적 상황의 범위를 넓힐 수 있기 때문이다. 그러나 동시에 전체 거래비용에는 수신자들이 그 값싼 번역물들을 사용 가능한 지식으로 바꾸어야 하는 필요가 포함된다. 번역자들이 신뢰를 잃게 되는 상황에서 발생하는 사회적 비용도 마찬가지다. 따라서 값싼 번역물들은 상당히 터무니없는 총 거래비용을 야기할 수도 있다.

다섯째 원칙

번역자들은 그저 단순한 메신저들은 아니라는 차원에서, 장기적이고 안정적인 간 문화적 협력에 번역이라는 작업이 기여할 수 있는 역량(capacity)을 확보해야 하는 책임을 가진다. 나는 이 일반적 목표가 '신뢰'(trust), '타자에 대한 존중'(respect for the other), 그리고 '커뮤니케이션 어려움의 최소화' 등과 같은 좀 더 고전적인 윤리적 목표에 통합될 수 있음을 보이고자 했다. 협력을 향한 노력은 공정하고도 생명력 있는 간 문화적 관계를 위한 일반적 기준을 생성해내야 한다.

번역에 관하여 연구를 하면 할수록 나는 번역자들은 언제나 번역을 해야 한다는 당위로부터 점점 더 멀어진다. 우리가 모든 것에 대한 완전한 고비용의 번역이라는 이상을 추구하고자 한다면 번역은 상당 부분 보조금을 지원받아야 하는 작업이 되어갈 위험성이 있다. 대체로 중앙집권화되어 있고 민족적인 후원자들의 이해에 복무하는 것이다. 번역이라는 형식은 최소한 번역자들이 번역을 하는 동안에는 그들의 개인적인 정체성을 억압하는 것처럼 번역에 대한 대대적인 사용은 역설적으로 문화간의 중첩과 혼합을 은폐할 수 있다. 따라서 번역자에 대한 사회적 인식이 변화해가는 것은 번역 자체를 보다 광범위한 간 문화적 커뮤니케이션의 관점 안에 위치시킴으로써 그것의 사회적 역할을 축소하는 문제일 수 있다. 이제는 번역을 남다르게 하는 것만으로는 충분하지 않다. 번역 그 이상을 해야 한다.

John Benjamins Series

16 On Translator Ethics

John Benjamins Series

16 On Translator Ethics

후 기

세대의 경과와 번역 개념의 확대

세대의 경과와 번역 개념의 확대

이 책을 수정증보하던 시기에 그간 번역학 연구에서 핵심적인 역할을 해온 몇몇 주요 연구자들이 세상을 떠났다. 메쇼닉(Henri Meschonnic)은 2009년 4월 8일에, 베르미어(Hans J. Vermeer)는 2010년 4월 4일에, 뉴마크(Peter Newmark)는 2011년 7월 12일에, 니다(Eugene Nida)는 2011년 8월 25일에 각각 별세했다. 그들 서로간의 학문적 입장은 대단히 달랐지만, 이 네 사람의 연구자들은 번역학 연구의 4대 거인이었다. 그들의 부재가 오늘날과 미래의 관점에서 번역자 윤리를 성찰하게 된 계기가 되기도 했다.

네 사람의 대학자들에 대하여 말할 수 있는 한 가지는 그들은 저마다의 관점에서 번역(a translation)이라는 개념의 의미를 확장했다는 것이다. 그렇다. 심지어 뉴마크는 커뮤니케이션적(communicative) 혹은 의미론적(semantic) 등가라고 명명한 상당히 급진적인 의미도 인정하였다. 그렇게 이들은 번역학 연구의 새로운 장을 열어갔다.

3장에서 언급된 베르미어의 경우가 특히 그러하다. 앞서 충분히 이야기했으므로 여기에서는 할 이야기가 많지 않다. 앞장에서 한 이야기는 여기에서 하고자 하는 바를 넘는 것일 수 있지만, 베르미어가 스코포스(Skopos)를 번역의 지배적 요소로 이름한 것은 그때나 지금이나 혁명적이다. 이는 번역의 사회적 역할과 번역자들의 훈련에 엄청난 영향을 미쳤다. 이제 번역자들은 스코포스를 달성하기 위해 필요한 과업은 무엇이든 할 수 있고 해야만 하는 것이다. 이 원칙은 그의 1978년 저작에서 윤곽이 잡혔고, 1984년 라이스(Reiss)와의 공동저작에서 확장되었다. 물론 비슷한 논의가 홀츠-맨타리(Holz-Mänttäri 1984)에서도 발견되고, 다소 다르기도 하고 비슷하기도 한 목표문화 방향으로의 전회인 투리(Toury 1995/2012)의 기술론적 번역 연구(Descriptive Translation Studies)에서도 나타났다. 하지만 공을 돌려야 할 곳을 분명히 해야 할 것이다. 베르미어의 급진적인 개념화가 없었다면 보다 확장된 이론적 틀을 번역자의 실제 작업에 적용하는 것은 거의 불가능했을 것이다. 베르미어가 독일권 학계 외에서는 더 잘 알려지지 않은 것이 안타깝다. 그의 저작에 대한 번역이 적기 때문이기도 하고 권위주의적 스타일은 잘 확산되지 않기 때문이기도 하다.[1] 그럼에도 불구하고 그의 혁명적 사고가 없이는 이 책은 거의 쓰여질 수 없었을 것이다.

베르미어의 영향이 상당했지만 4대 거장들 가운데 니다의 영향력이 가장 컸음은 의심할 여지가 없다. 그의 연구는 종교텍스트의 번역에 대해서만이 아니라 번역학 연구 전반에 근본적인 영향을 미쳤다. 명쾌한 기술과 수많은 사례를 통해 역동적 등가라는 개념을 설득력 있고, 결국 과학적으로 만듦으로써, 니다는 특히 '합당한 번역'(legitimate translation)으로 간주될 수 있는 범위를 대대적으로 확장하였다. 니다 이전에는 원천텍스트의 형식(source-text forms)으로부터 일탈하는 것에 대한 그렇게 일관성 있고 우아하며 학자적인 변론을 찾아볼 수 없다. 최소한 윤리적 차원에서는 그랬다. 번역문제 해결 유형(solution types)으

1) 이 부분을 쓰고 있던 2012년, 게르머스하임(Germersheim)에 있는 번역학교에서 베르미어의 핵심저작을 영어로 번역하는 프로젝트가 착수되었다.

로서는 비네와 다르벨레(Vinay & Darbelnet)와 기타 유사한 맥락의 학자들의 제안들이 있었지만 당위의 차원에서 논의되었던 것은 아니다. 니다 이후 그 용어들에 관한 논쟁이 활발히 제기되었다. 앞서 5장에서 주장한 바와 같이 니다의 역사적 가치 가운데 일부는 그러한 경계를 확장했다는 점에 있다. 어떤 등가유형을 어떤 상황에 적용하는 것이 옳으냐에 관한 지엽적인 논의보다는 말이다. 니다는 번역이 세상에서 이뤄지는 행위들 가운데 핵심 요소가 될 수 있음을 분명히 알고 있었다. 그는 이후 스코포스 이론을 형성한 많은 논점들을 이미 간파하고 있었다. 내가 주장했던 바와 같이 그의 연구는 번역이 어떻게 커뮤니케이션에의 참여를 증진할 수 있는가를 시사했다. 내 개인적인 희망은 이러한 통찰을 통해 니다성서학연구소(Nida Institute for Biblical Scholarship), 보다 더 구체적으로는 니다번역학교(Nida School for Translation Studies)의 작업을 널리 알리고 번역을 한다는 것은 정확한 치환물의 생산보다 훨씬 더 많은 것을 아우른다는 인식을 창출하는 것이다.

베르미어와 니다가 번역의 개념을 확장하는 데 크게 기여했다면, 메쇼닉과 뉴마크는 다른 방향으로 달려가는 것을 선호하는 것처럼 보였다. 두 사람 서로간의 방식도 꽤 다르지만, 이 들은 모두 상대적으로 직역주의적 방식을 옹호했다는 공통점이 있다.

메쇼닉은 사실 니다에 혹독한 비평을 가했다. 니다가 종교적 텍스트가 가지는 운율적 가치를 파괴하고, 미학을 사실상 마케팅으로 축소시켰다는 것이었다. 두 가지 비판 모두 흥미로운 논쟁을 유발한다. 하지만 그리고 나서 메쇼닉은 모두를 공격하기에 나선다. 거기에는 나도 포함되어 있다. 그는 이 책의 불어판을 거의 읽지 못했지만 거기에서 이상하게도 '기호 안에, 해석학 안'(2007/2011: 40)에 남겨진 인식론적 논의를 발견한다. 그리고 양적인 논의를 진행하는 부분에 대해서는 충분히 예측 가능한 비판이지만, '시장 환원주의'(market reductionism)(ibid.)라고 비판한다. 그렇게 함으로써 메쇼닉은 나를 니다의 좋은 동류로 묶는 것 같다. 메쇼닉은 고객들(clients)과 간 문화성(interculturality), 행동(actions) 등을 논의하는 것이 적절하다고 여기지 않았다. "이것은 번역과 관련이 없다"고 쏘아 붙이는 것이다. 하나의 단어가 매우 다양한 맥락 속에서 사용되는 것이 의아했던 것 같다. 만일 번역이 원천 텍스트의 운율을 존중하는 것 이상의 의미가 없는 것이라면, 메쇼닉이 옳은 것이고, 나머지 우리 모두가 틀린 것이다. 물론 나는 그러한 시학적 목표는 여기서 제안한 윤리적 틀 안에서 효과적으로 논의될 수 있다고 대답할 것이다. 만일 텍스트적 운율이 최상의 가치라고 생각한다면, 당신과 당신의 커뮤케이션 파트너들은 그러한 차원에서 상호이익을 얼마든지 조직할 수 있다. 그러나 만일 다른 이들이 다른 가치를 가졌다면, 우리는 그들의 커뮤니케이션 또한 윤리적 기반 위에 구조화될 수 있음을 인식할 필요가 있다. 문제는 어떻게 번역해야 하는가에 대한 본질적인 불일치가 아니다. 사실 메쇼닉은 그의 핵심 저작에서 나의 번역을 인정해주었고, 우리는 실제 서로를 존중하고 아끼는 방식으로 서로에게 협력한다. 오히려 문제는 심층적인 차원에서 보면, 번역(translation)이나 그와 유사한 용어들에 주는 상이한 범위에 관한 것이라 할 수 있다. 결국 나는 번역자들, 즉, 사람들에 대하여 논의하고자 하고, 메쇼닉은 번역물들, 즉, 텍스트들만을 본다. 그렇지만 그의 마지막 분석에서 메쇼닉은 시학의 영역에 대한 우리의 관심을 합당하게 확장하였다. 그 역시 우리의 영역을 넓힌 것이다.

뉴마크 역시 메쇼닉과 유사하게 번역에 대한 폐쇄적인 개념을 옹호했다. 이것을 그는 의미론적 번역(semantic translation)이라고 불렀고, 이런 개념은 권위적 텍스트(authoritative texts)에 적용하기에 적합하다. 그는 따라서 기술적 번역학 연구 전체를 이념적으로 반대했다. 그의 입장에서 기술적 번역학 연구는 잠재적으로 온갖 종류의 시시한 번역들을 용인하기 때문이다. 번역의 불확정성(indeterminism)은 그에게 전혀 문제가 되지 않았다. 그는 나의 윤리론이 '가시적인 진리와 논리'(visible truth and logic, 1998: 43)를 목록화해야 한다고 생각했다. 권위적으로 말이다. 뉴마크에게는 나의 추상적 논의에 배분해줄 시간적 여유가 없었다. 그럼에도 그는 번역자 윤리가 간 문화적 관계를 증진할 것을 목표로 해야 한다는 데에는 동의하였다(ibid.). 그 정도가 내가 바랄 수 있는 전부일 거라고 생각한다. 내가 처음으로 뉴마크의 진가를 알게 되었던 때를 기억한다. 그때 나는 내가 역시 참으로 존경했던 모야(Virgilio Moya)를 도와 『번역입문서』(*Textbook of Translation*)(1988)를 스페인어로 번역하고 있었다. 뉴마크는 탁월한 번역가였고, 사려 깊은 번역비평가였으며, 그 자신이 번역의 숭고한 윤리를 실천하고 있었다. 번역의 한계를 탐험하는 데에는 관심을 두지 않았다 하더라도 말이다. 우리는 이론적으로는 생각이 달랐지만, 혹은 그저 서로를 오해하고 있었는지는 모르지만, 우리가 하는 일에 대한 실제적 실천에 있어서는 생각이 다르지 않았다. 번역에 있어서 뉴마크는 유효한 번역 해결책이 (하나가 아니라) 일정 범주 안에 설정될 수 있다고 생각할 만큼 충분히 자유로웠다. 의미적 번역에서부터 커뮤니케이션적 번역까지를 인정한 것을 보아도 그렇다.

한 부족의 규칙을 만들거나 그러한 시도를 하는 사람들은 그 부족의 원로들(elders)이다. 그렇다. 지금 비록 분명한 변화의 조짐이 보이지만, 그 원로들은 모두가 남성들이었다. 번역학계는 이제 성비율에 있어서 적절한 균형을 찾아가고 있다. 또한 그들 중에는 사실 엄청나게 원로들도 있었다. 뉴마크는 95세, 니다는 96세를 누렸다. (번역에 대한 논쟁이 우리 모두에게 그들처럼 길고 생산적인 삶을 가능케 하기를!) 그렇지만 그들이 수립한 규칙들은 이제 진지한 도전에 직면해 있다. 그들의 주장 때문이 아니라 그들이 '번역'이라는 단어를 사용한 방법 때문에 그러하다.

이 책을 논의를 통해 좀 더 분명해졌기를 바라는 바이지만, 나는 간 문화적 커뮤니케이션의 일반 틀 안에 번역자를 위치시키고자 했다. 또한 나는 다양한 형태의 사회적 참여를 준거로 삼지 않고는 실제적 윤리가 구성되지 않는다고 보았다. 우리는 번역자가 할 수 있는 것들을 모두 고려에 넣어야 한다. 그 구상에 번역전문가들의 작업과 자원하여 번역하는 이들의 작업을 모두 포함해야 하는 것도 마찬가지다. 번역을 전통적인 협의적 관점에서만 바라보는 것으로는 충분하지 않다. 하지만 동시에 나는 '번역'이라는 용어를 베르미어, 니다, 메쇼닉과 뉴마크가 남긴 유산들을 무시하는 방식으로 사용하는 것 또한 합당치 않다고 본다. 베르만의 유산에 대해서도 마찬가지다. 베르만에 대해서는 이 책의 서두에서 상당한 분량으로 언급하였다. 일부는 여전히 우리가 물려받은 이전 세대의 모델에 입각해서만 번역을 이해한다. 우리가 현재 그들이 쌓은 학문적 토대 위에서 연구하고 있는 것처럼 말이다. 앞서간 이들이 그간 번역자들을 훈련하고, 번역물들을 평가하고, 번역의 중요성에 대한 사회적 인식을 일깨우는 등의 일들을 해왔기 때문에 오늘날의 번역학이 존재한다. 우리가 그러한 일들을 계속하고자 한다면, 또한 우리가 번역에 관한 논의를 사회적으로 확산시키고자 한다면, '번역'에 대한 일상적 차원의 개념, 서구 번역 형식이 그간 인식해온 '번역'에 관한 최소한의 개념이 필요하다. 그것을 보다 광범위한 개념적 틀에 위치시킨다 하더라도, 번역이라 불리며 받아들여져 온대로, 계속해서 그렇게 부를 필요가 있다.

그럼에도 이제 학계는 '번역'이라는 개념을 과거보다 훨씬 더 광범위한 차원의 현상으로 이야기하는 것이 상례가 된 지점에 도달하였다. 모든 언어적 생산은 번역적일 수 있고, 모든 사회적 상호작용도 마찬가지다. 그렇게 우리는 '탈-번역학'(post-translation studies)에 이른 것이다. "학문의 전통적 경계를 넘어서 사회의 번역적 본질(translational nature)에 대한 폭넓은 교차학문적 담론(transdisciplinary discourses)으로 나아가야 한다. 사회는 점점 더 혼종적(hybrid)이고 이산적(diasporic)이며, 경계를 넘나들고(border-crossing), 간 문화적(intercultural)이며, 다언어적(multilingual)이고, 세계적(global)이다." 이것은 학술지 『번역』(*Translation*)

의 소개글을 따온 것이다.[2)]

'번역'이라는 단어에 대한 이 같은 확장적 사용이 합당치 않은 것은 아니다. 그렇다고 반드시 그렇게 사용해야만 하는 것도 아니다. 일종의 선택사항으로서, 좀 더 광범위해진 번역의 개념에 기초한 논의는 분명히 어떤 나라들에서는 의미가 있을 것이다. 그간 번역자들의 훈련에 사회적 자원을 충분히 투입하지 않는 나라들의 경우가 그러하다. 그렇기 때문에 때로는 베르미어, 니다, 메쇼닉, 뉴마크, 그리고 학문으로서의 번역학을 수립하는 데 기여한 다른 여러 학자들과 같은 선구자들에게서 등을 돌리는 것이 이치에 맞는 일이 될 수도 있다. 여기에 대해서는 여전히 많은 지적, 학문적 반발이 있을 것이다. 다언어적인 서구의 맥락에서 보면 번역을 간 문화적 커뮤니케이션의 많은 방식 가운데 하나로서, 특정 형식의 하나로서 간주하는 것이 훨씬 더 유익해 보일 수 있다. 그렇게 본다면 번역 형식은 민주적 참여를 증진하는 데 있어 언제나 최선의 방법은 아닐 것이다. 그렇기 때문에 우리는 그 너머로 더 나아가야 한다. 동시에 그럼에도, 번역자가 하는 일에는 좋은 것도 나쁜 것도 있을 것이다. 그렇기 때문에 우리는 윤리를 논할 필요가 있는 것이다.

---

2) http://nsts.fusp.it/news/new-journal-website. 2012년 7월 방문

John Benjamins Series

16 On Translator Ethics

REFERENCES

참고 문헌

참고문헌

Adams, Raynald. 1993. "Is the act of translating a criminal act?" *Language International* 5(5): 11-13.

Adorno, Theodore W. 1959/1974. "Wörter aus der Fremde." In *Noten sur Literatur.* In *Gesam- melte Schriften,* ed. by Rolf Tiedemann, Band 2, 216-232. Frankfurt am Main: Suhrkamp.

Althusser, Louis. 1965. *Pour Marx.* Paris : François Maspero.

Aristotle, c. 350 BCE/1953. *Métaphysique,* trans. by J. Tricot. Paris : Vrin.

Aristotle, c. 350 BCE/1966. *Physique,* trans. by Henri Carteron. Paris: Les Belles Lettres.

Aristotle, c 350 BCE/1945. *Les Parties des animaux,* trans. by J.-M. Le Blond. Paris: Aubier.

Axelrod, Robert. 1984. *The Evolution of Cooperation.* New York : Basic Books.

Axelrod, Robert. 1997. *The Complexity of Cooperation: Agent-Based Models of Competition and Collaboration.* Princeton NJ: Princeton University Press.

Ayyad, Ahmad. 2011. *Translation and Peace: Arabic, English and Hebrew Versions of Israeli- Palestinian Peace Initiatives,* Unpublished PhD thesis. Aston University, Birmingham, United Kingdom.

Ayyad, Ahmad, and Anthony Pym. 2012. "Translator Interventions in Middle-East Peace Initia- tives. Detours in the Roadmap?" Forthcoming in *Discourses of Translation. Festschrift in honour of Christina Schäffner,* ed. by Beverly Adab, Gregory Shreve, and Albrecht Neubert, 83-99. Peter Lang.

Badawi, Adburrahman. 1968/1987. *La Transmission de la philosophie grecque au monde arabe.* 2éme edition. Paris: Vrin.

Badiou, Alain. 1997/2003. *Saint Paul: La fondation de l'universalisme,* trans. Ray Brassier, *Saint Paul. The Foundation of Universalism.* Stanford: Stanford University Press.

Bahadir, Şebnem. 1998. "Über das besondere Volk der Translatoren." *TEXTconTEXT* 12 = NF 2(1): 61-78.

Baker, Mona. 2006. *Translation and Conflict A Narrative Account.* London and New York: Routledge.

Baker, Mona. 2009. "Ethics of renarration." An interview with Andrew Chesterman. *Cultus* 1(1): 10-33.

Barthes, Roland. 1967. Trans. Richard Howard, "The Death of the Author." *Aspen* 5-6. http:// www.ubu.com/aspen/aspen5and6/contents.html. Accessed July 2012. French original: "La mort de l'Auteur." *Manteia* 5 (1968), trans. by Stephen Heath (yes, a second translation) in *Image, Music, Text.* London: Fontana, 1977. 142-148.

Baumer, Helen. 2004. *Johann Jacob Bodmer, Interculturalist. Cultural Realignment in the 18th Century and the Role of a Zurich Translator.* PhD thesis, University of Auckland.

Beninatto, Renato S., and Donald A. DePalma. 2008. "The Top 25 Translation Companies and Some Really Big Revenue Numbers", http://www.globalwatchtower.com/2008/06/20/top- 25-revenue-08. Accessed April 2012.

Bergsträsser, Gotthelf (ed.). 1925. *Über die syrischen und arabischen Galen-Übersetzungen.* Includes the Arabic text and a German translation of Hunain ibn Ishaq, "Sendschreiben an 'Ali ibn Jahja über die seines Wissen übersetzten Bucher Galen's und einige der nicht übersetzten." *Abhandlungen für die Kunde des Morgenlandes* 27.2. Leipzig: F. A. Brockhaus.

Berman, Antoine. 1984. *L'épreuve de l'étranger. Culture et traduction dans l'Allemagne romantique.* Paris: Gallimard. Trans. S. Heyvaert, *The experience of the foreign culture and translation in Romantic Germany.* Albany: State University of New York Press. Page numbers herein are to the French edition.

Berman, Antoine. 1985. "La traduction et la lettre — ou l'auberge du lointain," in *Les Tours de Babel,* ed. by Antoine Berman. Mauvezin: Trans-Europ-Repress, 35-150.

Bhabha, Homi. 1994/2004. *The Location of Culture.* Routledge Classics Edition. London and New York: Routledge.

Booy, J. T., and Roland Mortier. 1966. *Les Années de formation de F. H. Jacobi, d'aprés ses lettres inédites a M. M. Rey (1763-1771) avec Le Noble, de Madame de Charriére,* Geneva: Institut et Musée Voltaire, Droz.

Bourdieu, Pierre. 1972/1977. *Outline of a Theory of Practice,* trans. by Richard Nice. New York: Cambridge University Press.

Bourdieu, Pierre. 1999. "Une révolution conservatrice dans l'édition." *Actes de la recherche en sciences sociales* 126-127: 3-28.

Callon, Michel, and Bruno Latour. 1981/2006. "Unscrewing the Big Leviathan; Or How Actors Macrostructure Reality, and How Sociologists Help Them to Do So." In *Advances in Social Theory and Methodology. Toward an Integration of Micro and Macro Sociologies,* ed. by K. D. Knorr, and A. Cicourel, 277-303. London: Routledge and Kegan Paul.

Calvino, Italo. 1959/1993. *Il cavaliere inesistente.* Milan: Mondadori.

Campbell, Stuart. 2002. "Translation in the Context of EFL — The Fifth Macroskill?" *TEFLIN journal: teaching English as a foreign language in Indonesia* 13(1): 58-72. http://handle.uws. edu.au:8081/1959.7/10446. Accessed October 2011.

Carson-Berndsen, Julie, Harold Somers, Carl Vogel, Andy Way. 2010. "Integrated language technology as a part of next generation localization." *Localisation Focus* 8(1): 53-66. http://www. localisation.ie/resources/locfocus/vol8issuel.htm. Accessed October 2011.

Casanova, Pascale. 1999/2004. *La République mondiale des lettres.* Paris: Éditions du Seuil. Trans. M. B. Debevoise, *The World Republic of Letters.* Cambridge, MA, London: Harvard University Press.

Chamberlain, Lori. 1988/2004. "Gender and the metaphorics of translation." In *The Translation Studies Reader,* ed. by Lawrence Venuti, second edition, 306-321. London and New York: Routledge.

Chan, Andy Lung Jan. 2008. *Information economics, the translation profession and translator certification.* Doctoral dissertation. Tarragona: Intercultural Studies Group. http://www. tesisenxarxa.net/TESIS_URV/AVAILABLE/TDX-0123109-131643//Chan.pdf. Accessed October 2011.

Chesterman, Andrew. 1994a. "From 'Is' to 'Ought': Laws, Norms and Strategies in Translation Studies." *Target 5(1):* 1-20.

Chesterman, Andrew. 1994b. "Karl Popper in the Translation Class." *Teaching Translation and Interpreting* 2, ed. by In Cay Dollerup, and Annette Lindegaard, 89-95. Amsterdam and Philadelphia: Benjamins.

Chesterman, Andrew. 2001. "Proposal for a Hieronymic Oath." *The Translator 7(2)* Special Issue The Return to Ethics, 139-154.

Chesterman, Andrew. 2009. "The Name and Nature of Translator Studies." *Hermes* 42: 13-22.

China, People's Republic of. 2003. *National Standard GB/T19363.1 -2003 Translator Service Specification ().* http://www.noblepen.com/newshow.asp?id=862&mnid=2450. Accessed August 2010.

Constantin, Jean-Paul. 1992. "Les éditeurs." In *Traduire l'Europe,* ed. by Françoise Barret- Ducrocq, 125-133. Paris: Payot.

Davidson, Donald. 1973/2001. "Radical Interpretation." *Dialectica* 27: 314-28. Reprinted in Donald Davidson, *Inquiries into Truth and Interpretation,* second edition. Oxford: Clarendon Press, 235-140.

Derrida, Jacques. 1979. "Living On/Border Lines." Trans, by James Hulbert, in *Deconstructionism and Criticism,* ed. by Harold Bloom et al., 75-176. New York: Seabury Press.

Devi, Mahasweta. 1997/2008. *Old Women.* "Translated and introduced by Gayatri Chakravorty Spivak." Kolkata: Seagull.

D'hulst, Lieven. 1992. "Sur le rôle des métaphores en traductologie contemporaine." *Target* 4(1): 33 - 51.

De Waard, Jan, and Eugene A. Nida. 1986. *From One Language to Another: Functional Equivalence in Bible Translating.* Nashville: Thomas Nelson.

Diamond, Jared M. 1997. *Guns, Germs, and Steel, The Fates of Human Societies.* New York: W. W. Norton & Co.

Dryden, John. 1680. "Preface to Ovid's Epistles." In *The Translation Studies Reader,* ed. by Lawrence Venuti, second edition, 38-42. London and New York: Routledge.

Durkheim, Émile. 1893/1973. *Les Régies de la méthode sociologique.* Paris : Presses Universitaires de France.

Dworkin, Ronald. 1995. "Should Wrong Opinions Be Banned?" *Independent* (London), May 28: 27.

Enciso, Jesús. 1944. "Prohibiciones españolas de las versiones biblicas en romance antes del Tridentino." *Estudios biblicos* 3: 523-560.

Englund Dimitrova, Birgitta. 2005. *Expertise and Explicitation in the Translation Process.* Amsterdam and Philadelphia: John Benjamins.

Erb, Rainer, and Werner Bergmann. 1989. *Die Nachtseite der Judenemanzipation. Der Wider- stand gegen die Integration der Juden in Deutschland 1780-1860,* Berlin: Metropol.

European Committee for Standardization. 2006. *Standard EN-15038: Translation services - service requirements.* Brussels: European Committee for Standardization.

Even-Zohar, Itamar. 1990. "The Literary System." *Poetics Today* 11(1), special issue on Polysystem Studies: 27-44.

Even-Zohar, Itamar. 2008. *Ideational labor and the production of social energy.* Tel Aviv: Unit of Culture Research. http://www.tau.ac.il/~itamarez/works/papers/papers/Intellectual-Labor.pdf. Accessed October 2011.

Foucault, Michel. 1969/1977. "Qu'est-ce qu'un auteur ?". Trans. Donald F. Bouchard and Sherry Simon, "What is an Author?" In *Language, Counter-*

Memory, Practice, ed. by Donald F. Bouchard, 124-127. Ithaca, New York: Cornell University Press.

Frank, Armin Paul. 1992. "Towards a Cultural History of Literary Translation. 'Histories,' 'Sys- tems,' and Other Forms of Synthesizing Research." In *Geschichte, System, Literarische Über- setzung / Histories, Systems, Literary Translations,* ed. by Harald Kittel, 369-387. Berlin: Erich Schmidt.

Gauker, Christopher. 1994. *Thinking Out Loud. An Essay on the Relation between Thought and Language.* Princeton NJ: Princeton University Press.

Gile, Daniel. 1995. *Basic Concepts and Models for Interpreter and Translator Training.* Amsterdam and Philadelphia: John Benjamins. Revised edition 2009. Page references herein are the to first edition.

Goffman, Erving. 1981. *Forms of talk.* Philadelphia: University of Pennsylvania Press.

Goldmann, Lucien. 1959. *Le dieu caché ; étude sur la vision tragique dans les Pensées de Pascal et dans le théatre de Racine.* Paris : Gallimard.

Gouadec, Daniel. 1989. *Le traducteur, la traduction et lentreprise.* Paris: Afnor.

Gouadec, Daniel. 2007. *Translation as a profession.* Amsterdam and Philadelphia : John Benjamins.

Gourmont, Remy de. 1899. "Nietzsche et lafTaire Dreyfus." *Mercure de France* 32.

Grimm, Jacob and Wilhelm. 1860/1984. *Deutsches Wörterbuch.* Reprint : Munich: Deutscher Taschenbuch Verlag.

Gumperz, John J. 1982. *Discourse Strategies.* Cambridge: Cambridge University Press.

Guyau, J.-M. 1889. *L'Art au point de vue sociologique.* Paris: Félix Alcan.

Gutt, Ernst-August. 1991/2000. *Translation and Relevance. Cognition and*

Context. Oxford : Basil Blackwell. Second edition: Manchester : St Jerome. Page reference herein refers to the first edition.

Güttinger, Fritz. 1963. *Zielsprache. Theorie und Technik des Übersetzens.* Zürich: Manesse.

Habermas, Jürgen. 1990. *Moral consciousness and communicative action,* trans. C. Lenhardt and S. Weber Nicholson. Cambridge, MA : MIT Press.

Hegel, G. W. F. 1802/1968. "Jacobische Philosophic." In *Gesammelte Werke,* ed. by Hartmut Buchner and Otto Pöggeler, 346-386. Hamburg: Felix Meiner."

Hermans, Theo. 1991. "Translational Norms and Correct Translations." In *Translation Studies. The state of the Art,* ed. by Kitty M. van Leuven-Zwart and Ton Naaijkens, 155-169. Amsterdam and Atlanta GA : Rodopi.

Herodotus. 450-420 BCE/1914. *The History of Herodotus,* trans. by C. G. Macaulay. Third edition. London: Macmillan.

Herodotus. 450-420 BCE/1951. *Histoires,* Livre 7 : *Polymnie,* trans. by Ph.-E. Legrand. Paris: Les Belles Lettres.

Herodotus. 450- 420 BCE/2003. *Inquiries,* trans. by Shlomo Felberbaum. http://www.losttrails. com/pages/Tales/Inquiries/Herodotus.html. Accessed August 2012.

Hodge, Bob, and Vijay Mishra. 1991. *Dark Side of the Dream. Australian literature and the post- colonial mind.* Sydney: Allen & Unwin.

Holz-Mänttäri, Justa. 1984. *Translatorisches Handeln. Theorie und Methode.* Helsinki : Academiae Scientarum Fennicae.

House, Juliane. 1977. A *Model for Translation Quality Assessment.* Tübingen : TBL Verlag Gunter Narr.

House, Juliane. 1997. *Translation Quality Assessment. A Model Revisited.* Tübingen: Gunter Narr.

Jacobi, Friedrich Heinrich. 1785/1912. *Spinoza-Büchlein,* includes correspondence from Mendelssohn, ed. by Fritz Mauthner. Munich : Georg Muller.

Keohane, Robert O. 1984. *After Hegemony. Cooperation and Discord in the World Political Economy.* Princeton NJ : Princeton University Press.

Kohler-Koch, Beate. 1989. “Zur Empirie und Theorie internationaler Regime.” In *Regime in den internationalen Beziehungen,* ed. by Beate Kohler-Koch, 17-85. Baden Baden. Nomos.

Korlen, Gustav. 1978. Contribution to discussion. In *Theory and Practice of Translation : nobel Symposium 39, Stockholm, Sept. 1976,* ed. by Lillebill Grähs, Gustav Korlén, Bertil Malm- berg. Bern: Peter Lang.

Krasner, Stephen D. 1983. “Structural causes and regime consequences: Regimes as intervening variabks.” In *International Regimes,* ed. by Stephen D. Krasner, 1-21. Ithaca and London : Cornell University Press.

Krebs, Katja. 2007. *Cultural dissemination and translational communities. German drama in English translation, 1900-1914.* Manchester : St Jerome.

Kristeva, Julia. 1967. “Bakhtine, le mot, le dialogue et le roman." *Critique* 239 : 438-65 Revised version in *Séméiotiké.* Paris : Seuil, 1969 : 82-112. Trans. Alice Jardine et al., “Word, Dialogue, and Novel. In Julia Kristeva, *Desire in Language : A Semiotic Approach to Literature and Art.* New York: Columbia University Press, 1980. 64-91.

Kritzeck, James. 1964. *Peter the Venerable and Islam.* Includes edition of the *Liber contra sectam.* Princeton : Princeton University Press.

Künzli, Alexander. 2004. "Risk taking : trainee translators vs professional translators. A case study." *Journal of Specialised Translation* 2. http://www.jostrans.org/issue02/art_kunzli.php Accessed August 2012.

Labov, William. 1972. *Sociolinguistic Patterns.* Philadelphia: University of Pennsylvania Press.

Ladmiral, Jean-René. 1986/1999. “Sourciers et ciblistes.” *Revue désthétique*

12 : 33-42 Reprinted in *Traduire* 184-185 (1999): 7-26.

Laygues, Arnaud. 2001. Review article of Buber, Marcel and Levinas. *The Translator 7 (2)* : 315-319.

Lefevere, André. 1977. *Translating Literature. The German Tradition from Luther to Rosenzweig.* Assen: Van Gorcum.

Lefevere, André (ed.). 1992a. *Translation, History, Culture. A Sourcebook.* London and New York : Routledge.

Lefevere, André. 1992b. *Translation, Rewriting, and the Manipulation of Literary Fame.* London and New York: Routledge.

Leonardi, Cherry, et al. 2010. *Local justice in southern Sudan.* United States Institute of Peace, Rift Valley Institute, http://www.usip.org/files/resources/. Accessed June 2012.

Lesch, Harold. 2011. "In search of an interpreting research methodology for Africa." *South African Linguistics and Applied Language Studies* 29(3): 359-371.

Levý, Jiři. 1967/1989. "Translation as a Decision Process." In *Readings in Translation Theory,* ed. by Andrew Chesterman, 37-52. Helsinki : Oy Finn Lectura Ab.

Levý, Jiři. 1969/2011. *Die literarische Übersetzung : Theorie einer Kunstgattung.* Frankfurt/Main: Athenaum. Trans. Patrick Corness, *The Art of Translation.* Amsterdam and Philadelphia : Benjamins.

Lukács, György. 1948/1967. *Derjunge Hegel. Über die Beziehungen von Dialektik und Ökonomie* .3 Auflage. Neuwied and Berlin : Luchterhand.

Lukács, György. 1976-1981. *Ontologia dellessere sociale,* trans. Alberto Scarponi. Rome: Riuniti.

Luhmann, Niklas. 1968. *Vertrauen. Ein Mechanismus der Reduktion sozialer Komplexität.* Stutt- gart: Enke.

Luther, Martin. 1530/1948. *Sendbrief vom Dolmetschen und Summarien über die Psalmen und Ursachen des Dolmetschens. Mit einem Anhang ausgewählter Selbstzeugnisse und überset- zungsproben,* ed. Erwin Arndt. Halle, Saale : Max Niemeyer.

Macan, R. W. 1908/1973. *Herodotus: the Seventh, Eighth and Ninth Books.* Reprint. New York : Arno Press.

Makdisi, George. 1990. *The Rise of Humanism in Classical Islam and the Christian West.* Edinburgh: The University Press.

Marx, Karl, and Friedrich Engels. 1852/1960. "Die großen Männer des Exils." In *Marx-Engels-Werke.* Vol. 8. Berlin: Dietz, 235-335.

McDonough Dolmaya, Julie. 2010. "Ethical intervention." Blog posted January 14, 2010. http :// mcdonough-dolmaya.ca/2010/01/14/ethical-intervention. Accessed August 2012.

Meschonnic, Henri. 1973. "Une linguistique de la traduction." In *Pour la poétique II.* Paris: Gallimard, 328-349.

Meschonnic, Henri. 2003. "Texts on Translation," trans. by Anthony Pym. *Target* 15(2): 337-353.

Meschonnic, Henri. 2007/2011. *Éthique etpolitique du traduire,* trans. by Pier-Pascale Boulanger, *Ethics and Politics of Translating.* Amsterdam and Philadelphia: John Benjamins.

Minnis, A. J. 1984/1988. *Medieval Theory of Authorship. Scholastic literary attitudes in the later Middle Ages,* second edition. Aldershot: Scolar Press.

Mossop, Brian. 1989. "'Write Idiomatically and Translate Ideas Not Words': Three Defects of the Prevailing Doctrine of Translation." In *The Translation Process,* ed. by Candace Séguinot, 7-20. Toronto : H. G. Publications School of Translation York University.

Musacchio, Maria Teresa, and Giuseppe Palumbo. 2009. "To connect or not to connect : Game- theory approaches and translators' decisions in specialist translation. A corpus-based study." In *La ricerca nella comunicazione interlinguistica. Modelli teorici e metodologici,* ed. by Ste- fania Cavagnoli et al., 217-234. Milan: Franco Angeli.

Newmark, Peter. *1991. About translation.* Clevedon : Multilingual Matters.

Newmark, Peter. 1993. *Paragraphs on translation.* Clevedon : Multilingual Matters.

Newmark, Peter. 1994. "The Ethics of Translation." In *Quality, Assurance, Management and Control ITI Conference Proceedings* 7, ed. by Catriona Picken, 70-71. London: ITI.

Newmark, Peter. 1998. *More paragraphs on translation.* Clevedon : Multilingual Matters.

Nida, Eugene A. 1952. *God's Word in Man's Language.* New York: Harper & Brothers.

Nida, Eugene A. 1954/1975. *Customs and Cultures. Anthropology for Christian Missions,* second edition. South Pasadena, CA : William Carey Library.

Nida, Eugene A. 1964/2003. *Toward a Science of Translating, with Special Reference to Principles and Procedures Involved in Bible Translating.* Leiden: Brill.

Nida, Eugene A., and Charles R. Taber. 1969. *The Theory and Practice of Translation.* Leiden : Brill.

Nord, Christiane. 1988/1991. *Textanalyse und Übersetzen.* Heidelberg: Julius Groos. Trans. Christiane Nord and Penelope Sparrow *Text Analysis in Translation. Theory, Method, and Didactic Application of a Model for Translation-Oriented Text Analysis.* Amsterdam and Atlanta GA: Rodopi.

Nord, Christiane. 1991. "Scopos, Loyalty, and Translational Conventions." *Target* 3(1): 91-109.

Nord, Christiane. 1997. *Translating as a Purposeful Activity. Functionalist*

Approaches Explained. Manchester: St. Jerome Publishing.

Northrop, Filmer Stuart Cuckow. 1952/1987. *The Taming of the Nations. A Study of the Cultural Bases of International Policy.* Reprint. Woodbridge Connecticut : Ox Bow Press.

Norton, Glyn P. 1984. *The Ideology and Language of Translation in Renaissance France and Their Humanist Antecedents.* Geneva: Droz.

Nouss, Alexis. 1998. Review of *Pour une éthique du traducteur. TTR: traduction, terminologie, redaction* 11(1): 258-263.

OTTIAQ (Ordre des Traducteurs, terminologues et interprétes agréés du Québec). 2009. *De- mande de modification de statut et de réserve d'actes professionnels présentéé le 5 mars 2009 a l'Office des professions du Québec,* http://www.ottiaq.org/extranet/pdf/memoire_opq.pdf. Accessed August 2012.

OTTIAQ (Ordre des Traducteurs, terminologues et interprétes agréés du Québec). 2010. English-language homepage : http://www.ottiaq.org/index_en.php. Accessed October 2011.

Paul, Hermann. 1992. *Deutsches Wörterbuch.* Tübingen : Niemeyer.

Perteghella, Manuela, and Eugenia Loffredo (eds). 2006. *Translation and Creativity: Perspectives Creative Writing and Translation Studies.* London and New York: Continuum.

Plutarch (Lucius Mestrius Plutarchus) c. 100/1572. "Apophthegmata Laconica." In *Moralia* 235f- 236. Trans. Jacques Aymot "Les Diets Notables des Lacedemoniens." In *Les CEuvres morales & mesléés de Plutarque,* Paris, 1572. Reprint in 2 volumes: Wakefield, New York, Paris: S. R. Publishers, Johnson Reprint, Mouton, 209-229.

Plutarch (Lucius Mestrius Plutarchus) c. 100/1931. "Apophthegmata Laconica." Trans. Frank Cole Babbitt "Sayings of Spartans." In *Moralia.* Vol. 3. Loeb Classical Library, Cambridge MA: Harvard University Press, 395-421.

Popper, Karl. 1952. *The Open Society and its Enemies,* Princeton N.J.: Princeton University Press.

Prunč, Erich. 1997. "Translationskultur (Versuch einer konstruktiven Kritik des translatorischen Handelns)." *TEXTconTEXT* 11=NF 1(2): 99-127.

Prunč, Erich. 2000. "Vom Translationsbiedermeier zur Cyber-translation." *TEXTconTEXT* 14 = NF 4: 3-74.

Pym, Anthony. 1986. "Lecture de la frontiére spartiate." *Distance / Distancia* [Noésis 3]】. Paris and Barcelona: Noesis, 46-54.

Pym, Anthony. 1991. "Translational Ethics and the Recognition of Stateless Nations." *Fremd- sprachen* 4: 31-35.

Pym, Anthony. 1992/2010. *Translation and Text Transfer. An Essay on the Principles of Inter cultural Communication.* Revised edition. Tarragona: Intercultural Studies Group. http://www. tinet.cat/~apym/publications/ publications.html. Accessed August 2012.

Pym, Anthony. 1993a. *Epistemological Problems in Translation and its Teaching.* Calaceite: Caminade.

Pym, Anthony. 1993b. "The Problem of Sovereignty in Regimes of European Literature Transfer." *New Comparison* 15: 137-146.

Pym, Anthony. 1993c. *Grundlegung für soziologische Analysen deutsch-französischer Normen der literarischen Übersetzung, 1885-1905.* Unpublished research report. Göttingen: Georg- August-Universität Göttingen, Sonderforschungsbereich 309.

Pym, Anthony. 1995a. "Schleiermacher and the Problem of *Blendlinge? Translation and Literature 4(1):* 5-30.

Pym, Anthony. 1995b. "Translation as a Transaction Cost." *Meta* 40(4): 594-605.

Pym, Anthony. 1998. *Method in Translation History.* Manchester: St Jerome.

Pym, Anthony. 2000. *Negotiating the Frontier. Translators and Intercultures in Hispanic History.* Manchester: St Jerome.

Pym, Anthony. 2004a. "Propositions on Cross-Cultural Communication and Translation." *Target* 16(1): 1-28.

Pym, Anthony. 2004b. *The Moving Text: Localization, Translation and Distribution.* Amsterdam and Philadelphia: John Benjamins.

Pym, Anthony. 2005a. "Explaining Explicitation." In *New Trends in Translation Studies. In Honour of Kinga Klaudy,* ed. by Krisztina Karoly et al., , 29-34. Budapest: Akadémia Kiadó.

Pym, Anthony. 2005b. "Text and Risk in Translation." In *New Tendencies in Translation Studies,* ed. by Karin Aijmer and Cecilia Alvstad, 69-82. Göteborg: Göteborg University.

Pym, Anthony. 2007a. "Cross-Cultural Networking: Translators in the French-German network of *petites revues* at the end of the nineteenth century." *Meta* 52(4): 744-762.

Pym, Anthony. 2007b. "On Shlesinger's proposed equalizing universal for interpreting." In *Interpreting Studies and Beyond: A Tribute to Miriam Shlesinger,* ed. by Franz Pöchhacker et al., 175-190. Copenhagen: Samfundslitteratur Press.

Pym, Anthony. 2008a. "On Toury's laws of how translators translate." In *Beyond Descriptive Translation Studies. Investigations in Honor of Gideon Toury,* ed. by Anthony Pym, Miriam Shlesinger, and Daniel Simeoni, 311-328. Amsterdam and Philadelphia: John Benjamins.

Pym, Anthony. 2008b. "On omission in simultaneous interpreting: Risk analysis of a hidden effort." In *Efforts and Models in Interpreting and Translation Research,* ed. by Gyde Hansen et al., 83-105. Amsterdam and Philadelphia: John Benjamins.

Pym, Anthony. 2009a. "All things to all people. On Nida and involvement." In *Translators and Their Readers. In Homage to Eugene A. Nida,* ed. by Rodica

Dimitriu and Miriam Shlesinger, 317-332. Brussels: Les Editions du Hazard.

Pym, Anthony. 2009b. "On the ethics of translators' interventions." Paper delivered to the conference *Profession, Identity and Status: Translators and Interpreters as an Occupational Group.* March 15-19, 2009. Tel Aviv University, http://www.youtube.com/watch?v=7gp_ asnq5_E8rfeature=plcp. Accessed August 2012.

Pym, Anthony. 2010a. *Exploring Translation Theories.* London and New York : Routledge.

Pym, Anthony. 2010b. "The translator as non-author, and I am sorry about that." In *The Translator as Author,* ed. by Claudia Buffagni, Beatrice Garzelli, Serenella Zanotti, 31-44. Berlin: LIT Verlag.

Pym, Anthony, François Grin, Claudio Sfreddo, and Andy L. J. Chan. 2012. *The status of the translation profession in the European Union.* Brussels: Publications of the European Commission. http://ec.europa.eu/dgs/translation/publications/studies/index_en.htm. Accessed August 2012.

Quine, Willard Van Orman. 1969. "Linguistics and Philosophy." In *Language and Philosophy,* ed. by Sidney Hook, 95-98. New York: New York University Press.

Quine, Willard Van Orman. 1990. *Pursuit of Truth.* Cambridge Mass.: Harvard University Press.

Ricoeur, Paul. 2004. *Sur la traduction.* Paris: Bayard.

Robyns, Clem. 1995. "Defending the National Identity: Franglais and Francophony." In *Litera- turkanon - Medienereignis - Kultureller Text: Formen interkultureller Kommunikation und Übersetzung,* ed. by Andreas Polterman, 179-210. Berlin: Erich Schmidt.

Rorty, Richard. 1992. "The Pragmatists Progress." In Umberto Eco et al., *Interpretation and Overinterpretation.* Cambridge : Cambridge University Press, 89-108.

Sachs-Villatte. 1921. *Dictionnaire encyclopédique français-allemand et allemand-français.* 26éme edition. Berlin: Langenscheidt.

Salama-Carr, Myriam. 1990. *La Traduction á lépoque abbasside. L'éole de Hunayn Ibn Ishaq et son importance pour la traduction.* Paris: Didier Érudition.

Sanders, Daniel, c. 1900. *Muret-Sanders Encyclopaedic English-German and German-English Dictionary.* Berlin: Langenscheidt.

Schleiermacher, Friedrich. 1813/1838. "Über die verschiedenen Methoden des Übersetzens." In *Sämtliche Werke, Dritte Abteilung: Zur Philosophie.* Vol. 2. Berlin: Reimer, 207-245.

Schleiermacher, Friedrich. 1813/1977. "On the Different Methods of Translating." Trans. André Lefevere in *Translating Literature: the German Tradition from Luther to Rozenzweig,* André Lefevere, 67-89. Assen: Van Gorcum.

Schleiermacher, Friedrich. 1813/1978. "Sobre los diferentes métodos de traducir." Trans. Valentin Garcia Yebra. *Filologia Moderna* 18(63-64): 343-392.

Schleiermacher, Friedrich. 1813/1985. "Des différentes méthodes du traduire." Trans. Antoine Berman. In *Les Tours de Babel,* ed. by Antoine Berman, 279-347. Mauvezin: Trans-Europ-Repress.

Schleiermacher, Friedrich. 1813/1992. *"On* the Different Methods of Translating." Excerpts trans. by André Lefevere in *Translation, History, Culture. A Sourcebook,* ed. by André Lefevere, 141-166. London and New York: Routledge.

Schleiermacher, Friedrich. 1813/2004. "On the Different Methods of Translating," trans. by Susan Bernofsky in *The Translation Studies Reader,* ed. by Lawrence Venuti, second edition, 43-63. London and New York: Routledge.

Séguinot, Candace. 1991. 'A Study of Student Translation Strategies." In

Empirical Research in Translation and Intercultural Studies, ed. by Sonja Tirkkonen-Condit, 79-88. Tübingen: Gunter Narr.

Serres, Michel. 1974. *La Traduction (Hermés III).* Paris : Minuit.

Sidgwick, Henry. 1886/1906. *Outlines of the History of Ethics, for English Readers,* fifth edition. London: Macmillan.

Simeoni, Daniel. 1998. "The Pivotal Status of the Translators Habitus." *Target* 10(1): 1-39.

Simeoni, Daniel. 1999. Review of *Pour une éthique du traducteur. Target* 11(2): 388-391.

Simon, Sherry. 1991. "Présentation. La traduction et la traversée des savoirs." *TTR* 4(2): 11— 17.

Somers, Harold. 2004. "Language technology and patients with limited English." Paper presented to the conference *Sharing Capability in Localisation and Human Language Technologies, SCALLA 2004 Working Conference, Crossing the Digital Divide.* Kathmandu.

Spivak, Gayatri Chakravorty (trans.) 1976. *Of Grammatology.* Translation with critical introduction of Jacques Derrida, *De la grammatologie.* Baltimore : Johns Hopkins University Press.

Spivak, Gayatri Chakravorty, and Shamik Bandyopadhyay (trans.) 1993. *Bashai Tudu.* Translation of a novel by Mahasweta Devi. Kolkata: Thima.

Spivak, Gayatri Chakravorty. 1990. *The Post-Colonial Critic: Interviews, Strategies, Dialogues,* ed. by Sarah Harasym. New York: Routledge.

Spivak, Gayatri Chakravorty (trans.) 1995. *Imaginary Maps.* Translation with critical introduction of three stories by Mahasweta Devi. New York : Routledge.

Spivak, Gayatri Chakravorty (trans.) 1997. *Breast Stories.* Translation "with introductory essays" of three stories by Mahasweta Devi. Kolkata: Seagull.

Spivak, Gayatri Chakravorty (trans.) 2000. *Song for Kali: A Cycle.* Translation with introduction of Ramproshad Sen. Kolkata : Seagull.

Spivak, Gayatri Chakravorty (trans.) 2002/2003. *Chotti Munda and His Arrow.* Translation with critical introduction of a novel by Mahasweta Devi. Kolkata: Seagull. Reprint: Oxford: Blackwell, 2003.

Steiner, George. 1975. *After Babel : Aspects of Language and Translation.* London, Oxford, New York: Oxford University Press. Later editions in 1992 and 1998. Page references herein are to the first edition.

Stine, Philip C. 2004. *Let the words be written: the lasting influence of Eugene A. Nida.* Atlanta GA: Society of Biblical Literature.

Störig, Hans Joachim (ed.). 1963. *Das Problem des Übersetzens.* Darmstadt: Wissenschaftliche Buchgesellschaft.

Tannen, Deborah. 2007. *Talking Voices. Repetition, Dialogue, and Imagery in Conversation Discourse.* Second edition. Cambridge: Cambridge University Press.

Tertulian, Nicholas. 1983. "Appunti su Lukács, Adorno e la filosofia classica tedesca." In *Il mar- xismo della maturitá de Lukács* `ed. by Guido Oldrini, 191-219. Naples: Prismi.

Thompson, E. P. 1978. *The Poverty of Theory.* New York: Monthly Review Press.

Thorndike, Lynn. 1923-58. *A History of Magic and Experimental Science during the First Thirteen Centuries of our Era.* 8 vols. Vols 1 & 2 (1923). London: Macmillan.

Thucydides. 1989. *The Peloponnesian War. Book II*, ed. by J. S. Rusten (text in Greek, with commentary in English). Cambridge: Cambridge University Press.

Tirkkonen-Condit, Sonja. 1992. "A Theoretical Account of Translation — Without Translation Theory?" *Target* 4(2): 237-245.

Torikai, Kumiko. 2009. *Voices of the Invisible Presence. Diplomatic Interpreters in Post-World War II Japan*. Amsterdam and Philadelphia: John Benjamins.

Toury, Gideon. 1980. *In Search of a Theory of Translation.* Tel Aviv: The Porter Institute for Poetics and Semiotics, Tel Aviv University.

Toury, Gideon. 1985. "A Rationale for Descriptive Translation Studies." In *The Manipulation of Literature: Studies in Literary Translation,* ed. by Theo Hermans, 16-41, London and Sydney: Croom Helm.

Toury, Gideon. 1995. *Descriptive Translation Studies and beyond.* Amsterdam and Philadelphia: John Benjamins. Revised edition 2012. Page references herein are to the first edition.

Trivedi, Harish. 2006. "In Our Own Time, on Our Own Terms: 'Translation' in India." In *Translating Others,* ed. by Theo Hermans, 1: 102-19. Manchester: St. Jerome.

Vandiver, Elizabeth. 1991. *Heroes in Herodotus. The Interaction of Myth aud History.* Frankfurt am Main, Bern, New York, Paris: Peter Lang.

Venuti, Lawrence. 1986. "The Translators Invisibility." *Criticism* 28(2): 179-212.

Venuti, Lawrence. 1991. "Genealogies of Translation Theory: Schleiermacher." *TTR* 4(2): 125-150.

Venuti, Lawrence. 1992. "Introduction." In *Rethinking Translation. Discourse, Subjectivity, Ideol- ogy,* ed. by Lawrence Venuti, 1-17. London and New York: Routledge.

Venuti, Lawrence. 1995. *The Translators Invisibility. A History of Translation.* London and New York: Routledge. Second edition in 1998. Page references herein are to the first edition.

Venuti, Lawrence. 1998. *The Scandals of Translation: Towards an Ethics of Difference.* London and New York: Routledge.

Venuti, Lawrence. 2000. "Translation, community, utopia." In *The Translation*

Studies Reader, ed. by Lawrence Venuti, 468-488. London and New York: Routledge.

Vermeer, Hans J. 1978. "Ein Rahmen für eine allgemeine Translationstheorie." *Lebende Spra- chen* 23: 99-102.

Vermeer, Hans J. 1989. *Skopos und Translationsauftrag.* Heidelberg: Institut für Übersetzen und Dolmetschen.

von Polenz, Peter. 1967/1979. "Fremdwort und Lehnwort sprachwissenschaftlich betrachtet." *Muttersprache* 77: 65-80. Reprinted in *Fremdwort-Diskussion,* ed. by Peter Braun, 9-31. Munich: UTB Fink.

Weber, Samuel. 1987. *Institution and Interpretation.* Minneapolis: University of Minnesota Press.

Webster's Third New International Dictionary. 1981. Springfield, Mass.: Webster's.

Whang, Y. C. 2004. "To whom is a translator responsible - author or reader?" In *Translating The Bible: Problems and Prospects,* ed. by Stanley E. Porter and Richard S. Hess, 46-62. New York: Continuum / T & T Clark International.

Wolf, Michaela. 2006. "The Female State of the Art: Women in the 'translation field'." In *Sociocultural Aspects of Translating and Interpreting,* ed. by Anthony Pym, Miriam Shlesinger, and Zuzana Jettmarová, 129-141. Amsterdam and Philadelphia: John Benjamins.

Zeller, Beatriz. 2000. "On Translation and Authorship." *Meta* 45(1): 134-139.

존 벤자민스 통번역 총서 16

문화간 중재 원칙으로서의 번역윤리

On Translator Ethics

초판 인쇄 2016년 3월 16일
초판 발행 2016년 3월 23일

지은이 앤서니 핌
기 획 정호정(존 벤자민스 통번역 총서 기획위원장)
옮긴이 박혜경 · 최효은
발행인 김인철
발행처 한국외국어대학교 지식출판원
02450 서울특별시 동대문구 이문로 107
전화 02)2173-2493~7
팩스 02)2173-3363
홈페이지 http://press.hufs.ac.kr
전자우편 press@hufs.ac.kr
출판등록 제6-6호(1969. 4. 30)
디자인 · 편집 (주)이환디앤비 02)2254-4301
인쇄 · 제본 네오프린텍(주) 02)718-3111

ISBN 979-11-5901-064-4 94700 정가 28,000원
978-89-7464-914-2 (세트)

*잘못된 책은 교환하여 드립니다.

불법복사는 지적재산을 훔치는 범죄행위입니다.

저작권법 제136조(권리의 침해죄)에 따라 위반자는 5년 이하의 징역 또는 5천만 원 이하의 벌금에 처하거나 이를 병과할 수 있습니다.

HUINE은 한국외국어대학교 지식출판원의 어학도서, 사회과학도서, 지역학 도서 Sub Brand이다. 한국외대의 영문명인 HUFS, 현명한 국제전문가 양성(International +Intelligent)의 의미를 담고 있으며, 휴인(携引)의 뜻인 '이끌다, 끌고 나가다'라는 의미처럼 출판계를 이끄는 리더로서, 혁신의 이미지를 담고 있다.